比较政治学研究（学术辑刊）

主　　编：李路曲
执行编辑：陈　媛　李　辛　吕同舟

学术委员会
(中方学术委员以姓氏笔画为序)

宁　骚（北京大学）　　　张小劲（清华大学）
李路曲（上海师范大学）　杨光斌（中国人民大学）
杨雪冬（中共中央编译局）周淑真（中国人民大学）
徐湘林（北京大学）　　　曹沛霖（复旦大学）
常士訚（天津师范大学）　景跃进（清华大学）
谭君久（武汉大学）
〔英〕克特·理查德·路德Kurt Richard Luther（英国基尔大学）
〔日〕坂本胜（日本龙谷大学）

● 本辑刊由上海市教委重点学科J50406资助

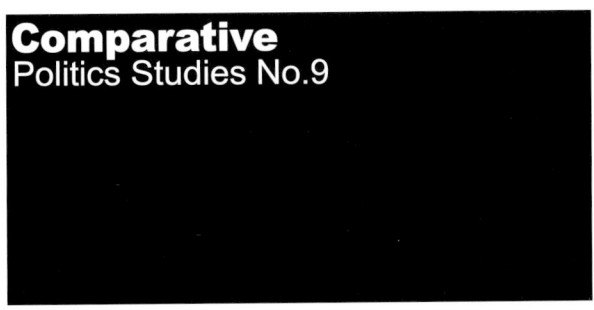

比较政治学研究

主编 李路曲
主办 上海师范大学法政学院
承办 上海师范大学比较政治研究中心

第9辑

中央编译出版社
Central Compilation & Translation Press

目 录

卷首语 ··· 1

| 比较政治制度 |

后发展国家法治社会构建的政治生态分析
　　——以新加坡为例 ······················ 李路曲 / 3
韩国国会立法冲突现象及其对中国人大的启示 ········ 洪　静 / 27
东盟运行机制初探 ································ 高俊龙 / 40

| 民主运行 |

颠踬的泰国民主：一项民主质量的评析 ········ 弓联兵　吕　忠 / 67
经济不平等、增长与民主：经验比较与理论发现
　　···················〔美〕迪米特里·兰达　伊桑·卡普斯坦　著
　　　　　　　　　　　郇　雷　罗　星 编译　郇　雷 校 / 80

| 政府与官僚机构 |

国际比较视野下政府纵向职责体系研究 ············ 吕同舟 / 105
美国宪政中的分立政府问题 ······················ 张　君 / 123
官僚组织的兴衰 ···〔挪威〕约翰 P. 奥尔森　著　臧雷振 编译 / 135

| 政治思想与政治文化 |

多元与混合：维尔达夫斯基论美国联邦制
　　的文化基石 ································ 杨绘荣　李　彤 / 167
卢梭公意学说的现代性解读 ···················· 王　超　商红日 / 181

| 国家治理 |

新加坡国家治理浅析 ································ 张飞龙 / 195
善治研究分析框架——以地方治理为中心
　　································ 金义英　著　李　辛　译 / 211

| 研究述评 |

西方政治发展理论综述 ······························ 孙其宝 / 235

《比较政治学研究》投稿须知 / 255
《比较政治学研究》投稿格式 / 257

Contents

Foreword ·· 1

| Comparative Political Institutions |

An Analysis on Political Ecosystem of the Construction of
　　Legal Society of Late Developing Countries: In Case
　　of Singapore ·· LI Lu-Qu / 25
Political Function of Legislative Conflict in South Korea and
　　Its Value to China National People's Congress ············· Hong Jing / 38
A Preliminary Analysis on Operation Mechanism of ASEAN ··· Gao Junlong / 62

| Democratic Operation |

Thailand's Democracy in Trouble: An Assessment of the
　　Quality of Democracy ································ Gong Lianbing　Lv Zhong / 79
Inequality, Growth and Democracy: Empirical Comparison
　　and Theoretical Findings ············ Dimitri Landa　Ethan B. Kapstein / 100

| Government and Bureaucracy |

An International Comparative Research on the System of
　　Governmental Vertical Responsibilities ···················· LV Tongzhou / 122

Divided Government Issues in American Constitutionalism
.... Zhang Jun / 134

The Ups and Downs of Bureaucratic Organization .... Johan P. Olsen / 164

| Political Thoughts and Culture |

Pluralism and Hybrid: Wildavsky on the Cultural Cornerstone
 of American Federalism .... Yang Huirong Li Tong / 180

A Research Perspective of Modernity on Rousseau's General Will
 Theory .... Wang Chao Shang Hongri / 192

| State Governance |

A Brief Analysis of Singapore's National Governance ...... Zhang Feilong / 210

Local Good Governance: A Research Framework .... Euiyoung Kim / 231

| Research Review |

Review of Western Political Development Theories .... Sun Qibao / 253

Submission Guidelines for *Comparative Politics Studies* / 255

Submission Formats for *Comparative Politics Studies* / 257

卷首语

《比较政治学研究》是以比较政治学为主题的专业性期刊。我们创办这份期刊，不仅旨在为学界的百家争鸣提供一个讨论的平台、探索新范式、提高中国的比较政治学研究水平，同时也是为中国的政治发展和中国政治秩序的建构提供理论资源。不知彼，焉能知己？不知己，焉能知彼？在中国融入世界，中国与世界各国穿越时空的相遇中，通过比较加深中国对自身的认知，避免先验性的把中国划为例外国家；亦通过比较促进中国对外部的了解，吸收其他国家发展过程的经验和教训，以前车之鉴为后事之师。秉承以上理念，过去的几年中，本刊得到了学界同仁的广泛支持。

本辑开设了"比较政治制度"、"民主运行"、"政府与官僚机构"、"政治思想与政治文化"等专栏。另外，为了聚焦学界热点，也新增了"国家治理"专题。其中，"比较政治制度"专栏刊发了三篇文章，集中讨论了后发国家和地区的政治制度。李路曲的《后发展国家法治社会建构的政治生态分析——以新加坡为例》一文，对新加坡法治社会构建的政治和法律基础、领导人的现代化意识和法治意识、一党长期执政条件下政治发展对法治建设的作用、社会文化与公平正义对制度和政策的影响等问题进行了分析，认为运用好这些政治因素对法治建设有着根本的和积极的促进作用。在对新加坡进行实证分析的基础上，作者进一步指出西方一些传统的民主转型理论并不完全适用，在相对一元的政治体制内也可以发展起有效的监督机制，而这是法治社会的根本保障，对我国的法治建设有着重要的参考意义。该研究不仅是对新加坡法治社会建构进行的经典个案分析，而且对西方民主转型理论传统观念是一个有力的回应。韩国是东亚地区代表性的转型国家，洪静的《韩国国会立法冲突现象及其对中国人大的启示》一文从韩国国会立法冲突的角度诠释了民主转型后韩国政治发展中的问题。她认为立法冲突的发生与韩国民主政治的发展和成熟有着内在联系，指出包括社会资本建设在内的各种制度和文化建设能够有效控制和减少立法冲突，这对中国人大运行规则的完善有重要的启示意义。高俊龙的《东盟运行机制初探》从东盟国家运行机制的角度分析了东盟在地区和全球事物中的实际作用不能与其地位相匹配的原因。认为东盟的成立与发展受到国际社会和地区复杂的政治、宗教环境的影响，目前东盟只发挥了交流协调平台的作用，未来组织机构、运行规则等方面的改革是东盟改革的应有之义。

第三波民主化到现在的40年间，很多国家发生了民主转型。但近年来随着民主政体比例和数量的停滞以及民主转型中出现的问题不得不使学界对民主研究进行深度反思。在对个案关注与学理反思的意义上，本辑刊登两篇文章。弓联兵和吕忠的《颠踬的泰国民主：一项民主质量的评析》中通过评估民主质量指标体系来评估泰国的民主质量，认为在由政治、经济、社会、健康、环境等构成的民主质量指标体系中泰国的关键性指标都未能达标，被归类为"劣质民主"国家。同时认为民主质量的指标维度为巩固泰国民主体制和优化泰国民主质量提供了可行的路径选择。兰达和卡普斯坦则系统考察了传统研究关于经济不平等、经济增长与民主之间的关系。他们指出传统研究的重大缺陷是忽视了对于再分配政策之政治可行性的分析，难以为理解经济不平等、增长与民主之间关系提供统一分析框架。作者研究发现，经济不平等是影响增长与民主关系的重要变量，当再分配政策削弱了经济不平等的程度时，民主更容易实现，而当再分配政策被富人阶层否决时，则很可能带来专制统治的危险。该研究解释了经济不平等通过经济增长机制来影响民主政治的质量与稳定性，具有学理性和现实性的意义。

卷首语
Foreword

对政府的研究无疑是比较政治学中历久弥新的课题。在十八届二中全会第二次全体会议上，习近平总书记明确指出，转变政府职能是深化行政体制改革的核心。因此，在本栏目中，刊登了吕同舟的《国际比较视野下政府纵向职责体系研究》，他比较了美国、法国、日本三国的政府纵向职责体系，通过比较发现权力配置制度化、职责配置异构化与调控手段柔性化是构建政府纵向职责体系的重要经验。他认为中国政府职能调整的过程中，应当跳出简单的收权或放权思维，探索合理确权，在职责同构的整体格局中适当地嵌套某些职责的异构化配置，并在条件允许的情况下更多地采用柔性化或隐形化的调控手段。张君的《美国宪政中的分立政府问题》则从行为因素、制度因素和文化因素三个层面分析了美国分立政府，认为美国宪政设计中的立法行政关系导致了分立政府的出现，并从法案制定、政策延续性、总体经济表现与财政赤字、国防与外交政策、国会行使监督权等五个方面分析了分立政府的影响。奥尔森的《官僚组织的兴衰》探究了20世纪70年代末各领域"去官僚化"的努力，以及20世纪90年代中期以来官僚体系的复兴。作者认为韦伯主张的官僚化或韦伯理论批评者所持的去官僚化思想，在20世纪末期官僚体系演进过程中并非一成不变。官僚组织中规范性成分与组织性成分共存，但各成分的意涵及相互关系是因时而异的。在各种制度、机构、宏观因素中，究竟何种因素对官僚制的影响较大还未有定论。

本辑"政治思想与政治文化"栏目的文章与其说是对政治思想与政治文化的解读，不如说是思想与现实的对话，三篇文章均包含了深刻的现实关切。杨绘荣的《多元与混合：维尔达夫斯基论美国联邦制的文化基石》介绍了维尔达夫斯基的文化模式理论。维氏坚决反对"二元论"，提出"必要的多样性条件"，认为任何单一的文化模式均与美国联邦制有不相兼容的一面，因而积极主张多元文化模式的共存与混合，尤其强调以追求结果平等为目的的激进平等主义力量的兴起会对联邦制造成致命打击，为维系美国联邦制的稳定找到了一条适宜的政治文化路径。王超与商红日的《卢梭公意学说的现代性解读》从现代性研究视角辨析了卢梭公意学说的理性观念，以此为基础，对公意的内涵和现代性思想形成了新的解读和阐释，这对于学界长期以来所持有的过于强调卢梭非理性的言说基础有所矫正。塔拉斯·库奇的《政治文化和民主——停滞的乌克兰》通过将乌克兰与意大利、格鲁吉亚进行比较发现尤先科执政时期乌克兰的改革是停滞的，认为乌克兰的政治文化、内部改革意愿微弱和缺少来自欧盟的外部压力导致了在可预知的未来乌克兰仍然是一个停滞的国家。

国家治理是近期政治学研究的热点问题，本辑刊登了新加坡与韩国的国家治理研究。张飞龙的《新加坡国家治理浅析》强调了新加坡政府的能力，认为执政党和政府主要通过增强政府能力并压缩政府规模，发挥政府主导作用与增强同社会组织的合作，积极促进国家法治化建设和不断推进民主政治进程等方式，形塑出新加坡的强国家治理模式。金义英的《善治研究分析框架——以地方治理为中心》则从政府与市民社会协同角度提出了地方治理框架。首先综述了国内外有关国家治理研究的基本概念和观点，批判地分析了国家治理指标，在此基础上提出地方治理的分析框架、指标、标准、指导原则和研究假设，最后通过对韩国案例的分析总结了地方治理的效用。

学科的发展离不开理论梳理与反思。孙其宝的《西方政治发展理论综述》梳理了西方政治发展理论，尤其是以时间为线索试图厘清20世纪70年代以后政治发展研究的状况，重新探究了政治发展理论的起源、内容和流派等问题，认为政治发展理论没有过时，它对于中国的政治发展、民主法治建设具有重要的指导意义。

比较政治学研究是政治学研究中不可或缺的分支，对比较政治学的关注远可以追溯到古希腊的柏拉图、亚里士多德，近可以审视20世纪五六十年代比较政治学在美国的发展和繁荣，尤其是近十几年来在世界和中国的发展，不断为政治学理论的发展注入新的生命力。中国的比较政治学虽然起步较晚，但其重要性得到了学界的普遍共识。我们《比较政治学研究》将一如既往为学界同仁搭建讨论平台，关注学科新的知识增长点，为促进学科的发展贡献绵薄之力。

《比较政治学研究》编辑部
2015年12月

比较政治制度

Comparative Politics Studies

后发展国家法治社会构建的政治生态分析
——以新加坡为例

李路曲[*]

【内容摘要】 法律制度是整个政治制度的一部分，因此，只有在适宜的政治生态中才可能建立起高度法治化的社会，尤其是对于后发展国家来说，由于政治和法治现代化的任务要在比早发现代化国家更短的时间内完成，因而法治建设就更加需要政治因素的推动和保障，这也是法治建设的根本前提和基础。本文在后发展国家的背景下对推动和保障新加坡法治社会建立的政治生态进行了分析，对其法治社会构建的政治和法律基础、领导人的现代化意识和法治意识、一党长期执政条件下政治发展对法治建设的作用、社会文化与公平正义对制度和政策的影响等问题进行了分析，指出运用好这些政治因素对法治建设有着根本的和积极的促进作用。从新加坡的政治实践来看，西方一些传统的民主转型理论并不完全适用，在这种相对一元的政治体制内也可以发展起有效的监督机制，而这是法治社会的根本保障。这些对我国的法治建设有着重要的参考意义。

【关键词】 后发展国家；新加坡；政治生态；现代性；法治建设；公平正义

---

[*] 李路曲（1959— ），山东德州人，上海师范大学教授，主要从事比较政治学研究。

新加坡是一个高度法治化的国家，也是在第二次世界大战后独立的后发展国家中最早建成法治国家的，由于这一时期新兴的后发展国家在发展环境和发展模式上有诸多的相似之处，因此，其法治建设的经验为很多后发展中国家所重视；同时，它还是一个一党长期执政和一定威权主义形态的、华人占多数的以及具有儒家文化传统的国家①，因此它的经验更值得我国重视和学习。因为学习是一种潜在的比较，而比较需要对相关变量进行系统的比较或证实与证伪，而这正是比较的困难所在，但如果对像新加坡与中国这样有着诸多恒定变量或干预变量的相似案例进行比较分析，就增加了我们从中离析出相异变化的可能性，进而得出我们可以学习、如何学习以及学习程度甚至不能学习的内容。简言之，就是在相似的条件下，为什么新加坡已经建成了法治社会而我国还正在建设之中？进而，向新加坡学习法治建设的经验，比向其他国家学习更为容易、更加实际，因而也更为有效。

一、现代性、政治秩序与法治建设

一般来说，由于经历了长期的革命斗争或民族主义斗争，革命或民族主义力量对革命的敌人或殖民主义者有着很深的仇恨，因而在独立后通常会全面废除旧的政治制度和法律制度，不但在政治层面以革命或民族主义政权取而代之，而且在政府的行政层面和法律层面也会取而代之，即取缔旧政府的行政系统及公务人员和旧的法律系统及从业人员，而以革命或民族主义队伍中的人员取而代之。这一做法，是特定时期的产物，有一定的历史必然性和合理性，但从有些国家包括新加坡的情况来看，这并不是最合理的选择，因为它在很大程度上削弱了政治和法律现代化的进程。

---

① 颜清皇：《新马华人社会史》，粟明鲜等译，中国华侨出版公司1991年版，第265—271页。

我们知道，推翻封建的或半封建的政权或殖民主义政权，建立新的民族国家，是政治发展的必经阶段，也是现代化发展的必要条件，无论是旧政权还是新政权的现代性程度更高一点，都不会削弱民族国家建立的这一时代意义。但是，无论是政治发展还是现代法律的发展，都是一个需要长期培育的过程，新的政权不可能在短时间内建立起一个完全超越传统政权的现代政治或法律体系，它只能在已有的现代化水平上，或者说在传统的社会内部已经发展起的现代性包括政治和法治中已有的现代性因素的基础上，进一步培育和发展这种现代性。在这一过程中珍惜原有的现代性非常重要，否则可能会发生现代化的中断。尤其是一些殖民主义政权的现代性程度已经较高，在专业层面例如行政和法律方面要高于新兴的民族国家。然而，不幸的是，大多数国家在独立后由于革命或民族斗争的惯性都完全摒弃了过去政治和法治中的这种现代性，削弱了现代化的这一政治进程，既摧毁了旧的行政和法律系统，建立了"全新"的行政和法律系统。问题是，革命或民族主义力量由于长期从事革命斗争，没有培养起自己的专业系统和专业人员，尤其是已有的专业系统的现代性和规模还远远不能适应新的民族国家建设，因而这种取代实际上是在这一领域削弱了现代化进程。这一点，很多革命领袖也有所认识，毛泽东在新中国建立前夕就指出，要大胆使用旧政府中的专业人士，他们具有专业知识，以弥补城市建设之不足，这是新政权所需要的。① 但可惜的是，由于建国后革命斗争的惯性即政治运动的频繁，这些人很快就被边缘化了。在很多国家都发生了类似的现代化过程的中断。

在这方面，新加坡具有自己的特色。一方面，李光耀和人民行动党坚定地领导了推翻英国殖民当局统治的民族主义运动，懂得建立独立的

---

① 中共中央档案馆编：《中共中央文件选集》第 17 册，中共中央党校出版社 1992 年版，第 43 页。例如，北京市旧政府人员 4890 人，留用 3155 人，占 61.54%。《北京市人民政府接管工作总结》（1949 年 5 月 1 日），见北京市档案馆编：《北平的和平接管》，北京出版社 1998 年版，第 3 页。重庆市旧政府人员 6279 人，留用 5588 人，占 88.7%。《政务接管委员会工作报告》（1950 年 1 月 9 日），见重庆市党史工作委员会：《接管重庆》，重庆出版社 1985 年版，第 83 页。

民族国家是历史的必然选择;另一方面则认识到,推翻英国的殖民统治并不意味着要全盘否定英国的行政和法律制度。他在上台执政之初就说,英国人给我们留下了很好的法律体系,这一法律体制是长期实践和不断修成的正果,它已经扎根于新加坡社会,有很大的优越性,新加坡可以把它拿来。当然,他也懂得,要根据独立以后的国情对这种法律制度进行必要的修改,法律从业人员也要从忠于殖民当局转而忠诚于新的民族国家。[①] 李光耀的这一做法既保证了政治上的正确性,顺应了民族国家发展的潮流,同时也保证了法治建设的现代性和连续性。我们知道,英国是最早现代化的国家,英国在新加坡建立的法律制度一开始就具有现代性。早在19世纪初新加坡开埠时,殖民当局就以按照英国的法律制度来解放奴隶[②],其后的政治和法律建设都是以英国制度为蓝本的。

实际上,不仅英国在新加坡建立的政治生态和法律制度具有一定的现代性,而且现代法治精神也较早地注入进了新加坡的民族运动和整个政治与社会生活之中。这表现在作为民族主义运动领袖的李光耀就是剑桥大学法学院的优等生,并长期从事律师工作,尤其重要的是他是以工会的法律顾问或律师身份来领导民族运动的,并在很大程度上也是因此而建立起自己的威信的。这一方面说明李光耀具有现代法律意识,另一方面也说明新加坡社会已经培育起了初步的法治意识,认同李光耀以律师身份来领导民族运动,具有在民族运动中融入法治精神的政治生态。

李光耀认识到法治建设要在一定的政治生态环境中进行,不仅强调法律从业人员要从忠于殖民当局转而忠于新的民族国家,而且具体的法律政策也要随着政治生态的变化而适时调整,例如,早在民族运动方兴

[①] 新加坡《联合早报》编:《李光耀40年政论选》,现代出版社1994年版,第319—321页。

[②] 当时一个著名的案例可以说明这一点:1824年,苏丹的一些姬妾奴仆因受不了他的虐待而逃亡,其中有27位马来姑娘向殖民当局投诉,当时的殖民官克罗福下令释放了这些姑娘,使她们成为自由人。当苏丹前往质问为什么擅自释放他的奴隶时,克罗福回答说,英国政府的立场是信奉人类平等,不允许有奴隶存在。并说如果你不服气可以向总督上诉。苏丹没有办法,只能拂袖而去。郑文辉:《新加坡从开埠到建国》,新加坡教育出版社1977年版,第184页。

未艾之时的1955年底,李光耀考虑到当时人民群众高涨的民族主义情绪,为了争取群众反对殖民当局,表示如果人民行动党执政,将"撤销有违人权"的殖民当局制定的"紧急法令"。[1] 这说明在当时李光耀还是一个理想的民主社会主义者,主张法律制度应以充分地保护人民群众的自由为界限。然而在三年之后,新加坡的形势发生了一些变化,面对国内民族主义运动的发展尤其是左翼激进势力的扩展和英国殖民当局的退让,李光耀的态度也随之进行了调整。他为了抑制左翼激进势力的发展和争取英国殖民当局的妥协,于1958年10月8日作出承诺,如果人民行动党在普选中获胜,他会保留殖民当局一直实行的"紧急法令"。他指出,"只要'紧急法令'是马来亚维系安全所必须的法令,'紧急法令'即是新加坡所必须的法令。"[2] 李光耀还进一步说,人民行动党对"紧急法令"的立场,是在全盘考虑形势和预料将有政治危机的情况下形成的。[3] 同时,他也指出,实行"紧急法令"并不是解决危机的根本办法,根本的办法是发展经济和民主力量,否则会出现极权。李光耀的这些观点,说明虽然他具有现代法治意识,但具体推行什么样的法律制度应该随着政治生态的变化而变化。不过,李光耀的现代法治意识是明确的,即尽管法律政策要随着政治生态的变化而进行调整,但法治建设的目标不应该因此发生变化。我们注意到,很多革命的或民族主义政党在取得政权之前主张民主自由,但在取得政权之后则推行集权统治,新加坡的变化也遵循着这一趋势,但是不同的是,新加坡人民行动党执政后并没有建立起绝对的威权主义统治,形成新的特权阶层,而是建立起了对党和政府高层的法律约束,先是依法治国,此后再向构建法治社会发展。

---

[1] 〔英〕阿列克斯·乔西:《勇往直前的李光耀》,台北:台湾新生报社出版部1970年版,第55页。
[2] 〔英〕阿列克斯·乔西:《勇往直前的李光耀》,台北:台湾新生报社出版部1970年版,第69页。
[3] 1959年10月14日,李光耀在新加坡议会发表讲话,此时他已就任总理数月,他说,人民已授予他继续使用"紧急法令"的权力。〔英〕阿列克斯·乔西:《勇往直前的李光耀》,台北:台湾新生报社出版部1970年版,第71页。

1960年代初，李光耀结合新加坡政治发展的现实对他的法治观作了进一步的阐述。他说，对任何法律制度的评价，不在其理想概念的伟大或壮观，而在于其是否能在人与人之间或民众与政府之间建立起秩序与公平。在他看来，要建立起公平和正义，首先要建立起秩序，"因为没有秩序，法律根本就不可能执行。秩序一旦建立，在一个基础稳固的社会中，法令也就有了强制性，唯有在这种情形下，依照既定的法律处理人民与人民及国家与人民之间的关系，才能成为可能。同时，当一个国家内部日益混乱，当局不能藉现行法令有效控制之时，为了维持秩序，往往就必须制定新的、有时候且是激烈的法令，以使法律能继续处理人际关系。而另一种选择是放弃秩序，任其进入混乱及无政府状态"[1]。显然，李光耀在这里所说的"秩序"，就是不为英国和一般西方民主国家所认可的一种政府集权，是支持政府通过强力手段取得社会稳定的一种"紧急法令"式的法律制度，也是这一时期在新兴国家中纷纷建立起来的威权主义体制。也就是说，在他看来，要在新加坡建立一个法治社会，首先必须有铁的手腕，采取一些"不合法"的所谓"人治"的专断措施来打击那些强有力的破坏秩序的力量，然后才能建立起西方意义上的"合法"的法治社会。李光耀的这些观点就是在1960—1970年代人民行动党政府对政治反对派和私会党徒保留特别拘留权的理论根据，也是它日后进行严格的社会管理的理论和实践依据。这时李光耀已经暂时放弃了他前些年主张的民主社会主义理念，认为那不符合当时的社会和政治发展状况。

尽管新加坡建立法治社会的先决条件是利用非常手段建立政治秩序和维持政治稳定，但这只是新加坡依法治国的基础，而不是其依法治国的主要内容。这表现在两个方面：一是即使是在威权主义时期，它也与当时的很多新兴国家有很大差异，即在其威权主义体制内尽可能建立完备的法律制度，尽可能地依法治国，而不是依据政治权力或革命法规行

---

[1] 〔英〕阿列克斯·乔西：《勇往直前的李光耀》，台北：台湾新生报社出版部1970年版，第71页。

事。例如，在1960—1970年代人民行动党政府可以依据"紧急法令"对左翼反对派进行抓捕，这虽然很大程度上是授予政府利用手中的政治权力进行抓捕，但同时政府也不能完全不顾法律的约束，它要在法庭上进行审讯，对媒体进行公布审判的过程和结果。[①] 1980年代人民行动党对右翼的反对党领袖进行打压，这时尽管存在着利用政治权力进行打压的质疑，但它已经更为严格地按照法律程序进行斗争了，这时李光耀、吴作栋等最高领导人都要到法庭上去控告反对党领袖，亲自出席法庭辩论，通过法院的审判来制裁反对党领导人。[②] 二是新加坡领导人具有明确的法治建设目标和法律意识，这一点对于那一时期后发展国家的领导人来说或许更为重要。即虽然他们是运用行政和军事手段建立秩序，但其目的是为日后的依法治国创造条件，是为了日后不再使用行政和军事手段创造条件，而不是谋一党之利。

由此看来，新加坡法治建设的第一步是靠强势的政党和领导人使用政治权力及强力部门来建立稳定的政治秩序，在没有法律可依或法律没有得到有效执行的情况下，要敢于运用国家权力来打击和消除破坏和抑制法律建设的力量，使法治建设具有稳定的政治生态，即使在这一阶段也并不是说政治权力可以完全不依法行事，而是要优先建构国家的稳定和秩序，使其有效地运作，同时在这一特定的秩序环境中要尽可能地推动法律建设。换言之，其动用国家权力的目标是进行法制建设，而不是扩张国家权力。

二、推进法治建设的方法及其特色

回顾第二次世界大战后独立的后发展国家法治建设的历史，我们看

[①] Riaz Hassan, *Singapore: Society in Transition*, New York: Oxford University Press, 1976, pp. 52 – 89.

[②] 参阅李路曲：《新加坡现代化之路：进程、模式和文化选择》，新华出版社1996年版，第453—456、481—485页。

到，尽快完成从革命意识形态向执政性的意识形态和法治意识的转变，树立明确的现代法治观念，不割断历史，持之以恒地进行法治建设，坚持法律面前人人平等的原则，是法治建设成功的基本路径和规律。这一点说起来容易，做起来并不容易。多数国家沿着这一路径发展的过程都较为缓慢和曲折，而新加坡较快地做到了这一点。这可以从以下几个方面来看：

第一，由于在独立之初人民行动党政府就认识到英国殖民当局建立的法律具有相当的现代性，因而在对其进行了少许的修改后基本把它保留了下来，这样，既没有中断法治建设的进程，也保留了法治的现代性因素，这对其法治建设是非常有利的，也是难能可贵的。与此相比，很多后发展国家在独立后完全废除了过去的法律体系，以革命的或民族主义的法规取代了具有一定现代性的法律体系，这就中断了法治建设的历史，迟滞了法治建设的进程。我们看到，由于外部现代化的输入，东亚各国传统体制或殖民体制所建立的法律制度相比国内传统的政治和法律制度都有更多的现代性，殖民者直接建立的现代性可能更多一些，因此如何对待这一时期的法律制度对于法治建设是一个很重要的问题，是否能够保持其现代法治的现代性的问题。不幸的是，多数国家都因革命或民族运动的惯性而废除了原有的法律体系，而不是对其进行修改并保留法律从业人员以保留法治建设的专业性的一面。

从政治文化变迁的视角来看，这种中断也不利于法治建设。由于政治文化的变迁是一个长期的渐进的过程，它不可能随着政权的更替而很快的变化，因此，对过去的尤其是具有一定现代性的法律体系进行改革而不是摒弃会与社会有更多的适应性，会使人们更易接受。实际上，这也是在更大程度上保持了法治建设的连续性。而以革命或民族主义法规取而代之，从实践上来看，缺少现代性，并且可能在很大程度上是一种"中断"。这种法治建设的"中断"在大多数国家都延迟了至少三四十年的时间，在另一些国家则可能延迟上百年的时间。

同时，由于这一时期原有的法制建设已有了一定的现代性，因此在进行一定修改的基础上继承原有的法律体系，还有两个优点，就是在建国之初就可以做到法律完备和立法及时，可以做到有法可依。尽管我们说过去的法律并不完全适应新的形势，但是如果出现法律的空白或造成无法可依的局面，或者说革命法规缺乏现代性，那么要比适度地延用过去的法律更糟。也只有在保证法制系统一定的稳定性和连续性的基础上才有利于根据变化的形势及时地进行立法。如果废除了原有的法律体系，重新建立起一套全新的法律体系，不仅立法工作浩繁，而且很可能会出现法治建设的空白，会使人们在很多问题上无法可依，更无法做到随着形势的变化而及时地建立新的法律。对于新加坡来说，由于其领导人认识到了原有的法律制度有较多的现代性而较少受传统的意识形态的影响，因而新加坡的立法很少受到政治的干扰，立法者顾虑较少，一旦发现某些行为无法可循或需要修正法律，国会很快就会作出反应，或者立法，或者对法律进行修改。

　　第二，结合国情和政治发展的水平渐进而实在地推进法律面前"人人平等"原则的实施。"人人平等"是自近代以来人们追求的政治理想，作为一种理想和目标，它是美好而远大的，但人们经常所要面对的是现实的选择而不是理想的宏大，因此，如何选择实现这一目标的路径，或者说在社会和政治发展的不同阶段选择什么样的法律制度是更为现实更为重要的事情。在"法律面前人人平等"是现代法律的基本原则，人们都承认，但是实行什么样的法律制度和法律行为才能真正地贯彻这一原则，进而在不同的国情或发展阶段上把这一原则贯彻到什么程度才有利于这一原则的发展，则存在着很大的分歧。实际上，重要的是在现实中包括在社会发展的不同阶段如何有效而尽可能地实现这一原则。对此，一个国家政策的取向包括采取何种法律措施就很重要。由此看来，要想使法律有效地得到实施，首先是要在不同的社会发展水平上实施不同的法律政策，例如，任何一个国家的分配政策都要在贡献与平均之间进行调整，既不能完全按照市场原则实行多劳多得，这样会急速地扩大贫富差距，使一些人暴富而很多人越来越贫困化；也不能完全平均分配，从而抑制了人们创造和劳动的积极性。如何在这两者之间进行平衡，尤其是随着社会的发展进行调整，对于经济和社会的发展有着重要的意义。

对于很多国家来说，在长期的革命或民族主义运动中孕育出了强烈的革命的平等主义，由于其惯性作用，在这些国家独立之后仍然起着重要作用，在相当一个时期中主导着分配制度，新加坡一度也不例外。随着各国的发展战略从以反封建和反殖的政治为中心向以经济建设为中心的转变，尤其是经济的发展，这一分配原则已经不再适用，它抑制了人们的工作积极性以致经济的发展。因此，能否改变这一分配制度以调动人们的积极性就是制度建设也即法律建设的一个重要的分水岭。在1970年代，新加坡发生了这样一种情况，先后有多名政府的部长和高官因为收入过低而提出辞职，这引起了时任总理李光耀的重视。他经过思考指出，这些高官才华横溢，如果经商可以获得很高的收入，政府应该通过提高他们的收入而把他们留住，这样才能保证政府提供高效而廉洁的服务。[1] 在此，在经过国会多次辩论后通过法律提高了政府高官的收入，并在此后多次随着经济的发展而适时地提高收入。新加坡政府的高效而廉洁在世界上名列前茅，与它在法律上保证政府官员的收入是分不开的。较早地认识到这一点并实行相应的制度改革，既有利于调动官员的积极性，又弥补了法制建设的空白。

我们知道，对于很多后发展国家来说，社会经济中的平等主义思潮是与政治上的等级制度并行不悖的，这种等级制度的过度膨胀是阻碍法治建设的重要因素。各国在限制等级制度或特权方面存在着很大的差异，这是影响它们法制建设的一个重要因素。政治上的等级制度或特权并非意味着在其间没有法制建设的空间，其实，后发展国家法治建设之间的差异主要表现在在相似的等级政治制度中谁的法治建设更为有效，谁能够在更大程度上和更多方面贯彻"人人平等"的法治原则。在这方面，新加坡也能够根据自己的国情逐步地推进，因而也更为有效，这表现在以下几个方面：

一是人民行动党及其领导人在等级制或并不那么平等的环境中尽可

---

[1] 新加坡《联合早报》编：《李光耀40年政论选》，现代出版社1994年版，第481—496页。

能地依法平等地行事,并且随着政治环境和法治环境的变化而不断强化"人人平等"的法律内涵。1960—1980年代,一般发展中国家还处于威权主义时期,为了保持政治稳定,各国对反对派都采取高压手段,新加坡也不例外。但有所不同的是,它的镇压在一定程度上是通过法律手段完成的。正如前述,无论是在1960年代对待左翼反对派、1970年代对待民族主义分子还是在1980年代对待右翼反对派,都要最高领导人亲自向媒体说明、到法庭作证或进行法庭辩论,从法律上阐明这种镇压的合法性。虽然对于法庭的判决会有不同的看法,也不一定是完全公平的,但这种对法律程序的尊重在当时是难能可贵的,也为法治精神的培育增加了养料。

在党政关系方面,执政党逐步做到依法治国,逐步减少党的特权,使党不能凌驾于国家宪法和法律之上。具体来说,在选官制度上,它逐步改变了完全由执政党遴选政府官员的选官制度,而是由执政党提名、通过选区选举来选拔政府的高官,按照公务员制度来选拔一般公务员。执政党认真贯彻了不插手政府事务和经济的原则,党主要是组织选举,按照选举的结果来提名政府人选,在宪法和法律的范围内提出而不是强制推行党的主张,通过它的党员来宣传党的纲领和政治价值观。党进行宏观的指导,政府政策的产生是在政府内而不是党内,尤其是具体的经济、行政和社会管理由政府各部门和相关社会组织负责,在政府机构、国有企业和社会组织中并不设党的组织,这就在根本上保证了党不干预法律的实施。

第三,适时地推进和强化法治建设,逐步地从建立法治即对执政党和政府的高官进行法律约束后到依法治国再到建立法治社会。经过1960年代的党内斗争和政治斗争后,新加坡的政治稳定、经济发展、人民生活得到了改善,李光耀看到,进一步推进法治建设的时机来到了,过去那种因为生活没有保障而难以增强自己的律己精神的时代过去了。同时,新加坡的特殊之处还在于,正如前述,它几乎没有经过一个依据革命法规和党的纪律来替代法律的时代,一开始就推行现代法律制度来约束政府官员,包括党和政府的高级领导。例如,在1970年代国家发展部长郑章远因腐败而入狱,郑是开国功臣,李光耀的战友,他向李光耀求情,但李光耀没有为他向法院求情。① 在基本确立法治后就是依法治国,这是在整个国家层面建立法制并切实贯彻执行。在1970—1980年代,新加坡在国家层面完成了领导体制的改革,开国领袖们和老一代领导人通过正常的退休制度退出了政治舞台,新一代领导人必须通过制度化的遴选机制进入体制;② 同时,通过严厉的反腐败措施基本解决了官员的腐败问题。最后是建设法治社会,自1990年代开始,新加坡从国家层面向社会层面来普及法律意识,要求全体人民都拥有浓重的法律意识,并在社会实践中遵纪守法,按照法律来规范自己的行为,政府则严格执法。同时按照宪法和法律来充分保护公民的合法权益和人身自由,例如,本世纪初以来,因政治异见而被起诉的现象已经没有了。

第四,新加坡法治得以强化的一个重要原因是它依据法治建设的规律和自己的国情来进行法治建设,并不是完全照搬英国的法律。例如,新加坡的法律审判在相当长的一个时期中不像西方那么复杂,受程序的约束较小,可以遵循较简单的法律程序判罪。从许多后发展国家的现实来看,如果法律定罪一定要有严格的程序和足够的证据,那就会耗费很长时间,用李光耀的话说,会使很多罪犯得不到及时的制裁。这种情况对于独立后政治斗争还比较激烈的时期有一定的合理性,有利于维护政治稳定。如果继续使用,则要求司法人员有较高的素质,如果执法人员的素质较高,采取较快而简捷的程序制裁犯罪可以在一定程度上保证有效性。

关于新加坡的司法队伍建设,人民行动党政府不但保留了殖民当局建立的司法系统,而且从专业化和现代化考虑,对司法人员的录用坚持了专业性和法治原则,即所有的法律从业人员都要从优秀的法律专业人士中选拔。这一点很多新兴国家在相当一个时期都没有做到,它们在很长一个时期中依据的是革命原则,是从革命队伍中依据政治原则而不是

---

① 吕元礼:《新加坡治贪为什么能?》,广州人民出版社2011年版,第103—122页。
② Cartyn Choo (ed.), *The PAP and the Problem of Political Succession*, Pelanduk Pub., 1984, pp. 85-121.

在专业人士中依据法律原则来选拔法律从业人员。这虽然保持了对党和国家的忠诚，但专业化能力或依法办事的能力则被很大削弱了。

具体来说，在早在建国之初的 1960 年代，新加坡的警察都是从学习法律的大专毕业生中选拔，他们的文化素质和法学水平较高，并且还要经过专业的严格训练。法官和律师的学位更高，很多都是从英国留学归国的，1970 年代以后的新一代法官和律师大多是获得硕士以上学位的人士充当。这就使他们对法律的理解非常深刻，执法水平较高。另外，法官的职务十分神圣，一经当选，就终身任职，除非失职，且待遇优厚。职务的神圣性，增加了法官的责任感。同时，法院有基本的独立性，不受政党和政府的干预。法院的判决一经宣布，就必须执行，不执行者必会受到强制。这样，法律的权威很早就被树立了起来，没有人敢违抗法院的制裁。

三、法治社会建设成功的基本经验

这里仍有必要对新加坡法治社会建设成功的基本经验进行概括，以强化我们的认识。为什么一些后发展国家的法治建设不那么成功甚至还很落后，而新加坡法治建设的努力却如此成功或者说较早地建成了法治社会呢？对于很多国家来说，这曾经是一个理论问题或意识形态问题，而现在这主要是一个实践问题；对于少数国家来说，这在很大程度上还是一个理论问题。对此，我们可以从以下几个方面来分析：

第一，独立后能否尽快地完成从革命斗争向现代化建设的国家发展战略的转变，进而能否对自己的政治发展的阶段即现代性程度作出正确的判断，对现代法治建设有着深刻的影响。很多后发展国家的执政党和领导人在建国之后的相当长一个历史时期中主观地把政治和法律分为不同阶级性质的政治和法律，以革命法规代替法律原则，缺乏对政治形势和国家主要任务的正确判断，致使其长期没有完成从革命目标向现代化发展的转型，也就很难有效地进行现代法律制度的建设。例如在一些传统的社会主义国家，建国后很长一段时间里，认为社会主义的法律是一种全新的法律，必须在全面废弃资本主义法律的基础上才能实行这种新型的法律体系，在没有弄清哪些是资本主义的、哪些是人类共有的财富的基础上，就刻意划清与资本主义法律的界限，致使一些现代法律的精髓也被抛弃了，废除的不仅仅是资本主义的法律，更多的是废除了一般的法律原则，因而只能以传统的法规来替代现代法律制度。这只有在经历了许多曲折后才认识到这一点。还有很多新兴的民族国家往往以民族主义的甚至是传统的政治原则取代现代政治和法律原则进行法制建设，它们实行民族的实际是威权的或具有封建性的政治手段而不是现代法律制度进行统治。当然，无论是前者还是后者，都与当时特定的时代有关，正如李光耀所言，从当时的政治发展情况来看，只有先利用政治的强力手段建立起社会秩序，才能进行法制建设。问题是在不得已使用政治手段时，是否尽可能地运用法律程序，在政治稳定后是否尽快推进法律建设，这是各国之间的差别所在，也是是否能够促进法治建设的重要原因。李光耀和人民行动党政府较早地认识到了这一点，从而促进了新加坡的法治建设。

第二，相对于已经成熟的民主体制法制建设主要依赖于政治制度和所有公民的监督而言，后发展国家的法制建设要处理好领导人个人的作用、内部制约机制与司法的相对独立性之间的关系。在建立法治社会的过程中，新加坡党和政府的高层领导尤其是李光耀本人的"人治"起了重要的作用。李光耀是学法律出身的，在剑桥法学院受到了现代法治思想的熏陶，也亲眼目睹和亲身体验到了法律在英国这个法治社会中的作用，因此，他决心在新加坡也建立一个严明的法治社会。同时，英国在新加坡打下了一定的法制基础，这也有利于它进一步地进行法治建设。但是新加坡建国之初的政治现实使李光耀认识到必须首先依靠政治手段和领袖个人的强力手段来为推进法治建设创造条件。因此，他在进行国家政权建设和政治斗争时，一方面运用国家政权的力量打击反对派和社会不稳定势力，同时在这一过程中尽可能依法行事，运用媒体保持行动的公开性和透明性，依靠法院保证程序的合法性。尽管新加坡在这一时期并非没有受到执政党领导人利用政治权力打击反对派的指责，但是人民行动党已经在当时的条件下尽可能做到有法可依，这在当时已经是难能可贵的了。在政治形势稳定后，则主要推行依法治国，这是很多后发展国家在这一时期都难以做到的。

从西方的民主理论出发，一些人说由于新加坡法治社会的建立在很大程度上有赖于领导人个人的作用，因此偶然性很大，如果换了一个不那么懂法和执法不那么坚决的领导人，它的法治建设就很可能遭到破坏。尤其是新加坡是一个小国，最高领导人有秉公执法的决心很容易威及全国各地，而在一个大国就不容易了，即使领导人有决心也是鞭长莫及。李光耀 1992 年在菲律宾演讲时也说："高层的政治领袖如果以身作则，树立榜样，贪污之风就可以铲除。只要把两三个高官绳之以法，就足以产生杀鸡儆猴的作用。这是新加坡的经验。"[①] 显然，在一个大国中仅杀两三个高官还远远不够。这种看法不无道理，也曾是新加坡领导人指出需要解决的问题。然而这种看法现在看来并不全面，或者说它在一元体制内可以在很大程度上解决这个问题。尽管仍是一党执政，但这个国家对高层领导人的制约机制应该说已经建立起来并且成熟，这表现在两个方面：一方面，试想，在一个法治思想已经深入人心、对所有人的法律监督机制都已经健全的国度中，领导人能够贪赃枉法而不受监督和制裁吗？我们知道，人民行动党执政的合法性很大一部分来自于它的廉洁自律，有损于这个形象的领袖肯定会丧失其担任公职的合法性。这也一直是人民行动党领导人回击反对党人的最有力的武器之一。近些年来，民众和反对党对执政党领导人及其政策的监督越来越严格，也越来越有效，例如 2011 年大选后，民众对政府高官的高薪提出了批评，使得政府不得不考虑适度削减高薪[②]，更不用说对违法行为的监督了。

另一方面，尽管是一党长期执政，新加坡司法的独立性已经越来越大。过去，除人民行动党及其政府的最高层对法院有实际的控制权外

---

① 新加坡《联合早报》编：《李光耀 40 年政论选》，现代出版社 1994 年版，第 353 页。
② 《新华每日电讯》，"新华视界"，2012 年 11 月 2 日。

（即使在当时，这种控制权也并不合法，但实际存在的，但一般只是在十分重要的政治斗争问题上才能够表现出这种控制），所有人并不能凌驾于法院之上。而在近20年来，司法部门的独立性越来越大，由于反对党的活跃和政治透明度越来越高，执政党的领导人并不能对司法进行干预。现在看来，在一党长期执政的体制中也完全可以发展一定的民主政治并保证司法独立。

很多后发展国家都在其政治发展的不同时期没有处理好领袖个人、体制内制约机制与体制外制约机制之间的关系，在需要发挥政党和领袖个人的强力作用的时期，却全盘照搬西方式民主，从而导致政局的混乱；在政治稳定后需要建立内部的制约机制或进行法制建设，却仍然使用政治斗争的手段推行个人强权政治，以人治代替法治；在政治发展较成熟后，又不能建立起相应的民主制度，致使政治体制的监督机制和法律制度无法有效地发挥作用。简言之，领袖个人和制度的作用都很重要，至于哪一个要发挥更重要的作用，要依据本国的国情和发展环境来定，尤其是要把两者有机地结合起来。在一个公众已经对现代法治意识有了普遍认同的国度中，过于强调领袖个人的作用显然是为违反法律者留下了活动余地。而在一个还保留着较多传统体制和传统意识的国度中，如果不重视领袖个人的作用，或者说如果没有一个强力推动法制建设的政党或铁腕领导人，那么法律建设就难以推动。当然，即使是强势的政府推动法治建设，也要考虑到现有的法治环境，要尽可能地按照法律办事，逐步而有序地推进，更重要的是其建立秩序的目标是建立法治社会而不是建立少数人的特权。

第三，沿着"依法治国"向"法治社会"的治理路径，首先在国家及政府层面建立法治运作的制度和机制，保证政府官员的廉洁，再向全面构建"法治社会"发展，确立全社会的法治意识和法律规范，以国家推动社会，以社会监督政府，相辅相成，形成法治建设的有机互动。以廉政建设为例，它首先是国家或政府的制度建设任务，是对政府官员进行约束，但是要想建立一个有效的廉政制度和机制则离不开全社会的法治建设。

我们知道，无论是政治制度还是法律制度，其制度设计和执行方式都要与主流的社会文化相适应，否则难以保持其有效的运作。一般来说，社会转型时期腐败现象会大量增多，这是因为由于社会文化和制度转型所产生的空白，会削弱人们的忠诚感和道德约束，在很多后发展国家都表现为官员缺乏自律感，缺乏操守，妄取分外之利，不尽职内之责，凌驾于法律之上。尤其是在实际的反腐败过程中，不但对高级官员的违法行为很少予以追究，而且即使是在其违法行为被揭露出来之后，处理也比一般的平民百姓和低级官员轻得多，显现出政治权力大于法律，这实际也是传统的等级制度和文化遗留的表现。这又使得一些高官难以坚定地进行廉政建设和打击腐败，这是一些国家无法建成法治社会的重要原因。

过去人们总是把新加坡治理腐败成功的主要原因归结为法律严明和执法严厉，但这是一种过于简单的说法，因为法律严明和执法严厉一定要与国情或政治生态相适应，或者说与特定的社会文化相适应，否则很难得到贯彻。新加坡的廉政建设是在考虑国情和发展的基础上，把公平正义、执法严厉和精英主义等原则有机地结合了起来，形成了自己的特色。

从理论上讲，法律严明、执法严厉是治理腐败的最基本的手段，非此不能保证政府的廉洁，这毫无疑问。但是这一原则是相对而不是绝对的，换言之，在任何社会和任何的发展阶段，都不是法律制定得越严、执法越严厉越好，而是法律和执法都要适度或"合理"，在适度和"合理"的基础上是越严越好。否则，大多数官员甚至普通人都可能被看成是违法或腐败了。历史上或现代社会中都不乏这样的例子：过严的禁烟禁酒令使烟酒泛滥成灾；不准经商或阻碍经商的法令促使商人们以金钱铺路，无孔不入。那么，是什么对法律严明和执法严厉的实现程度起决定作用呢？无疑，政治生态或社会政治文化环境是要考量的最重要的因素。

在从传统向现代社会转型的过程中，如果一个社会占主导地位的政治文化的现代性程度很高，那么它对腐败的抑制性就强，这就是为什么一般来说发达社会比发展中社会的腐败现象要少的原因。在现代性较高的文化中，人们对社会和国家的责任感、荣誉感、忠诚感和权利义务感也较强，因而对现代的价值准则有普遍的社会认同，对于违背公共道德的腐败行为有着明确的是非判断，因此，政府治理腐败时也就比较能得到大多数人的赞同。相反，在一个缺乏现代性或传统性较强的文化氛围中，人们的是非标准往往是把传统的、家族的、小集团的和地方的利益置于社会的、公众的和国家的利益之上，这样，国家在治理腐败时就很难不受到来自狭小的传统势力的抵制，甚至国家领导人也可能成为一种狭小的传统势力的代表。许多后发展社会腐败现象丛生，政府治理腐败的措施苍白无力，从深层次来看就是这个原因。

在新加坡，由于英国殖民当局长期推行了具有一定现代性的法律和政治建设，更由于其建国后一直推行开放的政治和经济政策，因而其社会政治文化的现代性程度高于一般发展中国家。它的现代的政治价值观较早的在社会中居于主导地位，在大众中得到内化。在大多数新加坡人的行为准则中，公共意识总能战胜小集团的或个人的意识。没有这种内在的现代文化机制，法律严明和执法严厉就没有坚实的社会基础，就会像在很多发展中国家都实行过的一些"过于"严厉或"过于"现代的法规一样，收效甚微。即便如此，新加坡并不只是一味地严格立法和执法，它也有疏导或松弛的一面，在公平和正义之间不断地进行协调。我们可以它的精英主义的治国理念和高薪养廉的政策以及较高的社会生活保障政策来看它是如何处理这两者之间的关系的。

李光耀曾系统地阐述了他的精英主义的治国理念和高薪揽才及养廉的政策，指出新加坡是靠精英来管理国家的，唯此才能保持政府的高效和廉洁。如果实行平均主义的分配政策，那政府只能招聘到平庸之辈，这会使政府的效率很低，还可能出现腐败。由此，国家给政府的高级官员提供了很优厚的待遇，这对他们努力工作和奉公守法有很强的激励和约束作用。具体来说，政府强调要用"接近市场价格的办法"来解决高级官员的待遇问题，根据经济发展的状况来决定高官的收入。自20世纪80年代以来，新加坡总理的工资比美国总统的工资高出许多，1990

年代以来高出1—5倍①，而一般下级公务员的工资又比美国下级公务员的平均工资更低一些，非熟练工人的工资和待遇更低一些，这样，它的收入差距相对较大。

从制度上采取措施提高官员的工资，表面上看很容易，但实际并非全然如此，它要受社会文化的影响，否则难以取得合法性。因此，其他国家能否照搬，不仅要从制度上考虑，还要考虑它与自己的社会文化是否相适应。从一般意义上讲，一项"合法的"分配政策未必就是"合理"的，例如新加坡总理的薪金比美国总统的薪金高出5倍。但是新加坡的高薪是一种在特定的发展阶段和文化背景中的符合国情的一种选择。从政治生态来看，在威权主义和政府的作用较大时，有高薪揽才有利于政府的高效而廉洁；从文化上来说，在不同的文化中，人们对"合法"与"合理"的看法是有差异的，例如，英国传统文化对平等的评价要比美国文化对平等的评价更低一些，而对精英和等级更为看重。新加坡曾经是英国的殖民地，吸收了英国的传统文化，又有儒家文化传统的影响，这使新加坡社会有着较厚重的精英主义的文化土壤。

这样，新加坡的高薪揽才以及收入差距的拉大，虽然用西方的平等主义文化或马克思主义的平等价值来看是不合理的，但在新加坡的现实中，它从自己的精英主义文化氛围中取得了合法性和合理性。也就是说，在一定的文化氛围中，合法性与合理性在相当程度上取决于社会的认同，"理想"和"正义"要受特定的文化或社会认同的制约；只要公众默许这种分配体系，那么不管它是否具有"合理"性，它都获得了"合法"性。既然是合法的，就能规范人们的行为，它要比"非法"而"合理"的分配方式更有利于增加官员的荣誉感和自律精神。如果一个发展中国家要实行高薪揽才的政策，或者说高薪到什么程度，贫富差异在什么程度，需要重视的一个问题是必须考量自己的社会文化状况，或者说在多大程度上可以培育出对精英主义认同的社会价值观念。

---

① 以2012年为例，新加坡总理的年薪约218万美元，这比美国总统的年薪40万美元高出5倍多，部长的工资也达到150万美元。载《新华每日电讯》，"新华视界"，2012年11月2日。

需要指出的是，新加坡精英主义的分配政策并非不考虑"公平"的一面，而是对"公平"作出了符合自己的国情的理解，或者说较好地处理了公平与效率的关系。它在实行高薪揽才政策的同时，在多方面保持了基本的社会公平，这可以从两项基本的分配政策来看，一项是住房政策，自1960年代开始实行公共组屋计划，到目前为止，它已经经过三次升级，使全国80%以上的人住在组屋中①，不仅组屋的品质和面积不断提升，而且价格也比商品住宅低一半以上。可以说这一计划基本解决了全国从低收入到中等收入的人的住房问题。另一项是最低生活保障，新加坡的最低生活保障线较一般国家更高一些，大约与美国持平，2014年的标准约是1000新元，凡是低于这一标准的都可以得到政府的补贴。所以，新加坡的高薪揽才是在不断提高人们较高的基本生活保障的前提下推进的，或者说收入差距是在这个区间拉开的，这是新加坡政府对公平与效率的一种符合国情的理解。本世纪以来，伴随着国内民主进程的推进，民粹主义思潮在国内也有所膨胀，群众要求平均分配的压力有所高涨，尤其是反对党利用这一点对人民行动党施加压力。面对政治生态的"新常态"，李显龙总理表示，"治国既要有人情味，也要有理性坚持，关键是在情与理之间取得平衡"。"争取民心固然重要，政府制定政策时却不能只'从感性出发'而不做'理性权衡'。"② 应该说，人民行动党政府所坚持的公平与效率的平衡，保证了新加坡的较快发展。

需要强调的是，无论是1970年代李光耀宣扬精英主义，还是现在担任总理的李显龙坚持理性的治国理念，人民行动党政府始终明确地把自己的精英治国的理念灌输给社会，只不过是随着政治生态的变化而有所调整。这一点对处于转型中的后发展国家，尤其是民主和民生问题已经越来越成为领导人争取民心的工具的时期，或者说被一些领导人和政

---

① "到2010年，新加坡约82.4%的人口居住在政府提供的组屋中，其中94.8%的人口拥有组屋产权，只有5.2%是租赁住房。"李俊夫等：《新加坡保障性住房政策研究及借鉴》，载《国际城市规划》，2012年第4期。

② 游润恬：《李显龙总理10月3日在新加坡国立大学的演讲》，见联合早报网：http://www.zaobao.com/（访问时间：2014年10月4日）。

党无序使用的时期,显得很珍贵。我们可以看到很多后发展国家的政党和领导人为了争取民众,或者实行过于民粹和民主的政策,或者实行民粹的和集权的治国方式,都阻碍了经济和社会的发展。

第四,新加坡人民行动党不断推进的政治改革和宪政建设为法治社会的构建提供了保障。尽管人民行动党政府是在保证自己一党长期执政的前提下进行宪政建设的,但这不意味它不发展民主政治,相反,它为了保持自己的合法性,会适时地主动而渐进地推进国家的民主化,只不过新加坡的民主化始终是在人民行动党的理性化的主导下推进的。

我们知道,法治必须在一定的政治制度中孕育成长,而人民行动党所设计的政治架构和不断推进的政治改革有利于保持执政党的合法性,这是其能够建成法治社会的重要原因。按照经典的西方政治学的理论,法治社会只有在多元民主政体下才能建设成功。从理论上讲,要从根本上消除凌驾于其他权力之上的权力,就必须依靠多元体制来实现权力的制衡,这并没有错,在一些民主国家也得到了证实。但这一理论在政治哲学上是依靠制度对"恶"的制约,在现实中是把领导者当作权力的无限扩张者来看待的,而民众在对权力的制约方面无所作为。然而从世界范围来看,当代政治的发展已经使长期执政的政党及其执政者不可能不受到社会或民众的监督,包括在威权主义和一党长期执政的国家中,不但非制度化的监督越来越有效,而且制度化的监督也被建立起来,尤其重要的是,执政者的改革意识和民主意识也越来越强烈,主动推进民主和法制建设,这与过去有很大的不同。[①] 因此,在现代一元体制下权力制衡和法治建设也有很大发展的空间。

我们应该看到的是,绝对意义上的权力制衡是不存在的,它只是人们对权力制约的一种理想,即使是在西方多元体制中,权力制衡也是不完全的,尤其是这种权力制衡的程度和效率经常表现出矛盾的一面,过度的权力制衡会损害执政效率包括法律运作的效率。同时,在一元的政

---

① 〔美〕塞缪尔·P. 亨廷顿:《第三波——20 世纪后期民主化浪潮》,上海三联书店 1998 年版,第 202—203 页。

治体制中也可以把制衡机制发展到很高的程度，也可以在很大程度上处理好制衡与效率的关系。由此看来，无论是多元化的政治体制还是一元化的政治体制，在现代政治发展中都可能发展出有效的制衡机制，建立有效的法律体制。应该说新加坡较好地处理好了这两者的关系，建成了一个高度法制化的社会，同时建立了高度法制化和高效的政府体制。

实际上，这里所提到的一元体制和多元体制，或一党长期执政的体制和政党轮流执政的体制，是一种类型学，而在现实中，两者之间没有绝对的界限。一元体制要想建立起完善的监督机制和法律制度，就要在体制内发展出一定的多元性或民主，而多元体制要想保证其运作的效率，就要在体制内给政府或法律系统一定的独立的不受约束的权力。所以，在一元体制内法治社会的发展一定是伴随着一定程度的民主化进程而推进的，因为这意味着立法和司法体制一定要有相当的独立性，意味着任何人和政党都不能再超越于法律之上并受到法律的监督和约束，尤其是政府对其法律的干预要大大减少。新加坡的执政党和政府领导人对立法和司法的干预是逐步减少的。1960—1970年代政府可以直接动用警察和内务部队拘捕反对派人士，1980—1990年代这种情况基本不再发生了，执政党的特权表现在大选后其领袖总是把反对党的个别领袖告上法庭，致使其或者被罚得倾家荡产，或者被迫流亡海外。但无论是运用警察拘捕还是通过法庭打压反对派，其趋势是在逐渐弱化的，尤其是在本世纪以来，已经没有在大选后与反对党对簿公堂的情况了，而反对党无论是在国会中还是选区中，与执政党和政府合作的情况也越来越多。从政府自身的情况来看，现在不但没有人可以公开地干预法律的执行，不存在官官相护的情况，而且对权力的监督已经迫使所有官员包括领导人都必须在法律的边界内谨慎行事。从现今的立法过程来看，国会辩论已经非常透明，所有立法和重要法规的制定都要经过充分的辩论，这已经成为立法的主要程序。在辩论重要问题时，新加坡的领导人和部长们经常坐在旁听席上倾听议员们的发言。执政党议员和反对党议员都可能对政府的政策进行批评，不会受到干预。辩论时也允许旁听，媒体可以进行全程跟踪报道，并及时反映民众对政府提出的方案和辩论各方的意见和态度，从而使民意极大地影响着立法的结果。这是立法相对独立和民主的重要表现。在这种相对民主和开放的政治氛围中，在法治观念已经深入人心的情况下，很少有官员敢于干预法律。

四、结论

对于后发展国家而言，在民族独立后难能可贵的是尽快地把国家的发展战略转移到现代化建设方面，与此相适应，国家领导层要树立明确的现代化意识和现代法治意识，对现代法治建设的规律和重要性要有足够的认识。同时，随着政治发展并根据国情构建适于法治建设的政治生态，处理好政治稳定和政治发展以及现代法治建设的关系。在基本完成了由革命党向执政党的转型或民主政治有所发展的时期，法治建设能否成功已经主要不再是理论的说教，而主要是一个实践问题了，主要是政府是否能够持之以恒强有力地推动法治建设，尤其是要让社会各个群体和各个阶层以至于全体人民共同参与来构建法治社会。 CPS

An Analysis on Political Ecosystem of the Construction of Legal Society of Late Developing Countries: In Case of Singapore

LI Lu-Qu

Abstract: Legal institutions is a part of political system, therefore, only in the proper political ecosystem can the society which ruled by law be constructed. Especially for late developing countries, because it takes shorter time to realize modernization of politics and law compared with developed countries, the construction of rule of law needs to be promoted and guaranteed via political factors, which is underlying premise and basic foundation of legal construction. This article analyses political factors which promote the social ruled by law, and the entire political ecosystem. At the same time, it specifies some issues as follow: (1) the foundation of politics and law in the early days of Singapore; (2) the leaders' awareness of rule of law and modernization; (3) the significance of political development promoted by one party on legal construction; (4) the impact of social culture and fairness and justice on system and policy and so on. This paper points out that it will become fundamental and positive facilitation for the construction of rule by law if these political factors are used properly. Particularly from the political practice of Singapore, we can see that some western theories of democratic transformation are not always applicable to other countries. Effective supervision mechanism and democratic system also can be developed in this political system of relative monism, which is fundamental guarantee of legal society. These have a great significance to the construction of rule by law in our country.

Keywords: Singapore; Developing Country; Political Ecosystem; Modernization; Legal Construction; Fairness and Justice

韩国国会立法冲突现象及其对中国人大的启示

洪 静[*]

【内容摘要】 立法冲突是韩国议会政治中较为引人注目的政治现象。立法冲突对于韩国议会政治的发展和完善，具有一定的积极意义。韩国的经验表明，议会立法冲突的发生、发展、改进，与国家民主政治的发展和成熟有着内在的联系；通过包括社会资本建设在内的各种制度和文化建设，能够有效地控制和减少立法冲突现象。本文将对韩国议会政治中立法冲突问题探讨所获得的知识，应用于中国社会主义民主政治进一步发展完善条件下人大运行规则的建设问题，试图前瞻性地提出和回答一些有关中国人大制度发展的重要议题。

【关键词】 冲突；人大运行规则；议会政治；韩国议会；全国人大

一、韩国议会政治中的立法冲突现象

1. 韩国议会政治中的立法冲突现象

韩国议会政治中的立法冲突现象是指议会立法审议过程中，在全院

---

[*] 洪静：女，政治学博士，山东大学韩国学院教师。本文为山东大学韩国研究跨学科协同创新平台项目阶段性成果；教育部人文社科后期资助项目"议会政治合理化与社会资本培育"阶段性研究成果。

大会或者专门委员会内,所发生的两人或两群以上议会议员之间以身体接触或非接触方式进行的、通常伴以不友好言语攻击的身体攻击和对抗行为。广义上的立法冲突还包括语言攻击、挑衅、争抢麦克风、议事锤、聚众占领讲坛、抢占主席台、占领会场等非直接身体接触类型的冲突现象。在表现形式上,有因具体议题分歧而发生的"硬"冲突,也有虽无明确议题,但出于不合作目的,人为阻断正常议程的"软"冲突。前者通常发生在全院大会和委员会的立法审议中;后者则多发生在新一届议会"院构成"的协商过程中。

2. 立法冲突现象的特征

(1) 立法冲突是议会政治发展特定阶段的特殊现象

从韩国议会政治发展演变的角度观察,韩国议会内政治力量对比悬殊的情况是一种阶段性现象。在议会政治发展的初期,少数具备历史和政治优势的政党形成了强势多数,事实上操控、垄断了议会政治的运行,而弱势小党则无法享有、履行其应有的法律权利和政治利益。在民主政治制度和法律框架已然具备的情况下,议会内的政治垄断局面实际上由各政党所掌控的政治资源的差异性引起。因此对不甘附庸于强势政党的弱小政党来说,其政治存在的价值就是设法获取政治资源、在既有的制度框架下与强势政党展开博弈,落实在具体行动上,就是以立法冲突的方式阻隔强势政党或政党集团对优势资源的垄断,形成事实上对强势政党实力的"削弱",从而实现弱势与强势力量的"平衡",达到捍卫弱小政党自身权益和立场的目的。换句话说,在虽已具备民主的法律和制度框架下,在公平公正的政治生活尚未完全实现的民主政治发展的初期阶段,韩国国会的立法冲突具有平衡强弱政党力量的阶段性特征。这意味着当各政党间政治力量对比达到相对平衡、两极化特征不再明显之际,弱小政党也就不必以暴力性的非常规手段,去获取自身的政治存在和利益诉求了。

(2) 立法冲突蕴含一定的正当价值诉求

立法冲突作为少数党的一种斗争手段和策略,尽管其语言、行为表现方式与现代政治文明背道而驰,但其背后承载、表达了一些重要的价值诉求,如对少数权利的保护、对多数的制衡、追求立法的程序正义、争取政治参与平等等,体现了"民主不仅仅是一个统计选票的公式,更应该是一个允许所有公民在政治协商中都可以提出理由的集体协商和立法的过程"①的基本精神与价值。在韩国议会政治的实践中,立法冲突多发生在议事规则、权力、资源严重倾斜于强势多数党而造成议会内政治力量对比悬殊的时候。可见,对议会内不平衡的政治力量对比的反抗,是导致少数党采取冲突策略的动因。因此,这是一种具有正当价值动机,但又以不合常规方式表现出来的独特的议会政治现象。

(3) 立法冲突体现了政党、议员的政治忠诚

赫希曼曾指出,当经济组织的组织绩效衰减后,其内部消费者或者会员没有选择退出,而是决定继续留在体系内,以一种抗议的方式向关注他们的其他行为体呼吁、表达自己的不满情绪,这是组织成员对组织忠诚的表现。在政治领域,呼吁、抗议行为,蕴含着组织成员对政治发展新方向的期待,是特定政治组织内催生政治复苏的动力,这种力量不仅有助于组织绩效的提高,而且也降低了组织成员从组织中退出的可能性。②也就是说,弱小政党及所属议员抗议和不满的呼吁声音越大,组织被迫进行回应的可能性也就越大,而这种呼吁的作用也就会越明显。议会内少数党借用立法冲突而非敷衍塞责或逃逸方式所表达出的不满、抗议,不仅有助于提高议会的运行效率、政策的产出绩效,还是行为者履行其对议会、选民和国家义务和职责的表现,是有助于议会政治良性发展的建设性行为。

(4) 立法冲突是议员个人和政党政治博弈结果

一方面,作为立法冲突行为主体的国会议员,只有忠实地为选民利

---

① 〔加〕威尔·金里卡:《少数的权利:民族主义,多元文化主义和公民》,邓红风译,上海译文出版社2005年版,第245页。

② 参见〔美〕阿尔伯特·赫希曼:《退出、呼吁与忠诚:对企业、组织和国家衰退的回应》,卢昌崇译,经济科学出版社2001年版,第5、34页。(Hirschman, Albert O., *Exit, Voice, and Loyalty: Responses to Decline in Firms, Organizations, and States*, Harvard University Press, 1970.)

益代言，才能赢得选民支持，实现连任。另一方面，议员只有严格遵守所在政党的纪律，服从政党指示、执行党的路线，对党忠诚，才能赢得政党信任，从而获得党内候选人提名推荐，实现其自身的政治目标。从这个角度，立法冲突是一种与议员个人的政治利害考虑、而非个人行为特点相关联的政治策略行为。

另外，从政党策略的角度，当强势政党凭议席数的优势强行通过尚未与少数党达成共识的争议法案，完全忽略少数党核心利益和政策立场时，处在劣势境地的少数党出于自身利益考虑，只能以立法冲突方式，与多数党就立法资源展开博弈，以维护自身利益。

二、立法冲突对韩国议会政治的影响

1. 立法冲突对韩国议会政治运行的影响

韩国政治发展自1987年民主化转型之后直到今天60多年的议会政治发展历程中，议会实践中所发生的立法冲突，实质上从一定意义上反映了议会政治地位的提升、议员表达自由的加强和政治力量的多元化，以及弱小政党为实现自身政治利益和目标，竭尽全力与强势政党展开政治博弈的决心和能力的增强。也就是说，对于刚从威权政治统治下摆脱出来，开始向民主政治转型，议会政治发展处于起步阶段的政治共同体内，发生的议会立法冲突现象，并非是政治的倒退，相反，从一定意义上反映了政治发展的进步。

特定历史发展阶段所发生的立法冲突现象对共同体政治发展的积极作用至少体现在如下几个方面：首先，对少数党而言，立法冲突实际上是少数党自我保护、自我防御的政治策略和手段，通过议事妨害，达到拖延、阻隔立法审议目的的一种赢取强势多数党的政治均势策略，表明少数党不再是逆来顺受、可有可无的政治陪衬物。冲突起到整合社会政治资源、扩大弱势政党影响力的作用。

第二，立法冲突能够改变法案的审议结果。与冲突相伴的法案大多或是牵涉意识形态问题①，或是与各个政党的核心利益、根本政治立场相关，如外交政策、政府支出与规模、环境保护、弱势群体政策等。事实证明，冲突对法案的审议过程、审议结果都产生了重要的影响和作用，一些牵动面广而复杂的法案，被拖延、搁置，或废止、修正。如大国家党（新国家党前身）提出的"国家保安法废除案"即因立法冲突而被搁置，"卢武铉弹劾案"②则干脆被否决，"韩美自由贸易协议案"③虽然最终获得通过，但审议期间由于少数党不服，引发立法冲突，致使法案的审议时间延续达四年之久。

第三，立法冲突起到缓解组织压力、抗御组织僵化的作用。冲突理论家科塞认为：冲突有利于暴露、发现问题，澄清矛盾根源所在，使得各方的利益、目标更加明确；在更严重的政治危机到来之前，通过提前寻找解决方案进行应对准备，促进组织变革，激发组织活力。④可以说，冲突是社会常态而非病态，它有破坏性的一面，也是一种生产性、建设性的存在；对政治系统的稳定和发展有一定的积极意义。

---

① 在韩国，意识形态并非所谓精致、高级或者一套先进的价值体系，而是指政党从过去到今天所展开活动与所取得的业绩体现的具有一贯性的政治路线或政策倾向。韩国各政党的意识形态特征，与其他国家政党相比较而言，更具有保守性质特征。政党通过自己所秉持的意识形态特征，动员和获取选民的支持，期望在选举中获得胜利以执掌政权。参见〔韩〕李甲润：《韩国政党体系的意识形态性质》，载《社会科学研究》，第2卷，西江大学社会科学研究所，第93—115页。

② 2004年3月6日，新千年民主党议员洪思德代表157名该党议员，与大国家党议员俞龙泰共同提议要求对卢武铉总统进行弹劾，并于3月9日向国会提交了宪政史上首例总统弹劾动议案。3月12日，国会第246次全院大会召开第2次临时会议时，朝野双方赞、反立场分歧巨大，发生立法冲突。参见《卢武铉总统弹劾案通过》，载〔韩〕《世界日报》，2004年3月13日第45版。

③ 卢武铉政府时期，首先启动了与日本之间的FTA（Free Trade Agreement），后发现日本方面的条件多无法接受，便中断了谈判。后启动与美国间的韩美FTA谈判。从2005年2月韩美FTA实务会议首次召开，到2011年11月22日韩美FTA批准动议案在国会通过，11月29日李明博总统签署声明，再到2012年3月15日正式生效，该案在国会的整个审议过程历经波折。2011年11月2日，国会外交通商统一委员会讨论审议韩美FTA法案时，民主党、民主劳动党与大国家党之间发生激烈冲突。

④ 参见〔美〕科塞：《社会冲突的功能》，孙立平等译，华夏出版社1989年版，第112页。

2. 韩国议会对立法冲突现象的反思与改进

虽然议会政治中的立法冲突一定意义上反映了一个国家民主政治发展、进步的状况，但冲突现象本身也具有负面性、消极性。毕竟原始粗陋的肢体暴力性冲突与现代社会所实行、倡导的文明与理性的行为方式存在距离；议会政治本是一个通过智慧论说、协商讨论的场所，在这里试图以暴力压制和胁迫对手，来实现自身目的的行为，不仅与议会政治的本意相去甚远，甚至会让人对议会民主政治的实际运行价值产生不信，损害了议会的神圣性与庄严性。以肢体冲突方式表现出来的立法冲突，一定程度上也"撕裂"了个体议员自身，造成了作为政治家的议员个人社会形象的损害：议员平时文质彬彬、礼数周到，但在议会政治中却经常采取与其身份、教养和地位不相符的野蛮、粗陋的言行行为，这种反差不仅造成了议员个人声誉的贬损，也容易引发社会和民众对议员个人道德修养、素质的质疑。显然立法冲突的暴力、不文明色彩需要改进和消除。

改进和超越议会政治冲突现象，需要在根本上从立法制度、议事规则、审议程序等方面，探索并落实对少数派权利的保障机制。为此，韩国议会开始着手建立、健全减少和消除立法冲突现象的立法和制度规范。2009年4月8日，韩国议会运营制度改革咨询委员召开题为"探索理想的议会运营模式——以议会议事规则及议员伦理规范为核心"的学术讨论会，朝野政党议员以及来自学界、舆论界、市民团体的各界人士参加了会议。民主党议员朴相迁提议：应当修改国会法，引入议事妨害制度，只要在职1/5以上议员提出书面申请，就必须保障争议法案能够进入程序实施讨论。2012年5月，《冲突防御法》（正式名称为"议会先进化法案"）在全院大会获得通过。该法的通过，意味着从第十九届新一届议会开始，议会的审议程序将进一步完善，对话、协商机制更为健全。①

---

① 2009年6月28日，《冲突防御法》（正式名称为"议会先进化法案"）在文化体育观光通信委员会审议通过，2012年5月在全院大会获得表决通过。该法案增加了有关议事妨害制度（filibuster）的规定：只要1/3以上在职议员要求，最长可以进行100天的无限制讨论，而要求终结无限制讨论，则只需要在职3/5以上的人赞成，即可实现。

韩国议会政治开始进入新的阶段。

在从制度上探索减少和消除立法冲突现象的同时，人们也在考虑如何发掘更多、更优良的社会资本用于议会政治的建设。根据社会资本理论，在一个共同体内，以信任、规范以及网络为主要内容的社会资本总量越大，自愿的合作机制就越容易形成，就越有可能通过协调行动，提高社会效率。① 在韩国政界以及社会大众已经意识到必须减少和消除立法冲突现象的情况下，通过建立有效的互惠规范和公民参与网络，形成普遍的社会信任，在国民中间培育妥协、合作的精神和文化，通过积极的社会资本和文化建设，消除议会政治冲突现象的问题，成为越来越引起人们重视的问题。

三、韩国经验对中国人大的启示

1. 中国人大的基本特点

中国宪法规定：人民代表大会制度是中国的根本政治制度；各级人大是各级地方的权力机关，全国人大是中国的最高国家权力机关；各级人大通过选举、决定，产生中国的各级政府、法院、检察院，并对各个国家机关的履职权实行监督。②

从实践的角度看，尽管宪法赋予了中国人大以最高的国家权力，但在实际政治过程中，中国人大在权力的行使方面存在一定的局限性。③ 首先，从人大立法的角度看，人大的立法权、政策制定权是在党的领导下行使的。中共对人大的立法和公共政策的制定起着领导和决定的作

---

① 〔英〕罗伯特·帕特南：《使民主运转起来——现代意大利的公民传统》，王列、赖海榕译，江西人民出版社2001年版，第195页。
② 《中华人民共和国宪法》第三章对全国人大的法律地位、职权等作出规定。宪法第二条规定，中华人民共和国一切权力属于人民。人民行使国家权力的机关是全国人民代表大会和地方各级人民代表大会。第六十二条关于全国人民代表大会行使职权的内容。
③ 浦兴祖：《人民代表大会制度20年的发展及其启示》，见蔡定剑、王晨光主编：《人民代表大会二十年发展与改革》，中国检察出版社2001年版，第17页。

用，人大根据党的决定、指示，将党的具体政策、主张，通过法定程序制定为法律。①

其次，人大与国家行政机关在法律上是决定与执行、产生与负责、监督与被监督的关系，在实际政治运行中，各国家机关的人事任免权是由各级党委决定的，人大事实上仅对党所选定的人选履行"法定"任免程序。②

第三，代表和常委的审议权的发挥存在一定的局限性。以全国人大为例，包括全国人大常委会、各专门委员会、人大代表在内的各个人大行为主体，在实际立法过程中，能够发挥作用的空间是有限的：全国人大规模庞大、人数众多（近3000名代表），但会期短暂（每年举行10—15天左右的会议），做到充分讨论比较困难；全国人大常委会作为常设机构，行使全国人大闭会期间的全国人大权力，尽管其成员规模不大（不到200名委员组成），但依然存在会期过短（每两个月才举行一次为期一周左右的会议）、委员年龄偏大、议政积极性不高等问题，容易出现审议流于形式。③

第四，代表的活跃性有待提高。全国人大代表由各省级人大每五年选举产生。人大组织法规定：人大代表有审议权、提案权、罢免权、质询权、批评权。尽管法律规定了较为全面、充分的代表权力，但人大代表的权力、功能的发挥空间还需要进一步提升。

代表作用发挥不充分表现在以下几个方面，首先，按照美国学者欧博文的观点，中国的人大代表可以分为三种类型，即消极行动者、代理人和谏诤者。消极型代表不会在人大会议上提出有意义的提案，而将人

---

① 将党的政策变成国家意志的法定程序有三类：第一，中共中央与国家机构联名发布政策方案；第二，政府决策以党提出的政策原则为依据；第三，中共中央提出政策创议，国家机构据此制定具体的政策方案，并按照法定程序通过。

② 郭道晖：《地方人大常委会建制20年的回顾与思考》、路江通：《人大职权不到位是依法治国必须解决的一个难题》，见蔡定剑、王晨光主编：《人民代表大会二十年发展与改革》，中国检察出版社2001年版，第48、407页。

③ 黎晓武：《论加强全国人大常委会委员的立法作用》，见蔡定剑、王晨光主编：《人民代表大会二十年发展与改革》，中国检察出版社2001年版，第432—435页；全国人大常委会办公厅研究史编：《总结探索展望：八届全国人大工作研究报告》，第43页。

大身份当作荣誉和"政治装饰品";代理人型和谏诤者型代表相对较为活跃,但作为代理人的人大代表,其功能更多地体现为宣传国家的路线、方针和政策,只有谏诤者型代表试图通过对政府的政策提出意见、纠正政府错误的方式,来影响政府政策的制定和执行。① 也就是说,人大代表在行使权力、履行职责方面尚不充分,有待进一步加强。

第二,代表的同质性程度较高。目前各级人大普遍存在在任党政官员多,社会普通阶层、群体代表不足的问题。人大构成代表性不足,社会上不同阶层、集团利益要求之间的交锋,难以及时反映到各级人大的立法和政策制定过程中去,也使得代表难以就公众普遍关心的问题充分表达自己的意见和立场。

第三,代表发挥作用的条件有待开发。按照法律规定,人大代表的权责分为会期和闭会期间两种。② 会议期间的主要职责是听取和审议各项工作报告和议案,闭会期间则通过调查研究,为审议做准备。但无论是开会,还是调研,由于人大代表的兼职制,履行职责的时间和精力较难保障。因此,国家应为人大代表配备必要的履行职权的辅助、咨询、支撑机构,为代表从事和介入专业性较强的立法和政策工作提供保障。

人大的会议程序在一定程度上也限制了代表权能的发挥。人大会议规则规定,代表在全体会议上每人可有两次发言机会,第一次不超过10分钟,第二次不超过5分钟;临时要求发言的,须经大会执行主席许可,始得发言。③ 导致代表们即便有发言机会,也因时间和次数的限制,

---

① O'Brien Kevin, "Agents and Remonstrators: Role Accumulation by Chinese People's Congress Deputies", *The China Quarterly*, 1994, p. 365. 转引自王雄:《从制度范式到权力范式——海外视角下的中国人大制度研究》,载《社会科学》,2013年第8期。
② 参见《中华人民共和国全国人民代表大会和地方各级人民代表大会代表法》,第二章"代表在本级人民代表大会会议期间工作"、第三章"代表在本级人民代表大会闭会期间的活动"。
③ 《中华人民共和国全国人民代表大会议事规则》第五十条规定:代表在全体会议上的发言,每人可发言两次,第1次不超过10分钟,第2次不超过5分钟;第51条规定:主席团成员和代表团团长或者代表团推选的代表在主席团每次会议上的发言,每人可就同一议题发言2次,第1次不超过15分钟,第2次不超过10分钟。经会议主持人许可,发言时间可以适当延长。参见中国人大网:http://www.npc.gov.cn/wxzl/wxzl/2000-12/05/content_4520.htm。

而难以充分、透彻地表达自己的立场和观点。

2. 韩国经验对人大运行规则完善的启示

韩国的经验和教训表明,立法冲突现象是民主政治发展进程中的伴生物和副产品;通过议会制度和规则的改进,建立妥协与合作的机制,积累包括信任在内的社会资本,实现民主对话和协商,立法冲突在民主政治发展的成熟阶段是完全可以得到规范和控制的。从加强对中国人大运行规则建设的角度,我们可从韩国的经验、教训中得到如下启示:

第一,确保立法的审议民主(deliberative)性质,避免过分关注表决结果,积极鼓励利益相关方积极参与到决策制定的过程中来。韩国立法冲突的发生、发展历程表明,简单的多数投票表决原则并不能充分体现全体民众的真实意愿,而公开的对话、辩论、协商才是实现民主参与的有力保障。审议民主承认、接受多元社会里的不同利益主体之间存在的冲突、矛盾和分歧,让政策的制定者、执行者以及社会大众,都能参与到政策制定中来并进行必要的对话、辩论和协商,并在此基础上对公共问题作出深思熟虑的判断再提出解决方案。[①] 韩国的经验提醒我们,只有鼓励各方从他人立场思考和看待公共议题,进行反思性思考,减少直至消除立法过程中的有限理性和非理性,才能促进相关利益方相互的倾听和理解。对中国人大运行制度的完善而言,如果人大能为各个政治团体提供协商讨论的制度、程序和渠道,让各种观点、立场通过不受限制的交流、讨论,就会促进各方偏好的改变而最终达成妥协,实现相互合作,进而在根本上消除随着代表作用的增强而出现的代表间相互竞争加剧所导致的对立、冲突现象。因此,确保协商、讨论、辩论得以合理、有效进行的程序和制度建设,应当成为人大制度建设所应关注的焦点。

第二,建立信任文化,积累社会资本。民主与社会资本共生。[②] 社会资本的主要形式包括信任、社会网络、义务与期望、互惠规范和共享

---

① 关于"deliberative democracy"一词的译法,中文文献有多种,本文采用谈火生教授"审议民主"的译法。参见谈火生:《审议民主》,江苏人民出版社2006年版,第6—9页;陈家刚选编:《协商民主》,上海三联书店2001年版,第167页。

② 〔美〕马克·E. 沃伦:《民主与信任》,吴辉译,华夏出版社2004年版,第134页。

的价值体系。信任是社会资本的核心要素。社会资本建立在社会成员相互间的期待、义务关系的基础上,并通过交换,进一步强化相互间的互惠规范和相互信任,实现成员间的合作。从韩国的经验中可以看到,各政党相互不愿妥协、让步是冲突频繁发生的重要原因,事实上各政党拒绝妥协、让步,表面上看似乎维护了自身利益,实则因未能建立起对方对自己的责任、义务、互惠的期待,无法令对方建立起对与自己合作的信心和期待,这样,各个政党在互动关系中除非"全赢",否则是不可能从政治对手那里得到任何补偿和回报,因此相互间的妥协、合作就无法达成。不仅如此,这种情况下的政党互动还会产生负向的消极效应(spillover effect),导致双方的妥协、合作更不易实现,相互间的背叛、拆台成为立法实践中司空见惯的现象。相反,如果社会资本的信任总量充分,相互的妥协、让步,政党间的谈判就容易达成,对立双方就会逐步建立信任、合作的互惠关系。社会资本的培育和建设对民主政治的顺利发展意义重大,这对中国人大内部政治关系的建设具有参考价值。

第三,培育宽容妥协意识,通过进化实现合作。妥协意识、妥协精神对于议会民主政治的发展尤为重要。[①] 妥协产生合作。积极培育妥协思维,鼓励平等辩论和建设性互动,在此基础上,实现合作。

合作进化理论指出,在一个多元化的社会里,合作是趋势,合作越普遍,共同体越繁荣;合作的经验越多,越容易形成信任的文化;对互动的一方而言,合作不仅决定着当前对局的结果,而且更影响着以后的选择。[②] 阿克塞尔罗德指出:基于回报的合作一旦建立,就能防止不合作策略的侵入,就会形成社会进化齿轮不可逆转的局面。[③] 他同时指出:在适当的条件下,基于回报的合作可以在对抗中产生;而合作一旦产生

[①] 龙太江:《论政治妥协——以价值为中心的分析》,华中科技大学出版社2004年版,第9页。

[②] 〔美〕罗伯特·阿克塞尔罗德:《合作的进化》,吴坚忠译,上海人民出版社2012年版,第9页。

[③] 〔美〕罗伯特·阿克塞尔罗德:《合作的进化》,吴坚忠译,上海人民出版社2012年版,第14页。

就能够成长并保持稳定。

合作进化理论对议会政治实践具有启发意义。在韩国，议会少壮派议员对冲突现象的反思，推动他们提出了具有一定合作进化理论色彩的议会互动的伦理和规范建议。① 这些经验对中国人大运行规则建设而言具有借鉴意义。相互竞争的各利益主体，如能充分意识到与对手的竞争不可避免，且一直持续下去的话，那么合理的自身利益最大化的策略，就是按照合作进化理论的要求，实现相互间的合作，而非彼此拆台、背叛；如果理解了互惠、期望对实现自身利益的重要性，就应当探索、实现相互合作，通过不断的合作，积累合作经验，强化双方对未来互惠、互信的期待。**CPS**

Political Function of Legislative Conflict in South Korea and Its Value to China National People's Congress

Hong Jing

Abstract：Legislative conflict phenomenon is noticeable in parliamentary politics in South Korea. As far as how to look upon the relation between this phenomenon and development of democratic development is concerned, it not only involves cognition and understanding on the conflict phenomenon itself, but also concerns cognition and valuation on democratic political operation and democratic transformation. By virtue of investigation in conflict phenomenon and strategies, this thesis is aimed at excavating, from the experience and les-

---

① 2010 年国会处理新年预算案时，以洪政旭为核心的 23 名少壮派议员发表宣言：表示将绝不再卷入任何有关预算案或其他争议法案的立法冲突中去。参见韩国《中央新闻》，2010 年 12 月 17 日。

sons in development of South Korean Parliament, some beneficial enlightenment of caution or reference function on future development of China National People's Congress.

Keywords: Conflict, Parliamentary Politics, South Korean Parliament, National Peoples's Congress of China

东盟运行机制初探

高俊龙[*]

【内容摘要】 东盟因其重要的地理位置而成为国际社会的重要行为体,然而东盟在地区和全球事物中的实际作用却往往不能与其地位相匹配。本文从东盟组织构成及运行原则即东盟运行机制的角度分析发现,东盟的成立、发展深受国际社会和地区各国复杂政治、宗教等环境的影响。在当前的运行机制下,东盟与其说是控制协调各方,不如说仅仅是各方交流协调的平台。无论东盟是否会成为类似欧盟的超国家组织,组织结构的紧密与强化以及运行原则的制度化与适度强制力都将是东盟适应当今世界局势的应有之义。

【关键词】 东盟;运行机制;组织机构;东盟方式

东盟由发展中国家甚至是贫穷国家组成,除了内部复杂的民族、宗教环境,各国间还有广泛的领土争端,因此初成立的东盟并不为世界看好。然而东盟以其独有的"东盟方式"不仅有效缓解了矛盾促成了合作,更在这种方式下实现了三次大的组织结构和功能的升级。东盟善于借助每一次的国际事件促成自身的发展和完善,不仅未因国际干涉或内

---

[*] 高俊龙:天津师范大学政治与行政学院中外政治制度专业博士研究生。

部矛盾而中断，相反却稳步地取得新发展。它根据不断变化的内外环境对自身进行改革和调整，在改革和调整的过程中不断获得了新的动力和源泉。① 东盟因其重要的地理位置而成为国际社会的重要行为体，然而东盟在地区和全球事务中的实际作用却往往不能与其地位相匹配。为了解释这一现象，本文从东盟的运行机制入手，希望从东盟内部的运行和组织获得一定发现。

一、东盟运行机制的组织机构及原则

运行机制是一个被常规使用却并未给出准确定义的概念，简单讲运行机制即影响某事物运动各种因素的结构及其功能、结构间相互关系在该事物有规律的运行中产生影响发挥作用的过程和运行的方式。新华字典对运行的定义为"周而复始的运动或者活动"②；对机制的定义为"①机器的构造和工作原理，如计算机的机制。②有机体的构造、功能和相互关系，如动脉硬化的机制。③指某些自然现象的物理、化学规律。如优选法中优化对象的机制，也叫机理。④泛指一个工作系统的组织或部分之间相互作用的过程和方式"③。至此我们可以把东盟的运行机制概述为东盟这一组织在自身发展和运行过程中东盟各组织机构及部分的构成方式、功能以及相互间的作用、关系。简单讲可以概述为东盟的组织机制及东盟的运行原则、规范。由于组织机制和具体组织部门的机构功能更多的是在运行原则、规范的指导下构建的，任何部门的设置都不会违背东盟的共同规范和原则。因此规范也即原则在东盟研究中就显得尤为重要。规范是具有给定身份的行为体的适当行为准则。④ 根据划

---

① 曹云华主编：《东南亚国家联盟：结构、运作与对外关系》，中国经济出版社2011年版，第77页。
② http://xh.5156edu.com/html5/34376.html
③ http://xh.5156edu.com/html5/263460.html
④ Peter J. Katzenstein, *The Culture of National Security: Norm and Identity in World Politics*, New York: Columbia University Press, 1996, p. 5.

分标准的不同，规范可分为不同的类型。从制约还是重塑行为体的角度看，规范可分为限制性规范（regulative norms）与构成性规范（constitutive norms）。前者规范和制约人们的行为，后者塑造新的行为体、形成新的利益、创建新的行动类别。从是否具有正式性特征看，规范可分为社会规范和法律规范。① 东盟的运行中明显缺少法律规范，更多的是社会规范。此外，东盟各国主权意识强烈，其共同构成的东盟自然更多的是构成性规范，较少限制性规范。只有先形成了这样的认识，才有利于具体分析东盟的运行机制。

（一）东盟的组织机制

目前，东盟已从创建时的五国扩大为现在包括除东帝汶之外所有东南亚国家的地区组织。由于东盟地区内各国政体、经济发展状况、民族、宗教等复杂多样，因此东盟这一组织的成功运行必然离不开一套不断健全、完善的组织运行的机制和方法。这套机制和方法包括领导制度、国家关系、组织形式、会议制度、法律法规等，这些又可以概括为东盟的组织机构和运行原则两方面。随着东盟内部在经济、政治等领域的合作以及与域外大国的深入联系，东盟本身的组织机构和原则也已经发生了巨大的变化。

2003年10月的东盟第九届首脑会议确立了于2020年建成包括"东盟安全共同体"、"东盟经济共同体"以及"东盟社会—文化共同体"三部分的"东盟共同体"（ASEAN community）目标。在这个目标下，东盟加快了从较为松散的以经济合作作为主体的地区组织向关系更密切、合作领域更广的区域性组织转变的步伐。2007年东盟第十三届首脑会议通过了酝酿已久的《东盟宪章》，从而使东盟的地区一体化建设走上了法制化的新阶段。在这个宪章的规定下东盟的组织机构主要分为决策机构、执行机构、协调以及驻外机构三层。根据2007年《东盟宪章》第31条的规定，东盟主席应该按照各成员国英文名的字母顺序每年轮换。②

---

① 王良生：《多边主义视角下的东盟运行机制》，厦门大学博士学位论文，2007年。
② http://www.asean.org/asean/asean-chair

东盟首脑会议又称为东盟峰会,是目前东盟最高的决策机构。然而东盟首脑会议并不是在1967年东盟成立之日诞生,而是直到1976年才举行了东盟第一届首脑会议。东盟外长会议是东盟成立的主要推动力,因此也成为东盟成立起的最高决策机构,直到1976年被首脑会议代替,但是其仍然是东盟重要的决策机构,在东盟具有重要影响力和决定权。除此之外还包括在东盟日趋重要的东盟经济部长会议,因经济发展的重要性而使东盟经济部长会议日渐成为与东盟外长会议地位齐平的重要决策机构。因此人们普遍认为东盟首脑会议、东盟外长会议与东盟经济部长会议是三足鼎立的互相独立的决策机构。尽管东盟尚未成为权威性超国家机构,但是东盟事务的分配和协调机构却非常健全,尤其在具体的关乎社会基层的联系方面也比较成熟。与东盟的历史、民族、宗教以及经济环境等相匹配,东盟在组织机构上呈现出能少则少以及重国家间部门层次的合作而轻国家层面合作的特色。这种组织特色在东盟的运行方式和原则上则体现得更加突出。目前东盟的组织机构如下图所示:

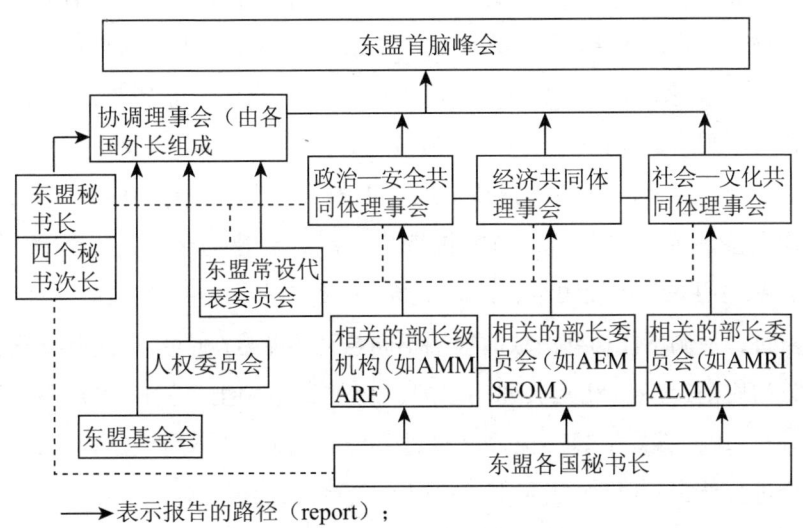

图1 目前东盟组织结构图

资料来源:引自谢碧霞、张祖兴:《〈东盟宪章〉看"东盟方式"的变革与延续》,载《外交评论》,2008年第8期。

（二）东盟的运行原则

东盟组织的相对松散，决定了其决策机制松散、整体性不强，强调无论大小和强弱，所有成员国地位绝对平等。在多年的实践中，东盟创立了号称"亚洲方式"的决策方式，这种方式表现为组织机构、决策机构上的自由松散、未设决策核心，有效兼顾了各成员国利益，使每个成员国的绝对平等地位得到制度保障，杜绝了某个成员国主导东盟事务的可能性。[①] 东盟处理内部事务而后又拓展到处理东盟与域外大国、地区或组织关系的主要运行原则被称为"东盟方式"，对这一方式的准确意涵并没有明确的定义，东盟本身也并未就这一名称做官方描述，人民所了解的"东盟方式"既来自于东盟各文件规章中有关处事原则的表述，也来自于东盟在实践中处理有关问题的具体表现。因此就导致了"东盟方式"的多种多样的表述，其中不乏很多有争议的论述。

新加坡外长贾古玛（S. Jayakumar）经典地将"东盟方式"归纳为"非正式性、组织最小化、广泛性、深入细致地协调以达成一致与和平解决争端"[②]。马来西亚学者诺丁（Noordin Sopiee）提出了"东盟方式"的13条核心原则，包括：（1）反对对内对外的集体军事协定；（2）反对以军事威慑维护和平；（3）主张和实践真正和平的方式：建立信心、信赖、可预见性、善意与友谊、国家抗御力、富有创建的亲密的双边关系；（4）积极寻求和增加团结、共同立场、一致与和谐；（5）敏感、礼貌、不对抗，强调不能达到一致时容纳不同意见的能力；（6）通过共识进行决策的原则；（7）相互关爱的原则；（8）尊重领土完整；（9）不干涉内政；（10）偏好平静外交，反对过分公开家丑，反对通过动员媒体和群众进行外交；（11）实用主义；（12）轻形式而偏好内容，轻过程而偏

[①] 陆建人：《东盟的今天与明天》，经济管理出版社1999年版，第308页。
[②] 〔加〕阿米塔·阿查亚：《建构安全共同体：东盟与地区秩序》，王正毅、冯怀信译，上海人民出版社2004年版，第88页。

好实质,反对笛卡尔主义和法理主义;(13)平等主义。① 有国内学者将"东盟方式"归纳为非对抗性的协商一致、不干涉内政及非正式方式三种,也有人简单归结为"求同存异"和"循序渐进"两个原则,并认为这些体现了东南亚国家传统的理解、忍耐和务实精神。② 如王子昌所说,现今东南亚研究中现实主义、建构主义和自由主义齐头并进,在如何认识东盟成员国之间的长期和平、东盟合作的性质及东盟发展新动向等问题上各派均有不同观点。③

"东盟方式"的形成既与东南亚各国强烈的主权意识有关,也与该地区多样的民族、宗教有关,还与该地区复杂的领土主权争议以及经济发展水平有关。有学者曾援引印尼爪哇村社的决策方式来论证"东盟方式"的文化来源,即领导人就村社如何行动不能独断专行或将自己的意志强加于人,而应提出温和建议,与所有的参加者进行充分协商然后提出综合性结论。④ 关于"东盟方式"的具体论述丰富多样,因此抓住"东盟方式"的真正内核,对我们研究东盟的组织运行提供了重要参考意义。根据已有研究以及东盟官方文件的论述,笔者认为,"东盟方式"可概括为以下几点:

1. 大小国绝对平等以及协商一致原则;
2. 重在各方舒适与和谐,非正式且松散的安排;
3. 不干涉内政原则;
4. 包容性、非强制性以及"N-X"原则;
5. 和平解决争端原则。

尽管在近半个世纪的东盟发展过程中,"东盟方式"不断遇到变革的呼声,然而在《东盟宪章》中,我们看到这种呼声并未得到回应。比

---

① Nordin Sopiee, "ASEAN towards 2020: Strategic Goals and Critical Pathways", Paper presented to the 2nd ASEAN Congress, Kuala Lumpur, 20, 23 July 1997, p. 9.
② 段小平:《东盟方式与东盟的发展》,载《湖北社会科学》,2004 年第 9 期。
③ 王子昌:《国外东盟研究:方法与观点》,载《东南亚研究》,2003 年第 1 期。
④ Herbert Faith, *The Decline of Constitutional Democracy in Indonesia*, Ithacha: Cornell University Press, 1962, p. 40. 转引自徐立波、虞群:《"东盟方式"的发展演变》,载《东南亚之窗》,2005 年第 1 期。

如关于决策方式，名人小组①报告书第5章曾建议：除了安全和对外政策，东盟在改革其他领域的决策程序时，如果成员国不能就某一问题达成一致，可以采取简单多数原则，或者按照2/3或3/4多数原则，以通过投票表决。②但在《东盟宪章》中却未提及该意见，而是再次重申成员国之间协商一致的重要性。宪章明确表示要"尊重各成员国的独立与主权、平等和领土完整"，"不干涉内政"，"通过对话和协商谈判的方式和平解决争端"，这说明《东盟宪章》延续了东盟强调"协商一致"和"不干涉内政"的一贯原则。

与欧盟相比，东盟缺乏一套明确的规章法律，而且没有建立不遵守协议的监督、惩处机制。东盟国家对本地区国家不信任，而且缺乏相应的裁判机构，因此东盟内部的问题，尤其是经济、政治问题往往诉诸于国际相关机构处理。法制化是一个需要不断建构的过程，建构过快可能导致类似欧盟的因法制超出民众的认同范围而加大实行阻力；建构的过慢又会出现东盟般的法制落后于民众的期望，不利于组织发展。因此，笔者认为法制化程度取决于地区与国家、国家与国家、国家与民众的双边及多边互动程度，而非单纯的依据法律规章的多少来判断。

二、东盟运行机制的演变及争议

近半个世纪中东盟经过数次变革，最终形成了现在的结构和状态。

---

① 2005年12月东盟第11次首脑会议上，各方签署了关于制定东盟宪章的《吉隆坡宣言》，决定成立一个由10人组成的"名人小组"，负责审议并提出有关东盟发展方向和东盟宪章性质的具体建议。除名人小组的建议之外，东盟宪章的制定来源还包括东盟成立以来的重要文件和协议；东盟领导人的指示；东盟外交部长们订立的指针；其他组织和代表包括高级经济官员、东盟议会、商界和知识界的代表、市民团体，以及印尼、菲律宾、泰国和马来西亚人权代表机构等的协商。

② Excerpted from "Report of the Eminent Persons Group on the ASEAN Charter: Chapter V Decision-Making Process", December 2006, http://www.aseansec.org/19247.pdf. 转引自谢碧霞、张祖兴，《从〈东盟宪章〉看"东盟方式"的变革与延续》，载《外交评论（外交学院学报）》，2008年第4期。

这些变革主要表现为三个主要阶段。第一阶段，自1967年8月东盟成立到1976年第一届东盟首脑会议举办前。该阶段各国政府精力主要集中在解决国内问题，巩固新生政权，其合作的主要目的是保证本国的和平、稳定，提高自身对外部势力的"国家抗御力"。[①] 该阶段松散的组织结构可以有效保障各国的独立和主权，有效防止别国的干涉；也正是在这一阶段形成了东盟的组织结构及组织原则雏形，包括奉为"东盟方式"核心的独立主权原则、大小国一律平等原则、协商一致原则以及不干涉原则。第二阶段，自1976年第一届首脑会议到2003年东盟一体化倡议前。在这一阶段，东盟内部实现了向"大东盟"的转变，盟内各国的经济、政治等领域的合作逐步加深，东盟自由贸易区基本实现。除了东盟内部本身组织机构的变化，这一阶段东盟更多地将视角放在国际领域，不仅保证了东盟的主权与国家利益，更进一步提高了东盟的国际地位和影响力。这一时期东盟形成的重要对外组织机构包括：积极倡导"东亚经济核心论坛（EAEC）"，东盟与中日韩三国的"10+3"会议以及东盟分别与中、日、韩三国的"10+1"会议[②]；参与筹建及参加亚太经合组织（APEC）；积极推行东盟地区论坛（ARF）[③]；促成亚欧会议（ASEM）等。同时，这一时期的东盟也因越柬战争、缅甸问题而备受国际非议，内部团结以及"不干涉"原则等受到了越来越多的争议。第三阶段，自2003年第九届首脑会议至今。这一阶段是东盟快速发展的阶段，通过前几十年的发展，东盟不仅具有了较高的国际地位和广泛的国际合作平台，成员国间的关系也逐渐深入和成熟，相互间拥有较好的合作基础和共识。东盟共同体建设的目标确立后，东盟的组织机构也作出

[①] 国家抗御力（national resilience）实际上是东盟国家安全观的一种富有特色的表达用语，这种安全感主要是内向和综合的，即强调安全威胁主要来自外部，要用多种手段和方式来解决这种安全威胁问题。引自王子昌、郭又新：《国家利益还是地区利益：东盟合作的政治经济学》，世界知识出版社2005年版，第42—43页。

[②] 近几年有学者指出，东盟内部是反对"10+3""10+1"的提法的，因为这会削弱东盟作为一个整体的印象，因此东盟更喜欢的提法是"东盟+3""东盟+1"。

[③] 东盟地区论坛作为亚太地区唯一的安全机制历来为学界所热衷，作为其运行的重要原则之一"第二轨道外交"亦成为重要的研究领域，当然所谓"第二轨道外交"即非官方或半官方的非政府外交方式，这一方式在东盟成立时就已运用。

相应的调整与精简，除了首脑会议作为最高决策机构，秘书处作为最高行政机构外，主要机构部门均划分在经济共同体理事会、政治—安全理事会和社会文化理事会之下，从而更利于相关工作的展开和工作效率的提高。《东盟宪章》的发布，使东盟第一次有了一个共同的准法律文件，有利于规范东盟成员国间的合作和东盟的制度化。然而，《东盟宪章》更多的还只是一种象征性法律文件，重在强调东盟的共同体形象。无论在组织构成还是"东盟原则"上，该宪章相较之前形成的共识并没有大的突破，还很难为东盟的共同体发展提供指导性和引领性的作用。

  关于运行原则的争议最典型的便是"不干涉内政"原则。"不干涉内政"原则是东盟最重要的组织原则之一，这一原则实际上自1648年《威斯特伐利亚条约》签订后就一直是国际社会中处理国家关系的重要原则，并且铭刻在《联合国宪章》中，并非东盟首创，但在东盟得到最好体现。大概有三个原因促成了东盟各成员国如此谨慎的恪守"不干涉内政"原则。一是东南亚国家内部以及各国之间的多样性；二是各国经历的殖民主义以及相互之间关系的状态；三是东盟国家并不想干预他国内政，更杜绝他国干预本国内政。"这是一个国家的自身利益问题，而不是对某一主义或者教条的愚蠢的坚持。"① 然而20世纪80年代之后尤其是90年代发生的一系列问题使不干预政策遭到越来越多的质疑。1997—1998年金融危机首先在泰国发生，此时作为地区领导者的印尼也随后陷入了深重的经济困境，危机的第一年，五个国家经济奇迹的绝大成果就已完全化为乌有。② 许多学者、专家认为经济危机造成如此重大损失的关键原因是由于坚守"不干涉内政"原则，东盟没有组建地区内的金融系统和监管体制，同时各国之间相互投机，导致东盟危机前未能提前预见和预防，危机发生后又不能迅速有效的遏制和挽救。澳大利亚

---

  ① 〔菲律宾〕鲁道夫·C.塞韦里诺:《东南亚共同体建设探源：来自东盟前任秘书长的洞见》，王玉主等译，社会科学文献出版社2012年版，第79页。
  ② Karl D. Jackson, "Introduction: The Roots of the Crisis", in *Asian Contagion*: *The Causes and Consequences of a Financial Crisis*, edited by Karl D. Jackson, Singapore Institute of Southeast Asian Studies, 1999, p. 2.

学者斯图亚特·哈里斯（Stuart Harris）说：这场危机直接暴露了成员国之间不干涉内政这一政策的棘手，这次危机已经让一些成员国动摇了继续严格坚守这一原则的信念。① 与经济危机同年发生1997年的印尼森林大火，他国由于不干涉内政原则不能协助大火以及烟雾的处理，因此大火给东南亚造成了重大的经济损失；此外还包括缅甸人权和选举事件，东帝汶事件等都对这一原则提出了严重挑战。于是出现了越来越多的改革声音，其中最具代表性的是1997年马来西亚前总理安瓦尔（Anwar Ibrahum）提出的"建设性干预"（Constructive Intervention）以及1998年泰国前外长苏林·华素万（Surin Pitsuwan）提出的"灵活接触"（flexible engagement）。尽管"建设性干预"、"灵活接触"等原则并未得到成员国广泛认可，但像"三驾马车"机制已经为众多东盟成员国接受。这说明东盟内部对于"不干涉"主义的废止还是有很多顾虑的，东盟各国对东盟的立场和能力以及对其他国家还存在较多的不信任和猜忌。"象征主义是东盟的中心特征，因为东盟国家偏好用间接的方式来解决问题，这也反映了东盟文化的本质。"② 东盟外交的象征性表现在东盟外交上就是对外站在一条阵线上，用一个声音说话；而成员国间的外交则是各自根据自己的利益相互协商，并不具有任何的惩罚或强制机制，坚持任何成员国对任何问题的"一票否决"制。

与"不干预内政"原则不同，东盟的协商一致原则因越来越阻碍东盟的发展，尤其"大东盟"建成后内部经济、政治、文化、宗教等各方面的差异越来越大，协商一致原则最终转变为"N-x"原则，该原则使全体协商一致成为非全体一致同意，而是指多数同意和少数不反对的一致。当然这一原则至今也未成为东盟的正式组织原则，原因是这一原则

---

① Stuart Harris, The Asian Regional Response to Its Economic Crsis and the Global Implications, Canberra: Department of International Relations, Research School of Pacific and Asian studies, Australian National University, 1999, p.12. 转引自〔菲律宾〕鲁道夫·C.塞韦里诺：《东南亚共同体建设探源：来自东盟前任秘书长的洞见》，王玉主等译，社会科学文献出版社2012年版，第88页。

② Martha Finnemore and Kathryn Sikkink, "International Norm Dynamics and Political Change", in *International Organization*, Vol. 52, No. 4, 1998, p. 891.

本身具有很多问题，比如可能会导致不反对国家搭便车的获利行为，此外更严重的是这一原则在政治领域的实施有可能导致东盟解体。

总之，从东盟组织构成及运行原则即东盟运行机制的角度分析发现，东盟的成立、发展深受国际社会和地区各国复杂政治、宗教等环境的影响。东盟共同体目标的提出是顺应国际区域的合作的潮流提出的，也是顺应东盟成员国加强合作加快发展的需求。一系列规章、宣言的发布使东盟共同体建设有了发展的目标和计划，逐步加强了东盟的组织化和机制化程度。然而，这一目标的提出并未从根本上改变东盟运行机制的限制环境，东盟仍有许多新旧交错的棘手问题亟须解决。这些问题能否解决将直接影响着东盟共同体的实现与否。因此，东盟共同体的发展并不会一帆风顺，《东盟宪章》后组织结构的推进并没有带动东盟组织原则的改变，对这一问题的论证也将继续存在于东盟共同体建设的过程中。

三、东盟运行机制形成的原因

仔细分析东盟的发展历程以及其成果会发现，东盟的合作路程显得过于被动、过于缓慢，尤其拿东盟与欧盟来比较的话，这种缓慢和低层次显得更为严重。尽管东盟前秘书长鲁道夫·C.塞韦里诺说东盟是按照"一个大家都感到舒适的速度"发展，强调"这种从容的速度是东盟小心慎重——且慢速——推进地区机制化和地区主义的表现"①，然而，这种大家都舒适的速度更多的是一种封闭的通过隔离保障自己主权和利益不受任何一点损害的舒适，而不是开放的通过合作推动自己国家利益快速发展的舒适。东盟自其成立至20世纪80年代初的20年发展成果较少，即使花主要精力推进的内部经济合作也发展缓慢；直到20世纪80

---

① 〔菲律宾〕鲁道夫·C.塞韦里诺：《东南亚共同体建设探源：来自东盟前任秘书长的洞见》，王玉主等译，社会科学文献出版社2012年版，第19页。

年代中期开始东盟各项工作进入正轨。在当前的运行机制下,东盟与其说是控制协调各方,不如说仅仅是各方交流协调的平台。该部分将从东盟成立和发展的背景来尝试阐释什么原因导致了东盟发展较为保守和缓慢,又是什么原因促使东盟各国始终坚守完全平等的协商一致原则。

(一) 国际形势的威胁

现实主义的著名代表人物约翰·赫茨(John H. Herz)在20世纪50年代提出的"安全困境"(又称霍布斯恐惧困境)概念,指的是人类在自然状态下人人都想获得自身的自由,同时又都想获得支配他人的权力,于是便会导致一切人对一切人得战争。① 在国际的这种"无政府状态"下,各国出于对自身利益的维护和对他国的不信任,于是惯常的做法是大力发展自身的军事实力,通过武力的增强来实现自身的安全利益。

东盟一方面认为国际社会是进攻型现实主义的,任何国家都可能通过武力侵略控制他国,尤其美苏争霸下的北约与华约集团国家更是如此;而另一方面东盟各成员国自身又均坚持防御性现实主义理论,各个国家主张通过发展自身实力来防御他国干预,甚至形成一种"断绝与他国往来"的倾向,希望借不与他国产生联系尤其是政治军事联系来维护自身的独立状态,造成这种现象的一个重要原因可能是与刚独立的各东盟国家国力较弱有较大关系。国际社会的发展规律以及东盟各国发展的事实证明"关起门来求和平"是行不通的,地理位置重要的东南亚地区各国要想求得独立与稳定,地区合作是最佳选择。尽管走上了地区合作的道路,但是前述的东盟各国的认识又不会因此而改变,因此东盟的合作采取了"完全平等、协商一致、非正式非强制"的原则,这种原则是东盟各国自身的主动选择,却是东盟这一组织本身的被动选择。

1. 摆脱殖民统治新独立国家的主权维护需求

一个国家的对外政策不可避免地要受到其外部环境的影响,包括来

---

① 叶江:《"安全困境"析论——兼谈"先发制人战略"与进攻性现实主义的关系》,载《美国研究》,2003年第4期。

自邻国的政策和规模的影响，也包括国际社会的格局和政策倾向。"在东南亚，不止是地区因素，大国竞争也是该地区国家对外政策的重要因素。相比而言，国际体系对于东南亚国际政治的意义尤其突出。"[1] 这是因为东南亚各国经历了长时间的殖民历史，地区内各国掀起的独立运动高潮又处于"二战"后和冷战时期，这样的国际环境一方面给东南亚各国提供了谋求独立的重要机会，同时也使东南亚各国独立后的主要任务不是发展而是维护独立与主权。从16世纪到18世纪，西方殖民者对东南亚地区进行了300年的殖民掠夺，把大多数东南亚国家变成了自己的殖民地，近代东南亚历史是一部被西方列强侵略、占领、统治的纷繁复杂的殖民地历史。[2] 在此之后，日本在"二战"时期大规模侵略战争，取代了英、法、美等国成为东南亚新的殖民霸权。随着"二战"的结束，日本退出东南亚后的权利空白迅速被英、美等西方国家填充，东南亚各国再次沦为西方国家的殖民地。这种轮番殖民的历史给东南亚形成了强烈的自我独立意识，即寄希望于殖民者战败或者主动退出以实现东南亚各国独立的想法是不现实的，一方殖民者的战败或退出只会导致新的殖民者的接替。东南亚各国要想取得独立和主权只能靠自身来谋取。早发现代化国家的政党是在现代国家"体制内"建立的，其主要任务是进行民主政治建设；而后发现代化国家的政党是在"体制外"建立的，当时面临的主要任务是通过社会革命或民族主义运动建立现代民族国家。因而它们在革命或民族运动成功后大都推翻了旧政权或殖民政权而建立了全新的民族政权。[3] 此外，这也为东南亚各国形成强烈的主权意识以及对周边和世界大国始终高度警惕形成了深刻的历史烙印。

东南亚国家联盟成立的一个重要原因是维护自身独立主权的需要，这种需要既来自于周边已经形成的大国环绕的地区环境，另一方面也

---

[1] 韦民：《民族主义与地区主义的互动：东盟研究新视角》，北京大学出版社2005年版，第160页。
[2] 刘稚：《东南亚概论》，云南大学出版社2007年版，第46页。
[3] 李路曲：《比较视野下新加坡的国家构建》，载《山东大学学报》（哲学社会科学版），2014年第1期。

来自于英、美等国已经着手组建的控制东南亚的地区组织。东南亚各国漫长的殖民历史形成了其强烈的独立主权意识，争取独立的艰苦过程也促使东南亚各国在独立后坚持独立自主、中立、不结盟的政策倾向，奠定了东盟成员国相互之间以及与域外国家间交往的"东盟方式"。

2."冷战"时美苏竞争下的东盟选择

冷战中形成的两极对立体系促使世界各国将国家安全和独立视为最重要的国家利益。独立不久的东南亚国家采取了不同的倾向，比如菲律宾和泰国与美国关系较为紧密，美国甚至为两国提供安全保障，尤其菲律宾有租借给美国的军事基地等；马来西亚和新加坡则同英国关系密切，两国的独立和安全保障也主要来自英国；文莱也曾寻求马来西亚或和美国的帮助。越南实行社会主义共和国制度，站在了苏联阵营，受越南的影响，共产主义势力在印支三国影响力特别大。整个东南亚地区形成了类似西欧与东欧的对立局面。这种局面不仅极大地威胁了东南亚国家的独立、主权与安全，更使各国通过漫长努力换来的和平局面难以得到保证。

进入20世纪70年代东南亚地区形势的变化更加重了上述威胁。主要表现在：首先，英美两国在60年代末先后开始改变其在亚太地区的防务政策，英国宣布在1971年撤出马来西亚；而美国则发表了《关岛宣言》，宣布从亚洲进行战略收缩。其次，越南实现统一，共产党在柬埔寨、老挝取得政权，印支半岛形势发生巨大变化。第三，苏联提出新的亚洲政策，开始积极谋求抢占东南亚地区的"权力真空"。第四，中苏分裂，中共在东南亚地区的竞争逐渐明显，对地区稳定构成了严重威胁。①于是早期东盟五国形成了增强自身自主性的要求，试图跳出冷战选边站的模式。20世纪70年代初，时任印尼外长的马力克说"东南亚是大部分大国政治上和实际上存在和利益集中的地区。他们之间政策互

---

① 曹云华主编：《东南亚国家联盟：结构、运作与对外关系》，中国经济出版社2011年版，第40页。

动的频率和强度,以及它们对本地区国家的支配性影响,与政治现实都有直接关系。面对这种形势,本地区的小国没有任何希望对大国的支配性势力施加影响,除非它们集体行动以及直到它们间具有能力塑造起内部团结、稳定和有共同目标的机制"①。在这种局面下,马来西亚议员伊斯梅尔(Dun Ismail Bin Datu Abdul Rahamn)于 1968 年 1 月首先提出了建立"和平、自由和中立区"的想法。该中立区意在使东盟各国与地区外各大国逐步转向等距离外交,既不依赖于某国也不敌对某国的中立外交,形成了日后在大国间搞平衡的地区安全战略,东盟地区特有的地区安全机制为日后的东盟地区论坛的创建提供了重要基础。此外,借对外的中立和独立也强调东盟各国间的中立和独立,各国之间的内政不容干涉。这一点可以在东盟对和平自由和中立的定义上可以看出。"和平是指一个地区免予意识形态、政治、经济、武力以及其他冲突的影响;自由是指国家有权依据自己的意志来解决其国内问题,而不受其他国家的控制、操纵和干涉。"②

3. 1997 年金融危机下的东盟转型

至 1997 年东盟在经济实力和国际影响力上都取得了巨大成功,成员国已扩展至 9 国。③ 经济上东盟积极发展各国农业优势,同时通过引进西方国家的替代工业发展本国和本地区的工业,各国的经济均出现了较大幅度的增长。20 世纪 70 至 80 年代,印尼、马来西亚、泰国和新加坡的制造业产值年均增长率都在 9.6% 以上,成为当时世界上制造业发展速度最快的地区之一。这种大好形势在 1997 年下半年因亚洲金融危机的爆发而急转直下,东盟国家普遍遭受沉重打击,特别是 1998 年,

---

① Adam Malik, "Regional Cooperation in International Politics", in *Regionalism in Southeast Asia*, Jakarta: Yayasan Proklamasi, Center for Strategy and International Studies, 1975, p. 162.

② Shaun Narine, *Explaining ASEAN: Regionalism in Southeast Asia*, Boulder, CO: Lynne Rienner Publishers, 2002.

③ 如果不是因为以美国为首的西方国家就柬埔寨国内的人权、选举等问题积极反对,柬埔寨也将在 1997 年顺利加入东盟。但是尽管柬埔寨此时名义上并未加入东盟,实质上已经被东盟各成员国默认接受为成员国了。

东盟主要成员国的 GDP 均出现负增长。① 严重的经济危机使东南亚各国几十年的发展化为泡沫，经济重又陷入困境。金融危机过程中以及危机之后，东盟积极采取新的措施加强合作。虽然关于东盟金融合作的提议早已提出，但此前各国均不太重视或者有许多顾虑，经济危机中东盟各国的无力促使各国开始重视金融合作，同时也是东盟继贸易自由化之后的重点领域。1998 年 12 月在越南召开的第六届东盟首脑会议一致通过了《河内宣言》、《河内行动纲领》等文件，意在通过加强内部合作以使各国协调化解危机、恢复经济发展；此外通过加大内部的贸易优惠力度推动东盟自由贸易区建设。

由于在经济危机中，各国均各自为战，甚至为了发展自身利益而作出损害他国利益的行为。例如马来西亚实行的货币兑换管制给东盟内部的贸易、旅游造成了巨大障碍；各国为扩大出口竞相贬值本国货币。② 东盟作为该区域重要的合作平台，却在金融危机面前既没有拿出解决方案，更未能有效协调各成员国的行动。③ 这使东盟不仅遭受了国外的更多批评和贬损，东盟各成员国也对东盟提出了质疑。尤其对"不干涉原则"诟病不已，认为正是不干涉的态度才阻碍了各国在金融危机前不能合理发展，金融危机中不能积极有效应对。在此种情况下泰国外长素林才提出了"建设性干预政策"。金融危机还导致印尼苏哈托的下台，印尼经济的衰弱也导致东盟实质领导人的不复存在。

4. 东亚合作背景下的东盟发展

目前有部分学者开始探索"东亚一体化"，认为当前包括东盟与中、日、韩三国的自贸区基本建成，经济相互依赖度加深；东亚合作具有共

---

① 麻陆东：《东盟组织机构的阶段性发展探讨》，载《东南亚纵横》，2007 年第 6 期。具体数据参见陆建人主编：《东盟的今天与明天》，经济管理出版社 1999 年版，第 76—80 页。泰铢在 1998 年 1 月中旬曾跌至 56.9 铢兑换 1 美元，泰铢贬值 57.1%；印尼至 1998 年 6 月降至 15250 印尼盾兑换 1 美元，印尼盾贬值 83.9%；马来西亚至 1998 年 1 月跌至 4.68 林吉特换 1 美元，贬值 46%，同时期菲律宾比索贬值 43.3%。

② 陆建人主编：《东盟的今天与明天》，经济管理出版社 1999 年版，第 274 页。

③ 麻陆东：《东盟应对两次金融危机不同态度之原因分析》，载《当代世界》，2010 年第 2 期。

同的国际环境需求，基本相似的文化背景以及广泛的合作渠道，但现在东亚一体化、东亚共同体的建成条件却远未成熟。除了其中日本与中、韩等国在"二战"、历史等问题上的巨大矛盾难以调和之外，整个东亚国家之间无论在经济发展水平、社会体制、政体形式、广泛而繁杂；领土主权争端，再加上东亚各国均具有强烈的主权意识，相互之间的猜疑和不信任等，这其中的任何一点都将导致东亚一体化的建设步履维艰。但是，学界对合作的范围和深度，消解障碍的途径和方法等问题的探讨却具有相当的研究价值。

在东亚合作的呼声中，东盟与中、日、韩三国的合作在深度和广度上均有了巨大的进步。这在推动东亚各国经济的发展之际，也进一步推动了东盟经济一体化的发展，同时产业转移和升级、资金的流入进一步推动东盟各国综合国力的增强。东盟与中日韩三国在2000年5月签订了《清迈协议》，从而进一步扫除了各国之间贸易往来的货币障碍。东盟在2003年提出建立东盟共同体的计划，更是在2007年通过了《东盟宪章》。因此，与上世纪八九十年代东盟在印尼的推动下取得巨大发展相比，尽管此时没有一个领导国家的出现，东盟借着东亚合作的良好势头依然成功进入了东盟合作的新一波发展高潮。这也就为我们、为东盟提供一个证据：即使没有一个明显的地区领导者，通过协商的方式东盟依然可以取得巨大成功。当然，关于地区领导者的讨论从未中断，至于是否需要一个领导者以及谁回来担当领导者，并不在本文的探讨范围。

（二）东盟各国国内的发展压力

1. 国内以及成员国之间的政治斗争

在东南亚史上，革命或者反叛曾是人民反对暴政的重要手段。[①] 东盟各成员国独立初期，尽管新政府已经成立，国内却依然存在着众多反对当权政府的武装和派别，某些反政府势力强势的国家甚至经常发生动

---

① 李文主编：《东南亚：政治变革与社会转型》，中国社会科学出版社2006年版，第32页。

乱，严重影响了国内的安定与和平，更制约了经济的发展。独立初期东南亚各国基本全是威权主义甚至军事主义整体结构。东南亚国家的威权主义政权基本上是通过两种途径建立起来的，一是文官政府通过执政的优势地位，通过建立一党独大制，排斥和打击反对势力，长期掌握国家政权；二是军人通过军事政变推翻文官政府并建立军人政府。[①] 如印尼、泰国和缅甸，以苏哈托、沙立和奈温为首的军人集团，依靠军队的力量登上政治舞台，从而建立了严密的军人统治。[②] 各国独立初期均面临本国的民族问题，其中以印尼、马来西亚、新加坡为最明显，甚至均出现了较大规模的反华事件，严重破坏了本国的政治稳定和国际形象；印尼独立初期发生了"九·三〇"事件，严重破坏了国内政局稳定和政治发展；马来西亚马来族与华人的持续大规模对抗；新加坡因为新加坡人民行动党和马来西亚巫统尤其是马华公会的矛盾而被迫从马来西亚中独立出来等。这种情况下，东盟各国均需要一个稳定的周边环境和国际环境来专心发展本国经济，处理本国各种政治、民族问题以巩固新政权，建立一个东南亚各国对话与协商的平台成为当时各国的共同需求。国内政治或成员国的斗争在此后的东盟发展中一直存在，并且始终是促使东盟推进合作化程度甚至改变以前组织原则的重要动力。

除了各国独立初期的事件，最典型的例子是1978年12月25日发生的持续十几年的越柬战争。越南入侵柬埔寨主要是因为越南在越南战争战胜美国之后极大地增强的自信心，尤其在苏联的援助下逐渐产生了争当地区霸权的想法。[③] 由于越南这一举动严重危及到整个东南亚的和平，并且极大破坏了东盟所设定的和平解决争端、不干涉别国内政等原则和目标。1979年1月12日东盟举行了专门针对该问题的特别外长会议，

[①] 李文主编，《东南亚：政治变革与社会转型》，中国社会科学出版社2006年版，第57页。

[②] 王文良：《60年代中期到80年代初的东南亚：走上不同的发展道路》，载《东南亚南亚研究》，1995年第2期。

[③] 暨南大学东南亚研究所的王子昌在其《东盟外交共同体：主体及表现》一书中，认为除了越南的霸权意识，这种国家间的对抗源于两国共产党之间自20世纪50年代就开始的分歧和不愉快的经历。除此之外，两国还有边界、领土争端问题。

会上发表了联合声明,要求越南立即从柬埔寨撤出全部军队。此后连续几届东盟外长会议均对越柬问题发表声明,督促问题尽快解决。然而东盟本身坚持不干涉内政原则,所有的声明、宣言全靠各成员国自觉实施,因此东盟的提议和督促并未取得成效。相反,各个国家外长间的私下交流和商讨,尤其马来西亚等国与越南外长的直接对话起了一定程度的推动作用。1987年印尼外长曾积极筹办包括越南、柬埔寨双方外长的"鸡尾酒会",希望给双方以此非正式会晤的机会。然而所有的这些行动并没有解决越柬问题,最终这一问题被提交到联合国安理会,联合国派驻联合国维和部队以监督双方停火,并督促撤出柬埔寨的所有外国部队。最终经过十多年的时间,越柬战争终于结束。这同时反映了下文将要指出的东盟运行机制中重要的领导人关系问题,也即东盟方式中的"第二轨道外交"的重要作用。

整个过程中东盟无论对内部各成员国还是对外部国家均没有影响力,包括泰国等国家几乎均对东盟的地位和作用产生质疑,而且积极倡导改进"不干涉原则",呼吁东盟发挥应有的影响和作用。这种呼声促使东盟在1992年第25届外长会议上首次将地区安全问题作为重要议题,会议还决定对缅甸采取"建设性接触"政策;1993年26届外长会议上决定成立东亚经济核心论坛和东盟地区论坛。

2. 落后经济的改善压力

东盟各成员国在独立初期掌握自己命运的愿望极其强烈,甚至希望完全靠自力更生,摆脱与西方国家的往来,因为与西方国家的往来中东盟各国总是会受到牵制,处于不利地位。东盟五个创始国遭受过的殖民统治强烈要求他们掌握自己命运,这种民族主义情绪表现在制定种种规章制度,使经济摆脱外国控制,并调动本国潜力,发展经济。近年来,民族主义的表现变得更为激烈;这包括采取各种措施,确保大部分生产资料所有权最终掌握在本国人手中。① 同时,久经殖民的各国经济在独立初期也基本无法满足本国人民的生活需求,更加大了快速发展经济的

---

① 〔澳〕托马斯·艾伦:《东南亚国家联盟》,郭彤译,新华出版社1981年版,第37页。

压力。然而，此时的各国工业基础落后，农业品种在每个国家相对单一，单凭某一国自己很难快速发展，这就促使东盟各国加强内部联系与合作，从而对东南亚国家联盟的诞生产生了推动作用。随后在20世纪80年代的小规模经济困难中以及1997年的亚洲金融危机中东盟的无力和落后更促进了东盟在更广范围上加强合作，更推动这种合作扩展到东盟地区之外的大国。强烈的合作需求和发展紧迫性促使东盟国家合作，而强烈的主权、独立意识又迫使合作的形式松散、绝对平等、协商一致。这也就导致了东盟从形成至今延续几十年的东盟特有的运行机制。

（三）领导人私人关系的影响

东盟各国几乎全是经过漫长的殖民历史而独立的，在独立后新政府的建立初期各国基本沿袭了殖民宗主国的制度形式。战后东南亚国家的政治转型普遍经历了两个主要发展阶段。第一阶段是从仿效的西方议会民主制向威权主义政治体制的调整与过度；第二阶段是从威权主义政治体制向民主体制的调整与过渡。[①] 然而，独立后的各国并没有成熟的议会民主环境，除了各国多样的民族、宗教间不易协调，各国内部不同派别的政治斗争，还有独立后发展经济的巨大压力。因此独立初期的各国发展经济的压力远大于发展民主政治的压力。经济发展比政治民主更重要，因为经济发展更符合人民的首要利益和根本利益，而特定的政治制度是否合理，人民群众生活水平在这种制度下是否获得提高是最重要的衡量标准。威权主义虽然在政治上限制民众的参与，但却重视民众的经济权利，倡导在经济上扩大民众的参与，让民众享有更多的民主和自由，能够充分发挥智慧和潜能。[②] 因此，东盟各成员国在20世纪60至80年代形成了众多的威权体制，尽管这种体制表现为议会制、总统制、

---

① 李文主编：《东南亚：政治变革与社会转型》，中国社会科学出版社2006年版，第2页。
② 李文主编：《东南亚：政治变革与社会转型》，中国社会科学出版社2006年版，第21—22页。

军政府等不同的形式。威权体制下甚至像缅甸的军事独裁体制下发展国与国的关系，领导层甚至领导人个人的作用就会得到放大。领导者之间的个人关系将大大影响两国之间的关系，两国领导人的关系熟络会相应推进两国的交往，相反则会阻碍。当然领导者的个人关系不能仅仅理解为领导者个人的喜好和性格，领导者在其登上领导者的地位后他的个人特色往往会附着上明显的国家利益和自己所在的党派利益，因此领导者个人的决断往往也是国家利益的选择。

1. 早期领导人私交推动东盟形成

1967年3月，苏哈托、亚当·马立克等人从苏加诺手中夺取了权力，苏哈托正是担任印尼的新一届总统，亚当·马立克被任命为印尼的外交部长。敦·阿卜杜拉·拉扎克是当时仅次于马来西亚之父东姑·阿卜杜拉·拉赫曼的第二人物，在拉赫曼政府任副总理、国防和发展部部长。之后作为拉赫曼的继任者担任马来西亚总理。纳西索·拉莫斯是菲律宾的外交事务秘书，他曾是记者、抗日游击战士、立法委员以及外交官，他是后来出任菲律宾总统菲德尔·拉莫斯的父亲。S.拉惹勒南是新加坡奠基者李光耀领导下的重要政治家之一，是新加坡独立后的第一任外交部长。他纳·科曼长期担任泰国外长，并因积极维护和促进泰国的安全和利益而成为一任外长的楷模。正是这五位性格迥异的政治强人聚在泰国曼谷的邦盛，顶着国内和国际的压力经过长久的貌似轻松的高尔夫谈判，最终于1967年8月8日签署了《东盟宣言》，促成了东盟的最终成立。①

若不是通过这种方式，几乎无法使政治、经济等复杂的各国坐在一张谈判桌上，特别是印尼与新加坡、马来西亚直到1963年才刚刚结束对抗，而新加坡因与巫统的矛盾于1965年从马来西亚独立出来，菲律宾则继续在沙巴、北婆罗洲等领土问题上与马来西亚存在争端。尽管促成东盟成立的国内外因素有很多，而东盟创始国五国领导人尤其外长的

---

① 〔菲律宾〕鲁道夫·C.塞韦里诺：《东南亚共同体建设探源：来自东盟前任秘书长的洞见》，王玉主等译，社会科学文献出版社2012年版，第1—3页。

努力也起了不可忽视的作用。五位均身居高位且与各自国家最高领导人具有相当紧密或亲密关系的政治家，即是代表了国内合作的愿望，又是代表了各自国家的主权与利益，这种相对生活化的会谈形式仅仅只是表面上淡化政治性，因此和谈一成功，东南亚国家联盟一成立，各国之间的独立甚至对抗便成为主流，影响着东盟合作的深度。然而私人关系的相对融洽却又始终成为维系东盟运行的重要纽带。

2. 领导人意见相左后的发展迟滞

如前所述，领导人的个人性格和决断往往附着着身后的国家利益，因此，领导人之间的意见相左并没有领导人完全个人因素的矛盾，往往是国家利益之争。东盟成立后的几十年发展中，不断出现领导人之间的对抗和反驳，这种情况在缅甸问题、越柬战争、金融危机等严重关乎东盟整体利益和某个国家自身利益的问题上表现尤为突出。鉴于东盟一直坚守"不干涉原则"，因此领导人之间的对立主要表现为相互间意志的难以协调以及对共同约定中自身义务的不遵守，并不会表现为大规模的国家对抗或战争。领导人的私人外交包括其他各国及东盟成员的私下会谈，在东盟的发展历程中尤其东盟成立初期起到了重要的推动作用，学界也成这种方式为"第二轨道外交"，是东盟地区极具特色的组织原则之一。

四、结论

东盟作为一个成立于"二战"后的发展中国家区域组织，有其明显的独特性，这种独特之处即表现在东盟是多国的松散合作组织而非超国家组织的性质上，又表现在终坚持协商平等、非强制的运作方式上。东盟对于相互尊重各国独立、主权、平等以及领土完整，对于不干涉原则，对于以和平、协商方式等原则近乎信仰般的遵守，一方面在其成立初期的确为东盟的发展产生了重大的积极影响，另一方面又随着东盟发展已经越来越起到阻碍作用。然而无论改革的呼声有多强烈，我们仍看到东盟对这一机制的坚持,甚至有人把东盟的独特发展方式看作是与资本主义组织结构和原则相异的属于替代性的更高级组织原则和方式。

东盟的每一次进步和改革都是国际或东盟内部环境要求下的被动改革,几乎很少有东盟主动规划下的改革。这可能因为东盟复杂的文化、宗教、经济环境导致合作的欲望不高,合作的难度太大;也可能是因为东盟一直主张"在一个大家都觉得舒服的进度上发展",因此倾向于水到渠成式的自然发展,而不主张规划式的推进。无论怎样,东盟目前的运行机制即是符合各成员国各自需求的恰当方式,又是影响东盟发挥更大作用的重要限制因素。面对复杂的国际环境和地区环境,东盟急需作为对话平台甚至作为独立行为体参与相关事宜,这就要求东盟突破困境适当适时调整运行机制。无论东盟是否会成为类似欧盟的超国家组织,组织结构的紧密与强化以及运行原则的制度化与适度强制力都将是东盟适应当今世界局势的应有之义。

A Preliminary Analysis on Operation Mechanism of ASEAN

Gao Junlong

Abstract: Because of its important geographic location, ASEAN becomes one of the most important member of the international society. However, its effect in regional and global things is far more to match its status. This article based on the organization structure and operation principle of ASEAN, try to find that the establishment, developed of ASEAN heavily influenced by the international community and regional countries, religious and other environmental impact. Nowadays, we prefer to call ASESN as communication coordination platform than control mechanism. Whether ASEAN will develop into supranational organization like EU, making the organization structure and operation principle close and strengthen should put on the agenda in the world today.

Keywords: ASEAN; Operation Mechanism; Organization; ASEAN Way

民主运行

Comparative Politics Studies

颠踬的泰国民主：一项民主质量的评析

弓联兵　吕　忠[*]

【内容摘要】 民主质量是一项评测民主政体稳定性和有效性的新理论和方法，该项研究旨在通过一系列指标体系对现有民主政体的属性和绩效进行测评，并在全球范围内对各民主国家的民主质量进行评估和排行。在这项研究中，泰国因其民主体制波动的显著周期性和复杂性而成为一个重点国家，在由政治、经济、社会、健康、环境等构成的民主质量指标体系中泰国的关键性指标都未能达标，从而被归类为"劣质民主"国家。民主质量的指标维度为巩固泰国民主体制和优化泰国民主质量提供了切实可行的路径选择。

【关键词】 泰国；民主质量；测评；优化

泰国自 1932 年起施行君主立宪制以来，民主制度确立已有 80 余年，被认为是东南亚国家中民主制度最为悠久的国家。然而，在泰国漫长的民主实践中，前后颁布了 18 部宪法，经历了 20 余次军人政变，始终难以跳出文人政权与军人政变不断变换的恶性循环。这种徘徊不定的民主困局引起了国内外学者的广泛关注，其中从民主巩固角度所进行的分析

---

[*] 弓联兵，中国海洋大学政治学系，博士、副教授，主要研究领域为比较政治；吕忠，武汉大学政治与公共管理学院，硕士研究生。

成为主流的理论范式,学者们普遍认为泰国的民主仍处在"未巩固"状态,以至于被认为是一种既非民主体制,也非威权体制,而是介于两者之间的"半民主制"(semi-democracy, half-way democracy)①,甚至还被认为是"伪民主"(pseudo-democracy)②。泰国的民主究竟哪些方面出现缺陷,应该如何进行修补和改进还需要更为具体细化的研究,已有的民主巩固理论难以给出切实可行的回应,本文尝试借助民主质量理论和方法,对泰国民主体制存在的多维缺陷进行解析,以助于更为客观全面了解泰国民主政治的存在问题及其成因,从而准确把握泰式民主政治特有特征和可能走向。

一、民主质量的理论内涵与评测体系

民主质量是一项新兴的民主研究理论和方法,是在民主巩固理论研究基础上的补充和拓展。民主巩固理论虽说已成为研究新兴民主国家的主流理论范式,但这种理论可能是"一种静态的、目的论式的想法"③。也正如施德勒(Andreas Schedler)所批评的那样,"民主巩固作为一个万能的概念,一个垃圾箱式的概念,它内涵丰富却缺乏一个核心,这就使得它的理论解释力受到质疑"④。仅用"巩固"还是"未巩固"对这些国家进行贴标签式的处理其实并无助于它们民主制度的成长,于是就需要更为细致精确的民主理论对这类国家进行分析和评估。针对民主化回潮的事实和民主巩固理论的不足,西方政治学者尝试在民主巩固理论的

---

① 参见〔美〕塞缪尔·亨廷顿:《第三波:20世纪后期民主化浪潮》,刘军宁译,上海三联书店1998年版。
② Larry Diamond, Juan Linz, Lipset (eds.), *Politics in Developing Countries*, London: Lynne Rienner Publishers, 1995.
③ 〔美〕吉列尔莫·奥唐奈、〔意〕菲利普·施密特:《威权统治的转型:关于不确定民主的试探性结论》,景威、柴绍锦译,新星出版社2012年版,第118页。
④ Andreas Schedler, *What Is Democratic Consolidation?*, in Larry Diamond, Marc F. Plattner (eds.), *The Global Divergence of Democracies*, Baltimore and London: The Johns Hopkins University Press, 2001, p.86.

基础上，引入更多的相关因素来分析民主体制的稳定性和有效性问题，其中重要的研究设想就是对民主的治理绩效进行评估。这种评估不仅有利于对不同国家的民主程度进行横向比较，探究与民主有效运转相关的因素之间的变量关系，也有利于判定民主政体的稳固程度。正是在这样的构想下有关民主质量的研究应运而生，并形成了一套具有解释力的理论框架和评测体系。①

民主质量具有一套经过精心设计的指标体系，通过对民主政体的稳定性和民主治理的有效性进行分析，以此来评估民主质量的优劣。在这项研究中大卫·坎贝尔（David F. J. Campbell）团队作出了卓有成效的探索，他们首先对"民主质量"进行了概念化处理，将民主质量等同于政治的质量与社会的质量之和，即民主质量 = 政治质量 + 社会质量（Quality of Democracy = Quality of Politics + Quality of Society）。这个公式意味着，民主质量取决于政治质量与社会质量的加权，其中政治质量涉及自由和平等、法治等民主的基本属性，社会质量侧重于民主政体在经济发展和社会秩序等非政治领域的治理绩效。因此，这个公式就演绎为：民主质量 =（自由 + 平等 + 法治）+（非政治领域的绩效）。②

为了使民主质量概念更具操作性，大卫·坎贝尔团队对民主质量设计了一套指标体系：一级指标分为六个维度：政治、性别、经济、知识、健康和环境，在每一个维度中又有若干二级指标或三级指标。这六个维度是从其界定的民主质量概念中引申出来并与之相互对应，政治、性别、经济、知识和健康涉及自由和平等的政治价值，同时，性别、经济、知识、健康和环境又与民主的社会功能相联系。在此基础上，大卫·坎贝尔对六个维度在测评民主质量中所占权重进行分配：政治维度50%；性别维度10%；经济维度10%；知识维度10%；健康维度10%；环境维度10%。

---

① 有关民主质量研究兴起和发展的论述，可参见弓联兵：《西方民主质量研究：理论构建与量化测评》，载《国外理论动态》，2013年第2期。

② David F. J. Campbell, *The Basic Concept for the Democracy Ranking of the Quality of Democracy*, Vienna: *Democracy Ranking Working Papers*, September 2008, http://www.democracyranking.org/downloads/basic_concept_democracy_ranking_2008_A4.pdf.

为了研究的方便和可信度，坎贝尔选择的标本国家参照的是自由之家（FH），其他指标的原始数据基本上也是来源于已经长期积累和权威的机构，如人类发展报告（HDR）、世界发展指数（WDI）、全球自由度排行（Freedom In The World）以及透明国际报告（TI）等国际研究机构。综合以上的数据后，经过一系列的加权处理，坎贝尔对全球104个所谓"民主国家"的民主质量进行打分排行，形成简明易懂的"民主质量排行榜"。

二、泰国民主质量各项指标分析

大卫·坎贝尔的研究自2005年实施以来，一个显而易见的特征就是处于排行中低端的国家和地区民主质量起伏波动极不稳定，其中泰国的变化最为明显，下面从各个指标对泰国民主质量进行具体分析：

1. 政治（政治体系）维度（PS，Political System）

政治维度包括：PS1 政治权利（FH）25%；PS2 公民自由（数据来源FH）25%；PS3 性别授权度（数据来源 UNDP HDI）12.5%；PS4 议会中的女性席位（数据来源 UNDP HDI）12.5%；PS5 出版自由（数据来源 FH）12.5%；PS6 贪腐指数（数据来源 TI）12.5%。

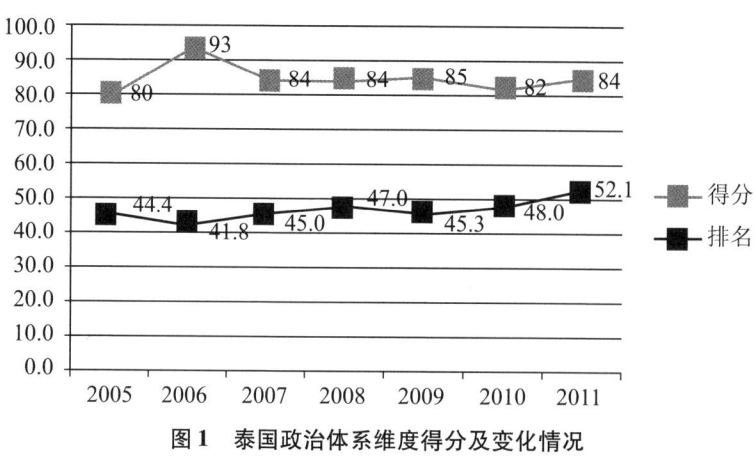

图1 泰国政治体系维度得分及变化情况

（图表为作者根据已提供数据自制，下同。）

民主质量的重点还是对民主状况的测评，因此在各个维度比值分配中政治维度的权重相应较大，目的是为了确保对民主质量的测评不至于演化为一般的公共政策绩效评估。从泰国在政治维度上的得分和排名情况可以看出，泰国在该项指标上的得分情况一直都处于排名末端，这一点充分表明了泰国民主政治中存在的问题和缺陷。公民政治权利不能得到充分实现与维护，当前体制也无力有效疏导和整合公民政治参与需求，从而引致街头政治频发；政党间恶性竞争缺乏妥协，深刻撕裂着并不有机融洽的社会，持续加剧着社会阶层间矛盾；军人周期性干政直接损害着泰国政体的民主属性；贪腐指数常年居高不下，徇私舞弊、以权谋私现象十分严重。美国著名民主理论家达尔曾语重心长地告诫发展中国家，如果一个国家有利于民主的条件过于脆弱，那么民主即使存在也极其不稳定。[①] 泰国在政治维度上的低劣表现，本质上说明泰国所实行的民主体制缺乏坚实可靠的社会基础和政治条件，在此基础上形成的民主治理绩效也必然差强人意。

2. 经济（经济体系）**维度**（EC, Economic System）

经济维度包括：EC1 人均国内生产总值（按 2005 年国际美元计算）25%；EC2 人均国内生产总值（按当年国际美元计算）25%；EC3 中央政府债务占 GDP 比重 12.5%；EC4 通货膨胀 12.5%；EC5 总劳动力失业率 12.5%；EC6 青年劳动力失业率 12.5%。（以上数据皆来源：WDI）

经济维度反映的是一国经济社会所创造的以及可供分配的社会财富水平。据世界银行数据，泰国自 2005 年到 2013 年国内生产总值（GDP）增长两倍多，人均国内生产总值在 2013 年已达到 5000 多美元，位列中等收入国家水平，泰国也因此在经济维度上的得分和排名远较政治维度高出许多。然而，在经济高速发展的过程中，由于缺乏合理有效的财富分配政策和能力，泰国社会出现了更为严重的贫富分化和城乡对立。"长期以来'重城市，轻农村'的政策导向，使得泰国的农民群体无从分享国家社会经济的发展红利，从而导致国内的贫富差距、城乡差距和

[①] 〔美〕罗伯特·达尔：《论民主》，林猛译，商务印书馆 1999 年版，第 155 页。

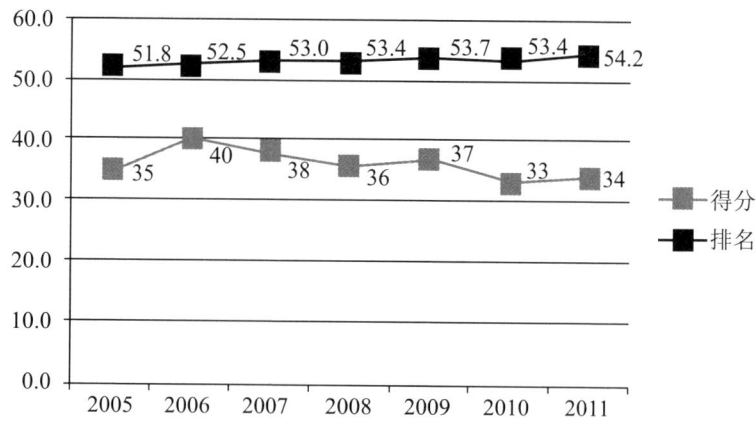

图2 泰国经济体系维度得分及排名变化情况

地区差距日趋严重。"① 同样是根据世界银行的数据，2010年泰国收入最高的20%人口的收入占全社会总收入的比例为46.67%，收入最低的20%人口的收入占全社会总收入的比例则为6.76%，大约500万泰国人生活在官方划定的贫困线以下。如此之大的贫富差距已成为泰国民主波动的深刻经济原因，2010年联合国开发计划署（UNDP）发布的《2009年泰国人类发展报告》就曾明确指出："泰国的政治动荡深深植根于日益严重的社会贫富分化问题。"

3. 性别平等（经济社会和教育领域）维度（GE，Gender Equality）

性别平等维度包括：GE1 总劳动力中女性劳动力的比重；GE2 女性劳动力中女性失业率；GE3 女性总数中初等教育女性入学率；GE4 中等教育女性毛入学率；GE5 中等教育女性净入学率；GE6 高等教育女性毛入学率；GE7 女性平均预期寿命。（以上数据皆来源WDI）其中涉及劳动力的指标 GE1 + GE2 的比值为33.33%；教育指标 GE3 + GE4 + GE5 + GE6 的比值为33.33%；预期寿命 GE7 的比值也占33.33%。

---

① 周方冶：《泰国政治权力结构调整的动力、路径与困境》，载《东南亚研究》，2011年第2期。

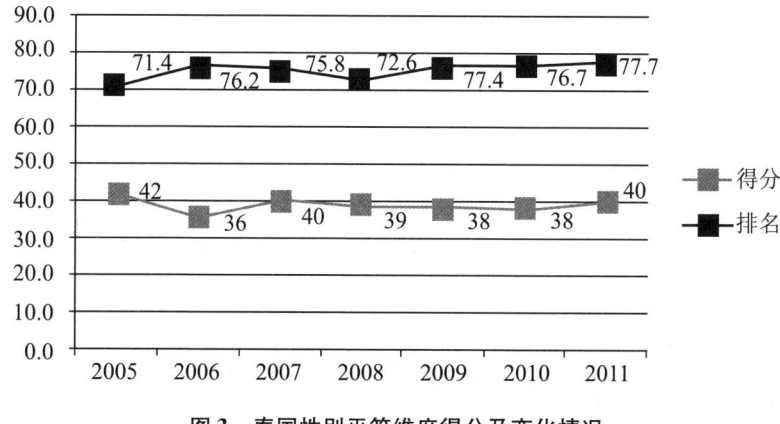

图3 泰国性别平等维度得分及变化情况

性别平等是一个包含多领域的主题，在很大程度上反映出一个民主社会的公平程度。在政治权利维度中已经包含了政治领域中性别歧视的问题，这里的性别平等维度主要是经济社会和教育领域中的女性平等问题。值得一提的是，泰国从2005年到2013年的统计年度里，女性在入学、就业、平均寿命方面的指标得分都比较高。其中女性在入学比例上总体要比男性高，在就业率和失业率都比男性要低，在平均寿命上女性明显要高于男性。正是因为泰国在性别平等维度上较为满意的表现，其得分和排名在民主国家中处在中游，对于非西方发达国家而言能做到这点已经相当不易。但不得不正视的问题是，女性的就业主要集中在农业和服务业，高级管理和政治活动依然对女性存在性别上的壁垒，这种局面也进而引发了女权主义团体的不满和抗议，对本已动荡不安的政局增添了新的因素。

4. 知识（知识社会和知识经济，教育和科研）**维度**（K，Knowledge Society and Economy，Education and Research）

知识维度包括：K1 中等教育毛入学率；K2 中等教育净入学率；K3 高等教育毛入学率；K4 初等教育师生比；K5 每百人有线电话拥有量；K6 每百人个人电脑拥有量；K7 每百人使用网络量；K8 每百人移动电话开户率；K9 信息和通讯技术支出占GDP比重；K10 科研开发占GDP比

重；K11 每千人科技期刊的阅读率。其中涉及教育的 K1—K4 比值为 33.33%，涉及技术的 K5—K9 比值也是 33.33%，最后涉及科研的 K10—K11 比值同样为 33.33%。（以上数据皆来源 WDI）

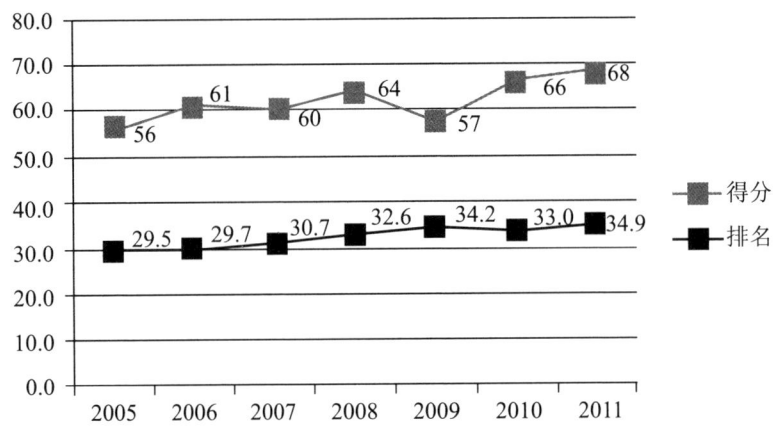

图 4　泰国知识社会和经济，教育和科研维度得分及变化情况

按照现代社会发展的经验来看，一个国家的知识普及和转化不仅与教育政策和经济政策有关，也与一个国家的现代化水平息息相关。在制定合理有效的教育科技政策的国家里，民众掌握知识和科技的能力直接将推动经济社会的发展，反之，在那些知识普及率低和科技应用率低的国家里，往往是与贫穷和战乱相伴随。通过一系列的指标衡量泰国的知识发展情况可以发现，泰国在教育入学率上基本保持着中等水平，在科研能力和技术转化的能力上泰国的表现相对较弱，互联网使用的普及率上依然很低。这些具体指标的低分直接影响到泰国在知识维度上的得分，在经济高速发展和国民收入不断提高的背景下，经济发展的成果并未充分惠及民众，只能说明泰国的教育和科技政策基本是失效的，换句话说，泰国在资源分配和公共服务方面依然处在低水平的层次。

5. 健康（健康状态和医疗体系）**维度**（H，Health Status and Health System）

健康维度包括：H1 平均预期寿命；H2 人均医疗支出；H3 公共医疗费用占 GDP 比重；H4 个人医疗支出占 GDP 比重；H5 每千人医院床

位配有量；H6 每千人医生配有量；H7 每千个新生儿夭折率；H8 每千个 5 岁以下儿童夭折率。其中 H1 的比重高达 65%，其余指标比重皆为 5%。（以上数据皆来源 WDI）

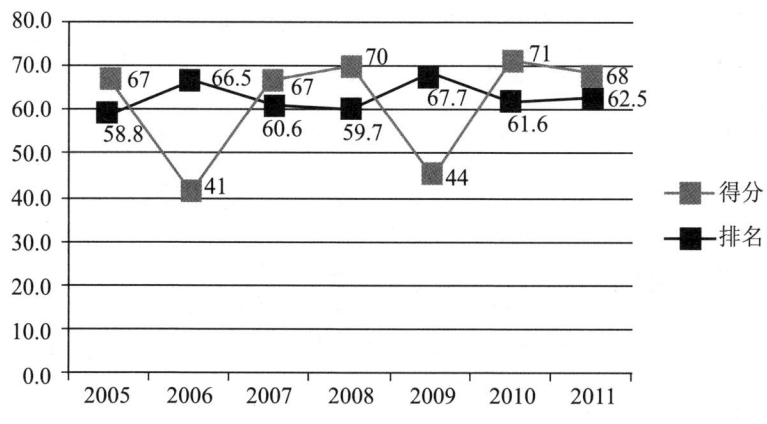

图 5　泰国健康状态和医疗体系维度得分及变化情况

　　健康维度与国家的公共医疗服务和政策密切相关，这涉及民主政府的社会服务供给能力和社会治理绩效。从健康维度的得分和排名情况来看，泰国在统计年度里，中间起伏变化明显，表现极不稳定，实际上这与泰国政局和政策变化情况是相符的。2001 年泰国就推出了普遍覆盖计划的改革，实施了著名的"30 铢治百病计划"，为此，政府加大了公共医疗的支出比例，使更多的草根阶层享受到了社会公共医疗福利，以至于在这个时期泰国在健康维度上的表现极其突出。2008 年的金融危机严重冲击了泰国的经济，也使得政府不得不削减公共医疗的支出，这也引起了中低阶层的普遍不满，因而在该项指标的得分和排名急剧下滑。随后泰政府制订一系列旨在改善医疗卫生服务体系的公共项目，并提高公共医疗支出，约占 GDP 的 4.3%，这也使得泰国在健康维度上又有了突飞猛进的变化。然而好景不长，紧接着的政治冲突又使泰国社会陷入混乱，直接影响到公共医疗体系的有效运行，泰国在健康维度的得分和排名也一落千丈。由此可以明显地看到，民主政体的脆弱无效直接损害着社会公共生活，反过来，民众公共福利受损又进一步加剧了民主政体的波动和政局的混乱。

6. 环境（环境可持续性）维度（EN，Environmental Sustainability）

环境维度包括：EN1 二氧化碳排放量 30%；EN2 人均二氧化碳排放量 30%；EN3 单位 GDP 能耗 30%；EN4 电能消耗 5%；EN5 水利电力配置率 5%。（以上数据皆来源 WDI）

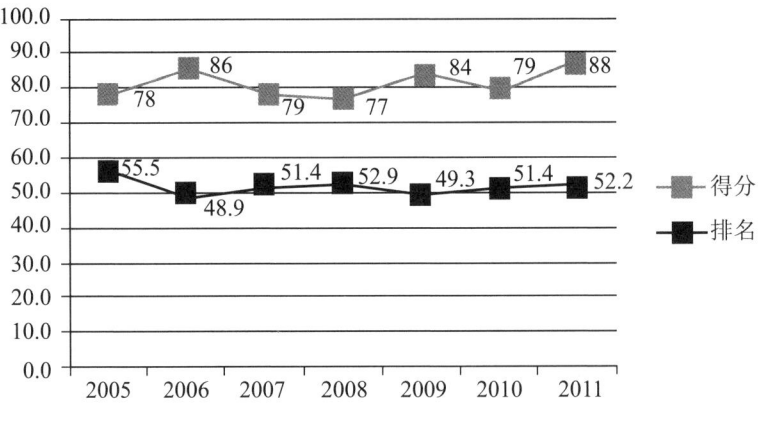

图6　泰国环境可持续性维度得分及变化情况

环境维度从表面上看与民主质量关系并不密切，但实际上，环境可持续发展程度直接受到民主政府在产能结构调整和环境政策制定等方面治理能力的影响，因此，环境维度可以从侧面反映民主政体的治理能力和绩效。环境维度中二氧化碳排放量和单位能耗占到90%的比重，这就要求政府需要在环境污染治理上投入更多的财政和精力，如果这方面的成效并不显著的话，则意味着政府的环境治理能力极其低下，该民主政体难以提供有效的环境治理绩效，显然泰国在这方面的表现是令人失望的。与此同时，在广大的发展中国家，往往是以损害环境利益为代价推动经济快速增长，这种"自我耗竭式"的经济增长模式往往伴随一系列的环境运动。在泰国，环境运动吸引了泰国社会中的大批社会、经济和政治人士参加，从某种意义上说，环境主义代表着一种政治力量和政治资本，环境的议题已经成为政党之间、城乡之间以及官僚与平民之间冲突的焦点。① 从得分和排名情况来看,泰国在产能结构调整和环境治理方面还需要更大的努力,从而来减缓因环境议题而激化本已剧烈的政治冲突,为提升民主质量营造良好的发展环境。

三、泰国劣质民主改进的维度与路径

通过以上各项指标的分析可以获知,尽管泰国在经济维度、性别平等维度等指标上表现略好,但是在政治、知识、健康、环境等维度上的得分都很低,特别是政治维度这样的关键指标上表现极其低劣,各维度之间的显著失衡直接影响到泰国民主质量的总体水平,因为"优质的民主并不是在民主质量的每一个指标都表现出色,而是在各种指标之间达到一种合理的平衡状态"②。由此不难看出,泰国的民主质量总体上属于典型的"劣质民主"。从图7的大致趋势能明显看到,虽然泰国的民主质量在统计年度里呈现出不断提升的走势,但政治维度的低劣表现严重拖累了总体发展。

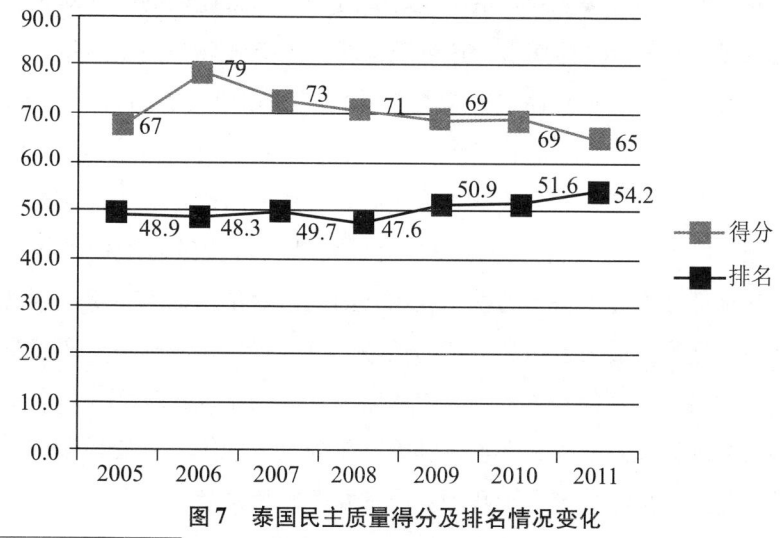

图7 泰国民主质量得分及排名情况变化

① 〔澳〕菲利普·赫希:《环境政治学:反对与合法性》,皮军译,载《南洋资料译丛》,2002年第1期。
② Larry Diamond, Leonardo Morlino, An Overview Of "The Quality of Democracy", in *Journal of Democracy*, Vol. 15, No. 3, 2004, pp. 20–30.

前述提到，民主质量的研究意在传达这样的信息：评估一个民主政体质量的优劣，并不只关注民主体制建立的程度，而是更关切民主体制的治理能力和绩效，这两者任何一方达不到必需的水平，都不可能是优质的民主。需要指出的是，这两者之间其实存在着一种内在的辩证关系：即使是稳固的民主体制，也常常会出现低效甚至无效的治理，而在不稳固的民主体制下，一定呈现的是治理失效。泰国的情况属于后者，民主体制既不稳固，治理绩效也极其低下，这一点在各项指标中已体现得淋漓尽致。党派恶斗、街头政治和军人干政严重影响到民主体制的稳定和运行，在这种动荡的局面下，政府必然难以制定和实施合理有效的公共政策来促进经济、社会和环境的发展。反过来，公共政策制定的不合理和实施的乏力又引发更为严重的民众不满和连续的政治社会运动，政治活动不断挑战着现有的政治秩序和政治格局，使泰国政治陷入了一种"死循环"。①

每种理论都有其现实关怀，民主质量理论也是如此，相比较民主质量研究在理论和方法上的贡献，它对劣质民主国家提供的改进对策更有重大的现实意义。具体而言，这种现实意义主要表现为民主质量测评体系中的每一个维度和具体指标都是劣质民主国家应当着力优化的方向。就泰国的情况而言，政治、经济、社会三个主要领域应当统筹进行综合性改革，其中经济和社会领域的治理低效，其根源都在民主体制的羸弱和阻滞，民主体制无法为经济和社会的良性运行提供有效的维护和支撑，甚至都无法提供基本的秩序规则，因此，对泰国而言，巩固强化民主体制应是当前最为迫切和关键的任务。巩固强化民主体制，不仅需要强化民主共识，将各方力量的政治活动纳入到民主政治框架中，更需要完善权力制约机制和权利保障机制等一系列民主规则，利用体制的功能有效避免政党恶斗、军人干政和官员贪腐等政治乱象，同时还应当全面提升政府的公共产品和公共服务供给与分配能力，从而有效促进经济和

---

① 周方冶：《泰国政治权力结构调整的动力、路径与困境》，《东南亚研究》，2011年第2期。

社会的良性发展。总之，只有民主体制的每一项规则和程序得以巩固，民主体制才会稳定和有效，只有稳定而有效的民主体制才能有力推进经济和社会的良性发展，也才能最终实现良好的治理绩效。CPS

Thailand's Democracy in Trouble: An Assessment of the Quality of Democracy

Gong Lianbing Lv Zhong

Abstract: The quality of democracy is a new research that assesses the stability and the validity of the current democracy. This research aims at assessing today's democracy via a battery of indicators and assigns a rank on a global scale. In the research, Thailand gains focus for the periodism and complexity of its democracy wave. According to the assessment system), composed of PS (political system), ES (economic system), GE (gender equality), K (knowledge society and economy, education and research), H (health status and health system, EN (environmental sustainability), Thailand gives poor performance in every indicator. Overall, democracy in Thailand is bad democracy.

Keywords: Thailand; Quality of Democracy; Assessment; Improvement

经济不平等、增长与民主：
经验比较与理论发现

〔美〕迪米特里·兰达　伊桑·卡普斯坦　著[*]
郐　雷　罗　星　编译　郐　雷　校[**]

【内容摘要】本文系统考察了传统研究关于经济不平等、增长与民主之间关系的相关结论，指出传统研究的重大缺陷是忽视了对于再分配政策之政治可行性的分析，使得传统研究经验结论相互抵牾，难以为理解经济不平等、增长与民主之间关系提供统一分析框架。作者研究发现，经济不平等是影响增长与民主关系的重要变量，这使得现代化理论关于增长与民主线性正向相关的结论值得怀疑；开放经济在一定程度上加大了经济不平等程度，这导致经济全球化时代民主制度的巩固受到限制；再分配政策在不同的政治可行性条件下，对经济不平等与民主的关系产生不同影响，即当再分配政策削弱了经济不平等的程度时，民主更容易实现，而当再分配政策被富人阶层否决时，则很可能带来专制统治

---

[*]　迪米特里·兰达（Dimitri Landa），纽约大学政治学教授；伊桑·卡普斯坦（Ethan B. Kapstein），亚利桑那州立大学经济与政治学系教授。

[**]　郐雷，中共中央党校科学社会主义教研部讲师、政治学博士；罗星，中共中央党校研究生院硕士研究生。本文系 2014 年国家哲学社会科学基金青年项目"民主投票机制与社会阶层收入分配的比较政治分析"（批准编号：14CZZ007）的阶段性成果。全文经郐雷校译。

的危险。

【关键词】 经济不平等；增长；民主；再分配政策之政治可行性

一、引言

内生性增长理论在过去数十年间的发展使得学者们开始探索经济发展与改革的政治经济学原理。内生性增长理论的基础性创见——经济增长既可以被解释，又可以被控制——催生了一系列野心勃勃的研究计划，这些研究计划旨在阐明经济增长与开放经济政策、收入差距、再分配政策这些政治因素之间的关系。本研究的目的就在于为现代政治学面临的理论挑战——经济发展与民主的因果关系——提供新的理解与解释。

当下我们对经济发展的政治因素的分析主要沿着两条路径进行。一是以横切面时间序列研究为特征的"巴罗回归"。罗伯特·巴罗在《经济增长的决定因素》一书中建立的政治经济学模型，探索了长期经济表现与政治制度及政策特性之间的因果关系（Robert Barro，1997）。总体而言，这类研究以经验证据为支撑，普遍强调政治制度对于经济绩效的影响机制，主张任何有说服力的关于长期经济表现的解释都必须考察政治制度的综合性作用（Ethan Kapstein and Branko Milanovic，2000：292）。但是，我们的理解不能仅仅停留在"政治是重要的"层面上。政治制度之所以重要，也是因为公民往往依据经济形势作出一系列政治的、经济的反应。考虑到政治制度对政治结果的决定性影响，我们没有理由认为公民对经济形势作出反应必然在既有制度的限制范围内进行（Jack Knight，1992）。除此之外，理解经济发展的政治机制还存在一个次序性问题。为了说明这种次序性问题，我们不仅需要探究现有政治制度的经济效应，而且需要考察在给定的经济条件下这些政治制度是否发生了变化。如果发生了变化，我们就要问哪些政治制度或机制取而代之并发挥作用。

李普赛特和亨廷顿的新古典模型对经济增长与政治民主化的因果关系作出了乐观解释。与这种乐观解释不同，我们对于两者关系的理解更加谨慎和小心翼翼。近年来的基础性研究，为我们提供了大量的关于经济增长与民主政治关系复杂性的证据。例如，美洲开发银行的研究报告显示拉美国家的经济高度发展一直伴随着收入差距的不断拉大。菲利普·阿基翁和杰弗里·威廉姆森等人的研究也表明，一向被认为是促进经济发展最重要的因素之一的开放性经济政策，已经导致西方发达民主国家、拉美国家、非洲、经济波动的东亚各国内部经济不平等程度日益升级（Philippe Aghion and Jeffrey Williamson, Dani Rodrik, 1998, 引自 Vito Tanzi and Ke-young Chu）。经济增长过程中产生的贫富差距问题所导致的政治后果——这是政治经济学的一个经典问题——一直没有得到妥善研究，这种政治后果可能越来越取决于国内政治机构执行再分配政策的能力。再分配政策能力是导致上述国家政治经济冲突的核心因素，虽然经济学文献有所探讨，却并未在政治实践中得到应有对待——尤其是对于那些新兴民主化国家而言。检验再分配政策的影响作用便是本研究的主要贡献。

我们的研究将主要回答以下问题：（1）在过去的 20 年里，是不是经济开放程度导致了贫富差距的扩大？（2）贫富差距与经济增长之间的因果关系是什么，它们对政治稳定和民主巩固又产生了什么影响？（3）为什么有的民主国家比其他国家更有能力应对经济变化所带来的挑战？（4）民主政府应该奉行什么样的政策和制度，以尽量减少影响收入和财富分配的经济冲击造成的负面经济和政治后果？

二、增长与民主

第二次世界大战后，社会科学界最有影响力的实证研究结论可能便是经济发展与政治民主化的高度正向关系（Samuel Huntington, 1991）。巴罗采纳了李普赛特关于民主转型的"收入门槛"的观察结论，在《经济增长的决定因素》的第二章为上述结论提供了大量经验支持。他还利用自由之家确定的民主测量标准,表明人均 GDP 和寿命预期是衡量政治民主化和公民权利的重要指标,"民主化程度与生活水准之间存在强有力的正向关联"(Adam Przeworski and Fernando Limongi, 1997)。虽然此类研究的相关论证颇具说服力,但是当研究者再次深入探求增长与民主的相关性关系时,两者之间的矛盾性不断显现。甚至连巴罗本人也声称,既有文献对于民主的增长效应模型的研究并未成熟(Robert Barro, 1997: 52)。虽然大量研究关注此问题,但是经典结论的薄弱性依然令人惊讶。社会科学界对于制度变迁原因和机制研究的全球性知识匮乏直接影响到了我们对于增长与民主关系的理解(William H. Riker, 1980)。

理解增长与民主之间的关系,不仅是一个学术问题,也是一个政治问题。我们要看到,民主化转型的原因既来自国内外政治机构的间接性政治压力,还需要探究民主政治是通过何种机制隐蔽地巩固或者削弱了民主的稳定性。经济增长是绝大多数公共政策的目标追求,这在一定程度上给人造成了实现经济增长的政策目标是政治民主化的必然之路这一印象。虽然巴罗并没有对经济繁荣与民主化的关系作出新解释,但是他的分析实际上现代化理论的翻版——工业化、城市化、教育、通讯、人员流动和政治整合这些因素的逐步发展累积,将必然导致社会出现民主转型。即使如此,巴罗的研究还是谈及到了经济不平等的政治后果这一机制的影响作用,我们接下来将探讨这一机制的重要性。

与"李普赛特假设"相类似,巴罗版本的现代化理论也强调教育的作用——其次才是城市化。依据李普赛特的亚里士多德式观点,民主需要公民对于公共事务的智识参与——李普赛特将其称之为"民主政治的公民宽容感知度"。(Semour Martin Lipset, 1959: 84)也就是说,民主社会应该具备充足的经济资源以教育公民。教育资源和社会财富的普及将增加日益扩大的中产阶级接受教育的机会,这才是民主转型的必要条件。

巴罗在一篇文章中为我们提供了民主价值观成因的另一种解释,他的解释强调财产对于个体价值观念形成的重要作用:

在谈到经济发展对民主的影响效应时,我们认为生活水准的改善——可以由一个国家的人均 GDP、婴儿死亡率、全民基础教育入学率来衡量——能够显著提高政治制度迈向民主巩固的可能性。从这个意义上说,政治自由的出现是一种社会奢侈品(Robert Barro,1996)。

巴罗的观点实际上将政治看作是回应等级化差异的政治消费者之需求的结构。随着收入的提高,作为政治消费者的公民变得更有意愿、更有能力在满足生活基本需求之外要求政府供给更为奢侈的公共物品——如清洁空气、优渥的工作条件以及民主化的治理等。这种亚里士多德式的解释看似合理,但是所谓的政治消费者等级化需求观点却值得商榷。罗德里克在阿马蒂亚·森经典理论基础上提示我们,正是因为透明政府、消除腐败、有效的民主和政治自由能够显著降低经济危机风险以及增加公民经济福利,公民才将民主视为追求核心物质利益的工具和方式(Amartya Sen,1983)。民主价值观成因的基础教育理论可以通过入学率指标来测量,而将政治自由和民主视为奢侈公共品的观点却很难得到直接测量。巴罗提出了这一观点,但并没有为其提供任何经验支持材料。然而,基础教育理论所得出的结果是复杂的,而且令人感到些许失望。基础教育被看作是民主化的重要指标,中级教育和高等教育与民主化并不相关。但是,中级教育和高等教育却与经济增长密不可分。所以,基础教育理论顶多是部分地解释了经济增长与民主之间的关系。

另一种带有现代化理论色彩的观点——即城市化指标——对于经济增长与民主关系的解释更不完美。虽然巴罗认为,民主与城市化之间存在稳健的正相关性,但是一旦控制了生活水准这一变量,城市化指标便在民主转型回归的相关性检测中就变得毫无关系。总而言之,巴罗为论证"现代化"变量在解释增长与民主因果关系上的作用提供的支持并不充分。如果说这些变量都是重要的,那么这些变量所产生的效应——再加上基础教育指标——的可靠性很大程度上受到了生活水准变量难以测度这一因素的限制。

还有一种研究路径——通过研究经济发展对经济不平等的影响来解释增长与民主之间的关系——虽然提出了一组因果机制，却具有类似缺陷。托克维尔认为，公民组织的扩展可以限制专制权力、培育民主治理所必需的价值观和政治技术，因此资本主义的发展实际上改变了地主与城市工人阶级的传统权力分配格局。这些因果机制的选取直接来源于托克维尔的观点，并在普特南和鲁施迈耶等人的研究中得到发展（Robert Putnam, 1993; Dietrich Rueschemeye, Evelyne H. Stephens, and John D. Stephens, 1992）。巴罗用基尼系数来测量经济不平等，并将其与受教育年限这两个变量添加到民主化的回归模型中，发现两个变量与民主化的关系都不具备统计学上的显著性。然而，政治经济学的最新研究所提供的实证数据却非常稳健地证明，经济发展与民主、经济不平等与增长这两对变量之间具有高度相关性（Roberto Perotti, 1996）。由此可见，巴罗所得出的经济不平等与民主无关的简单结论显然是站不住脚的。经济不平等对民主的影响效应之所以是隐蔽的，可能也是在民主化的回归分析中受到其他变量——很有可能是 GDP 变量——的限制。

那么，研究经济发展过程中的经济不平等对于理解增长与民主的关系何有意义？也许，最为重要的意义在于告诫我们，高速经济增长导致贫富差距弱化继而又导致民主的巩固这一逻辑推演思路在经验上值得怀疑。事实在于，引用统计学上的经济不平等变量并不会影响到 GDP 变量，这时研究的其实是经济增长而非经济不平等对民主的影响。大量经验研究也显示，在 1970 年间至 1980 年间经济增长其实并没有降低经济不平等的程度（Montek S. Ahluwalia, 1976; Edward N. Muller, 1988）。因此，职业/专业教育和城市化这些变量对民主的影响必须经过增长这一中介变量（而不是相反方向），或者说这些变量的叠加效应通过影响增长变量来影响民主。也就是说，这些变量既影响民主，又影响增长。也许只有这种可能性，才能为我们理解增长与民主关系的这一谜团提供答案。

我们应该关注经济不平等的累积效应以及关键调节性政策的再分配效应。为此，在方法论上要遵循以下原则：我们对于增长与民主关系的解释要充分考虑再分配的因果机制作用，从理论上检验再分配对于增长与民主关系的影响,并且能够系统化解释再分配政策的综合效应。

三、贸易与经济不平等

我们在上述篇幅中探讨了经济不平等对经济增长的效应作用以及这种效应对于理解民主化决定性因素的重要解释意义,接下来的分析将帮助我们理解经济不平等对民主的影响是如何通过再分配政策起作用的。就像直接分配制能够降低社会贫困从而弱化人们参与生产活动的积极性一样,造成经济不平等的原因同样可以影响到社会福利水平。研究贸易和全球化的政治经济学是分析经济不平等的原因与结果的重要内容。国际贸易理论认为,国内市场交往的输赢关系模式同样可以适用于国际自由贸易领域,这也就意味着我们需要从再分配角度来检验全球化的政治经济学,而且要认识到国际贸易至少要为1980年到1990年间经济不平等的升级负一部分责任。更为重要的是,与技术和组织变革这些因素相比,经济开放度对于政府决策结果的影响更为直接。从现实情况看,经济开放政策的实施结果实际上违背了政府政策需求的初衷。

另一方面,国际贸易对于提高社会福利水平有着某种比较模糊的积极作用(如果说国际贸易是造成经济不平等的原因的话,那么它也是国家经济决策所面临的最为复杂的挑战之一)。至少从理论上可以说,开放型经济与投资政策的长期施行将会直接带来以下毫无疑问的结果:贸易与资本的自由流动促进了一国范围内(最终是世界范围内)稀缺资源的有效配置,从而形成比保护主义政策更大规模的产出与消费。开放型经济应该能够为经济增长提供动力。基于此,政策制定者和经济学家都将开放型经济视为经济改革的重要目标。但是具有功利主义特征的经典贸易理论并没有提供一种财富如何在国内以及国与国之间进行再分配的解决方案。经典贸易理论一度盛行如下观点:如果能够为效率竞争提供公平环境,那么我们就可以不用关心财富再分配的复杂问题(Daniel M. Hausman, and Micheal S. McPherson, 1996,引自John Hicksy)。这种观点已经被证明无法为政策决策提供建设性的建议。

"库兹涅茨假设"对经济发展过程中的再分配效应作了著名解释：在工业化初期阶段，随着新兴经济部门与传统经济部门之间的生产效率差距逐渐变大，社会收入差距也会逐步提升；而在经济的不断发展过程中，各生产部门的产出效率将趋于平均，此时社会收入差距就会呈现下降趋势。因此，经济不平等与增长之间的关系可以用倒"U"型曲线来描述。

然而，新政治经济学的重大经验发现却表明，持续性的收入差距增长在传统工业化国家和发展中国家都得到明显地扩大。"库兹涅茨假设"的合理性受到广泛质疑。值得注意的是，市场对于技术型劳工的需求持续增长，而对于非技术型劳工的需求持续下降，这导致两大经济部门间劳工工资差距日益扩大。对于这种现象之原因的研究正是政治经济学围绕全球化、技术变迁等因素进行争论的焦点。正如阿基翁和威廉姆森所指出的："我们的任务不是把'库兹涅茨曲线'构建为一种标准化模型，而是去揭示经济不平等变化的原因……目前来看，导致经济不平等的三个重要因素分别为贸易、技术以及劳动供给。"（Philippe Aghion and Jeffrey G. Williamson, 1998）

毫无疑问，贸易与开放经济具有显而易见的再分配效应。在解释此问题的理论层面，主要有三大流派：一是源于赫克希尔-俄林-萨谬尔逊模式（HOS）的要素价格均等化理论（FPE）；二是技能强化的技术理论（SET），该理论主要检验技术变革对于要素收益的影响；三是各式各样的要素比较优势理论，该理论主要检验经济相互依存对于劳动力市场的影响。问题的核心是，经济不平等在多大程度上是由开放经济导致的以及这三种理论解释到底是哪一个更为可靠。

根据保罗·萨缪尔森的FPE理论，两个奉行自由贸易的国家经济体，其生产要素报酬最终会在国际贸易中趋于均等。该观点的理论基础是斯托珀—萨缪尔森定理，该定理认为保护主义政策提高了进口商品的国内价格，实际上提高了国外生产要素的报酬率以及降低了相对短缺但价格昂贵的国内生产要素的报酬率。为了分析开放经济对于工资结构的影响，自由贸易学者往往在国际贸易的要素价格变动中寻求经验证据。基于美国在1980年代的贸易数据，巴格瓦蒂得出结论"进口商品相对价格的略微变动对于特定贸易关键性要素的影响十分微弱。"（Jagdish Bhagwati，1998，引自 Vito Tanzi and Ke-young Chu）此结论表明，自由贸易并不是导致美国1980—1990年代非熟练劳动力工资下降的原因。然而，这种解释的合理性值得怀疑。正如阿基翁所言：

> 巴格瓦蒂观点建立在贸易商品是制成品这一假设基础之上……另一方面，如果贸易商品需要进入下一步生产环节，那结论就大不相同了。中间要素价格的下降会导致其他生产要素的需求转移……由于非熟练工种的体力投入比熟练工种的技术更容易被替代，所以低廉的体力劳动的大量投入将增加市场对技能熟练型工人的需求。
> （Philippe Aghion and Jeffrey G. Williamson，1998：45）

阿基翁等人的结论对于随后经济学关于人力资本与国家经济发展关系的研究产生了重要影响。内生性增长理论就认为，受到良好教育的劳动力市场是技术变革的重要原因。据此，劳动力供给理论解释了为什么在不发达国家里非熟练劳动力的大量使用造成了市场对熟练技工需求的下降，而为什么在发达的工业化国家里市场对熟练工种的大量需求促进了经济发展。所以说，经济全球化并没有促进要素价格趋于均等，而是扩大了富国与穷国之间的差距，穷国对非熟练劳工的大量需求从长期来看实际上削弱了全球化对于民主巩固的正向效应。

虽然阿基翁的创新观点能够解释发达国家熟练工种的市场需求对工资结构的影响，但是依然无法回答 FPE 模型所面临的第二个经验难题：为什么在一些非熟练工种存量丰富的发展中国家会同样出现经济增长？为此提供有效解释的是 SET 理论，该理论在经济学研究贸易与经济不平等关系领域大受欢迎。与 FPE 模型关注贸易对要素价格变动的影响不同，SET 理论关心的是劳动力的跨部门转移对要素报酬的影响。传统理论认为，穷国向世界开放的一项益处就是它可以获得富国的先进技术转移。而且，这些先进技术具有某种"技能偏向"特征，即那些在传统部门中拥有技能优势的行业在新技术到来时受益更大。在鲁宾对于九个南美和东南亚国家所进行的深入研究中，先进技术从北方到南方的世界性转移确实是使得技术接收国内部熟练技工与非熟练技工的工资差距逐渐拉大（Donald Robbins，1996）。这也意味着南方国家经济不平等的原因与阿基翁的分析截然不同。南方国家工业发展对于北方国家日益增强的依赖性，刺激了南方国家市场对于非熟练劳动力的供给和需求。正是由于这种刺激因素的存在，才使得南方国家的劳动力市场出现让人难以理解的现象：南方国家从北方国家获得先进技术，但是本国却呈现非熟练劳工供给下降的趋势。当我们考虑到技术变迁的净效应时，这种困惑更加明显：一方面，南方国家的劳工技能得到提升（如 SET 模型所预测的那样）；另一方面，南方国家虽然熟练劳工供给不足，但是主动接受高等教育的人口比例却在下降（正如阿基翁所分析）。

为了解释这个经验难题，我们需要考察非熟练劳工应对激励变化的能力。资本市场和经济流动机会的发展提高了劳动力供给对于需求的回应能力；而当获取新技术的机会受到限制时，劳工的积极性就会下降。正如南希·波德希尔所言："在富国，那些受到良好教育、拥有金融和物质财产的人更有能力进入资本市场，所以他们有更强的动机在贸易和投资自由化体系中获取利益；而在拉美国家，低工资、无技术的劳工聚集在城市地带，至少从短期来看，他们从开放经济中获益很少。"（Nancy Birdsall，1998：293，引自 Vito Tanzi and Ke-young Chu）穷国通过接纳先进技术，提高了技术要素的报酬，也就强化了穷国资本市场受到的限制，使得人们通过贷款接受高等教育的成本增加、意愿下降。在贫穷的南方国家，技术转移对其不发达的资本市场造成严重冲击，这种消极作用实际上抵消了开放经济对于收入再分配的积极效应。

巴格瓦蒂还阐释了开放经济与经济不平等关系的第三种假设，即各式各样的比较优势理论。依据他的观点，国际经济交往会使得各工业国的相对比较优势缩小，这促进了投资者的自由流动。更为重要的是，资本流动性的增强使得资本愈有能力摆脱收入再分配的限制，因为资本可以通过威胁转移的方式对非熟练劳工要求再分配的需求施加压力。

威廉姆森提醒我们还要注意大规模移民的作用。他的研究表明，在19世纪末期的大西洋沿岸各国，大规模移民的涌入使得这些国家劳动力供给能力得到提升，此时经济不平等程度迅速升级；而移民迁出国则因为劳动力供给能力显著下降，此时经济不平等程度随之减弱。移民对工资结构的上述影响不仅出现在美国，而且出现在阿根廷、澳大利亚、巴西、加拿大这些国家。虽然，现在与19世纪末相比，不管是在移民自由程度还是国际贸易规则都发生了明显变化，但是将来仍有可能出现反对全球化的声音。全球化所造成的紧张局势很可能会引致反对全球化的集体行动，这就意味着当下资本高度流动的全球经济再分配政策很难得到施行（Ethan Kapstein，1999）。

我们可以从以上三种关于自由贸易的再分配效应理论中得到以下结论：第一，不管是不是自由贸易导致了1980—1990年代工业化国家经济不平等的发展，现在各国公民对于再分配期望的高涨使得我们必须要限制全球化，尽管全球化促进了发展中国家的经济增长。考虑到增长对民主巩固的影响，我们需要注意开放经济所造成的消极政治后果：政府需要建立成本更为昂贵的社会保障制度以应对自由贸易所引起的公民反全球化压力。第二，虽然有不同意见，但是我们无法回避自由贸易是导致富国与穷国差距扩大的重要原因这一现实。另外，越来越多的国别数据——如美洲开发银行公布的拉美各国数据——表明，全球化对贫富差距的消极影响十分显著。在拉美各国，随着开放经济贸易壁垒的消除，只有自然矿产这种极少数国内部门能够在国际市场中维持竞争力，这样社会财富就大量流入占社会人口极小比例的矿产业主口袋里。

正如我们的分析，经济全球化是导致经济不平等的重要因素。基于此，我们还要慎重考察经济全球化对经济增长与民主巩固的正向效应。但是，只认识到全球化的消极作用的话，就犹如泼洗澡水把孩子一起泼掉一般。我们强调开放经济可能会强化经济不平等，其重要意义在于提醒经济政策的关注点应该放在经济不平等的后果，而非原因上。

四、经济不平等与增长

在美洲开发银行的研究报告中,有这样一段话:"近些年来的经验研究清晰地表明,不合理的收入分配将阻碍经济发展。与其说平等与发展之间的矛盾严重制约了再分配政策的制定和实施,不如说他们之间互为因果、相互影响。"(IADB,1998:204)此经典论断强调的是再分配政策的两种效应:第一,再分配政策净支付转移带来的激励困境,损害了投资者的生产积极性;第二,在资本市场发育不成熟的国家,再分配政策的税收措施通常损害了储蓄利益,导致生产投资所需的贷款成本增加,从而影响经济增长。再分配政策的上述两种效应本质上并不能说是经济不平等,也不能说增长与平等之间的矛盾阻碍了再分配政策的施行,而恰恰是因为再分配与增长之间的冲突关系影响到了平等。在此之前,学界在讨论经济不平等对增长的影响时一直认为,经济不平等之所以不利于增长是因为再分配政策使然。近年来,系统化的发展理论研究依然坚持了经济不平等阻碍增长这一观点,但逐渐认识到影响经济不平等与增长两者关系的中介机制能够产生截然相反的效应。

既有研究的最大缺陷在于,它们在分析再分配政策的效应时仅限于经济层面。从社会系统论的分析角度看,再分配政策产生的影响表现在政治经济发展的综合层面。因此,经济不平等对增长的阻碍是通过两种不同的机制发挥作用的。第一,在一定的政治经济条件下,经济不平等所引发的政治反应对经济增长产生了消极影响。第二,我们发现,致力于缓解经济不平等程度的再分配政策其实是促进了经济增长。换句话说,如果再分配政策得不到贯彻实施,在这种情况下经济不平等实际上起到了抵制增长的作用。

内生性财政政策模型解释了经济不平等阻碍增长的第一种机制。根据中间选民定理,只有当公共政策得到大多数投票者的偏好支持——偏好水平处于正态分布的峰值范围内——时,税收与转移支付之间才能达到均衡（Kevein W. S. Roberts, 1977; Arthur H. Meltzer and Scott F. Richard, 1981）。因此，中间选民要求再分配的呼声随着经济不平等程度的扩大而高涨，而再分配政策实际上有损于富人们的储蓄决定。在富人阶层承担主要投资重任的经济条件里，储蓄水平的下降导致了增长的衰退。阿莱希纳和佩罗蒂为我们提供了经济不平等阻碍增长的第二种机制。他们关注的是经济不平等引起的社会政治动荡——如政变与草根革命的威胁——对经济发展的影响。（Alberto Alesina and Roberto Perotti, 1996）严重的经济不平等使得公民对社会公平产生失望情绪，而且愈演愈烈的经济不平等会导致处于社会底层、无法实现阶层流动的贫民形成对于对抗性政治力量的自我认同。另一方面，那些再分配政策的输家也会因为威胁或实际受到的剥夺而采取集体行动、制造政治动荡，这反而加剧了社会经济不平等的程度。概言之，政治不稳定必然催生不利于储蓄与投资的社会环境，由此降低了经济增长率。

经济不平等阻碍增长的上述两种机制存在相互抵牾关系。我们普遍认为，经济增长和民主巩固都要求经济不平等得到缓解。内生性财政政策模型的隐含逻辑表明，解决经济不平等的方式——直接再分配——不可避免会降低经济增长率。在此理论看来，一个可行的方案是将非分配型的公共政策制度化。但是，这样便无法解决经济不平等所带来的政治动荡危险。另一方面，要为社会阶层流动创造机会，必须要实行一系列旨在促进平等的税收政策，而这又打击了社会成员的储蓄和投资积极性。

虽然上述两种机制在因果关系层面存在冲突，但是都认为经济不平等对增长存在负作用。第一种机制强调选民投票的作用，第二种机制关注的是威胁政权合法性的集体行动。我们往往将这两种机制视为逻辑上相互补充的体系，但是忽略了一个重要基本事实：政策偏好往往基于政治可行性而形成。

对于那些转移支付潜在对象而言，社会政治不稳定只是内生性财政模型的替代性而非补充性机制。考虑到选民更倾向于通过成本更低的、具有代表性的选举方式来表达诉求，而不是参与成本更高的抗议性活动,我们就会发现政治不稳定只是再分配缺失的产物,而非经济不平等的必然结果。大众政治的现实——那些组织良好、占有更多资源的团体更有能力获取利益——决定了公共政策对于中间选民需求的敏感度。

总而言之,选民主要根据在当前或可能政治环境下的福利水平以及自己对于公共政策的影响能力来决定集体行动。入学率的高频变化、商业投资能力的下降,都会造成人们社会流动期望和适应经济变化能力的降低。在这种情况下,选民维持现有政治秩序的策略让他们感觉未来情况难以得到好转,这实际上损害了现有政权的合法性,从而强化了贫民阶层通过制造政治动乱获取社会福利的动机。在新兴民主化国家,政府往往会采取旨在促进平等的经济政策,但是如此一来又很容易导致两种负作用:既破坏了民主政府的稳定性,又不利于依赖增长实现民主巩固。

罗德里克认为,这一两难命题的解决之道在于政府要构建"冲突管理制度",使得再分配引起的冲突被限制在规则范围内,防止冲突与社会敌意公开化。该制度既为公民提供政治呼吁渠道,又充当社会安全网;要求民主治理既要向社会底层开放,又要使政治免于腐败、实现公民权利、司法独立、法治以及社会保障制度化(Dani Rodrik,1999:10)。完善的资本市场和冲突管理制度能够有效调节选民对于再分配政策的政治反应,它们不仅需要反映政治行动者对特定政策后果的期望,而且要体现该社会的阶层权力关系。

传统研究忽视了对于政策偏好之政治可行性的分析,这并不仅仅意味着分析逻辑上的不完整性,更为重要的是导致我们对再分配政策的政治经济效应一知半解。再分配政策不仅难以贯彻,而且很有可能与社会最大利益背道而驰,"二战"后拉美国要求再分配的历史实践就说明了这一点。另一方面,所谓政策偏好之政治可行性往往在不同情境下差异很大。比如,在多数拉美国家适度积极的社会支出再分配方案,在巴西却显得相对保守;在1974年后的智利和1982年后的墨西哥,穷人的相对福利水平得到了改善,但是对于1960—1970年代的墨西哥和1980年代的委内瑞拉而言,穷人的社会福利却更加恶化。我们认为,社会再分配方案与特定国家所特有的、本土化的社会经济裂痕密不可分。所以说，理解经济不平等对增长的影响，不可能在不考察变化性的再分配社会条件的情况下得出结论。

五、政策偏好之政治可行性

我们需要从两个层面来系统理解公共政策的政治解释：第一，在既有的经济不平等水平和再分配条件下，政治行动者为什么选择这种而不是其他反馈性行为策略？第二，政治行动者采取这些行为策略所产生的效果是什么？为了阐释公民政治反应的内生性特征，我们将在以下的分析中对决定公民再分配政策反抗性程度的经济社会情境加以详细探究。

第一组情境是假设富人阶层在既定再分配方案面前得多于失。在这种情况下，再分配方案将面临政治可行性难题，即这种政策主张很难成为大众普遍接受的广泛性解决方案。我们知道，教育是一种可以让多数人受益的公共性资源。所以，改善人力资本市场被认为是最接近这种广泛共识的再分配政策。然而，即使纳税人具有足够的"耐心"，也要尽快让纳税人确信他们将从教育资源的再分配方案中获益良多。否则，这种再分配政策的政治可行性空间将缩小。政府不要仅仅停留在为穷人接受教育提供更多财政支出层面上。除此之外，政府还要建立降低教育投资风险的机制。当然，这种再分配方案的效果还要取决于政府制定和维持该制度的能力。新兴民主国家普遍缺乏这种制度能力，频繁波动的经济条件和脆弱的政治体系难以激励那些潜在的纳税人/投资者的信心。在其他地区，认识到这一点就可能有所助益。在那些国内再分配政治呼吁更广泛的国家，国际社会就可以通过为该国提供再分配经济担保的方式实现自己的利益。

更多的情况是既有的再分配方案与富人阶层的经济利益相悖，这刺激了富人阶层采取阻碍再分配政策施行的行为动机。在这种情况下，目前政治经济学界最为流行的解决方案——中间选民投票模型——可能是最不可取的政策选择。中间选民投票模型假设的政治环境暗示，公民完全能够通过投票控制政治议程。它还意味着，政治体制已经成功解决了困扰发达民主国家和新兴民主国家的两大故障顽疾：一是议程控制难题，二是俘获型官僚体制。在第一种情形下，中间选民投票影响政策制定的机会被限制。在第二种情形下，即使中间选民的投票具有政策影响力，但是由于监管困难和惩罚不力以及受此影响而恶化的道德风险问题，中间选民所偏好的政策也难以得到官僚体系的贯彻执行。吊诡的是，学界对于中间选民投票模型的分析主要集中在经济不平等和再分配矛盾不太突出的社会。在这些社会中，公民经济政治权力相对平等，公共政策主要依据选举制定，利益集团很难通过游说等非选举性参与方式来决定政策议程。

简言之，在控制了其他变量的前提下，一个社会的经济不平等程度越高，中间选民投票模型就越不适用。因此，中间选民投票模型的适用范围是十分有限的。作为一种理论工具，中间选民投票模型在识别民主社会多数人政策偏好方面是有用的。但是，经济不平等与再分配的政治经济学更需要明确探讨公民对经济资源的不平等性的感知及其行为博弈战略。

阿西莫格鲁和罗宾逊从民主转型角度分析了再分配政策的可行性问题。他们明确将公民在选举参与之外的博弈行为及其失败结果——如底层群体的反抗威胁以及富人精英的政变可能——纳入到中间选民投票模型所关注的税收与再分配政策分析中。在民主社会，多数穷人成为中间投票人的主体，他们掌握着设定税率的权力；而在专制社会，税率基准由富人设定。当然，穷人在专制政治下也可以选择是否要发动一场有代价的革命以剥夺富人阶层的资本存量，而此时由于富人群体无法在不给予穷人公民权的情况下制定有利于穷人的转移支付率，他们将选择是否要给予穷人公民权以推动民主转型——至少如此一来，富人阶层能够保护自身的部分资本不受剥夺。在民主政治下，富人群体则要考虑发动政变的代价，政变可以让他们获得制定低税率的权力，但是也可能引起底层革命。（Daron Acemoglu and James Robinson, 1999）

阿西莫格鲁和罗宾逊的研究还表明，即使富人阶层决定抵制民主化——因为革命的预期成本很高以至于抵消了穷人们的革命欲望，他们仍可能选择再分配以避免革命冲击。因此，在其他条件保持不变的情况下，社会经济不平等程度越高，革命对于穷人的吸引力越大，此时富人阶层承担再分配压力的意愿也越高。同时，正如1990年代巴西和萨尔瓦多的案例所证明的，民主政体的维系需要政府不时根据情况变化严格限制富人们的再分配政策偏好。(Kurt G. Weyland, 1996)

阿西莫格鲁模型详细阐述了再分配政策的可行性条件，但是忽略了另外一个相关变量的重要性。政治行动者分析，仅仅停留在再分配有助于增长这一结论层面上，却没有认识到追求再分配政策也具有促进增长的作用。即使再分配政策在政治上是可行的，但是阿西莫格鲁等人对可行性条件的分析却体现了社会政治不稳定模型的核心论点：经济不平等有损于增长。正如上文我们所分析的，一项好的案例分析，既要证明经济不平等危害增长，也要强调从长久来看，再分配政策是有益于增长的。然而，以往学界对于再分配的政治经济分析只是考察了社会政治不稳定的效应，而民主政府持续性追求再分配目标对增长的影响效应一直被忽略。学界只是在考察增长与民主关系时，间接提到了这一效应。但是，政府持续性追求再分配目标对增长产生的效应常常是直接的。因为再分配间接刺激了经济精英推翻民主统治的动机以及历史上军事政变的频繁记录，民主政府追求再分配目标的净效应常常与其更大的政治目标相悖。

另一个需要考虑的因素是再分配效应所依存的政治环境是异常复杂的。民主与专制的纯粹二元划分对于理解日常政治中经济不平等与再分配的制度效应显得十分粗糙。近年来一些后共产主义国家的经验材料就表明，经济不平等程度的提高与总统权力的扩展呈现出高度正相关关系。(Tim Frye, 2000, 引自 Andrew Reynolds) 由此可见，我们在理解经济不平等的政治效应时，应该注意考察微观制度变迁的重要性。

最后，未来研究还应该关注经济环境的复杂性。即使经济环境的复杂性可能并不会影响政体转型，但是它的因果作用也是重要的。假设富人阶层并不会支持政变,但是他们可以选择是否否决由中间选民提出来的再分配方案。我们同样也可以假设,穷人阶层不会参与推动政权变革的集体行动,但是在不同阶段,穷人和富人都会相继作出决定:穷人决定要征什么税,而富人决定要否决多少税收。我们的研究就发现,即使否决一项税收提案的成本很低,但是富人们依然愿意承担该税收提案所规定的负担(Dimitri Landa, 2000)。此问题的重要启示是,一个社会其生产收益报酬越低,再分配方案的政治可行性就越高。

上述分析对于理解经济发展与民主的因果关系可能更为重要。否决再分配方案的富人阶层人数越少,政策结果越趋近于中间选民投票偏好,民众的政治权利就更为有效,社会的民主程度也就越高。由于再分配方案的政治可行性在那些经济生产报酬更低的社会里空间更大,那么民主更容易在那些依赖生产技术的经济体中得到实现。新经典增长理论模型支持了这一论断,此模型认为国与国之间生产部门的趋同化,使得生产技术的发展越来越与 GDP 增长、民主质量的提升密不可分。

可行性再分配的报酬递减模型为我们理解民主、经济繁荣与经济不平等之间的因果关系提供了帮助。该模型的观点与巴罗关于经济不平等效应的解释非常相似:经济不平等与生产报酬递减共同决定了民主与经济增长的程度。而且,巴罗的回归分析结果证明:在不考虑生产技术的性质情况下,GDP 系数——既反映生产技术又反映经济不平等状况——要比经济不平等系数本身更为重要。所以说,民主与发展之间存在稳健的正相关性。

六、结论

自 19 世纪中期经济决定论兴起以来,社会科学家就已经认识到经济不平等在决定政治体系性质方面的重要性。本文所引述的文章详细解释了经济不平等是如何通过经济增长机制来影响民主政治的质量与稳定性以及试图为理解经济不平等、增长与民主之间的关系提供一个综合性因果解释。我们认为，一种合适的方案就是要考虑一项再分配政策是否具有政治可行性，既有文献在考察经济不平等与增长关系时或明显或隐蔽地假定它们研究的再分配政策在政治上是可行的。我们认为，不管是从经济不平等的实证研究还是从规范性的政策建议来看，这种假定都是存在问题的。对于实证研究而言，再分配政策的政治可行性是经济不平等的政治理论的内生性问题，而它却没有得到传统研究的认真对待。对于规范性的政策建议而言，这种内生性解释的缺乏可能造成结论偏颇，这危害而非有益于我们对民主巩固之原因的理解。基于此，我们提出几种方法来阐释再分配政策之政治可行性问题的重要性。

颇为讽刺的是，我们对于传统研究忽视再分配政策之政治可行性分析的补救措施竟然是重新考察经济机制的重要性。然而，这种反讽之处只是表面上的。甚至在那些政治更为透明的国家——如西方民主国家，政治过程也充满了不充分信息和逆激励等现象，使得选民在激进化的特殊利益面前难以控制政策结果。而在非制度化民主社会，不仅是政策结果而且包括民主规则的稳定，都是由私人行为主导的，这离选民控制更为遥远。在这种情况下，制定具有政治优势的政策的最大希望就是要诉诸那些受益于这些政策并为之承担代价的利益，不管这些政策是直接性的再分配政策还是得到风险控制的"冲突管理制度"的产物。为这些利益的产生提供条件可能是政治经济学对民主事业的最大贡献。**CPS**

参考文献：

Adam Przeworski and Fernando Limongi, "Modernization: Theories and Facts", in *World Politics*, No. 49, January 1997.

Alberto Alesina and Roberto Perotti, "Income Distribution, Political Instability, and Investment", in *European Economic Review*, No. 40, June 1996.

Arthur H. Meltzer and Scott F. Richard, "A Rational Theory of the Size of Government", in *Journal of Poltical Economy*, No. 89, October 1981.

Dani Rodrik, *The New Global Economy and Developing Countries: Making Openness Work*, Washington D. C.: Overseas Development Council, 1999.

Daniel M. Hausman, and Micheal S. McPherson, *Economic Analysis and Moral Philosophy*, Cambridge: Cambridge University Press, 1996.

Daron Acemoglu and James Robinson, *A Theory of Political Transitions*, Manuscript, Department of Economics, MIT, 1999.

Dietrich Rueschemeye, Evelyne H. Stephens, and John D. Stephens, *Capitalist Development and Democracy*, Chicago: University of Chicago Press, 1992.

Dimitri Landa, *Income Distribution and Democratization*, Manuscript, Department of Political Science, University of Minnesota, 2000.

Donald Robbins, *Evidence of Trade and Wages in the Developing World*, OECD Development Center Technical Papers, No. 199, December 1996.

Edward N. Muller, "Democracy, Economic Development and Income Inequality", in *American Sociological Review*, No. 53, February 1988.

Ethan Kapstein, *Sharing the Wealth: Workers and the World Economy*, New York: W. W. Norton, 1999.

Inter-American Development Bank, *Faing up to Inequality in Latin America*, Washington D. C.: Distributed by Johns Hopkins University Press for the Inter-American Development Bank, 1998.

Jack Knight, *Institutions and Social Conflict*, Cambridge University Press, 1992.

Keven W. S. Roberts, "Voting Over Income Tax Schedule", in *Journal of Economics*, No. 8, December 1977.

Kurt G. Fairyland, *Democracy Without Equality: Failures of Reform in Brazil*, Pittsburgh, Pa: University of Pittsburgh Press, 1996.

Leonard Wantchekon, "Strategic Voting in Conditions of Political Instability: The 1994 Elections in El Salvador", in *Comparative Political Studies*, Forthcoming.

Montek S. Ahluwalia, *Income Distribution and Development: Some Stylized Facts*, American Economic Review Papers and Proceedings, No. 66, 1976.

Philippe Aghion and Jeffrey G. Williamson, *Growth, Inequality and Globalization*, New York: Cambridge University Press, 1998.

Robert Barro, *Determinants of Economic Growth*, Cambridge: MIT Press, 1997.

Robert Barro, "Democracy and Growth", in *Journal of Economic Growth*, March 1996.

Robert Putnam, *Making Democracy Work: Civic Traditions in Modern Italy*, Princeton: Princeton University Press, 1993.

Roberto Perotti, "Growth, Income Distribution, and Democracy: What the Data Say", in *Journal of Economic Growth*, No. 1, June 1996.

Samuel P. Huntington, *The Third Wave: Democratization in the Last Twentieth Century*, Norman: University of Oklahoma Press, 1991.

Tim Frye, "Presidents, Parliaments, and Democracy: Insights form the Post-Communist World", in Andrew Reynolds (ed.), *Constitutional Design: Institutional Design, Conflict Management and the Democracy in the Late Twentieth Century*, Oxford: Oxford University Press, 2000.

Vito Tanzi and Ke-young Chu (eds.), *Income Distribution and High Quality Growth*, Cambridge: MIT Press, 1998.

William H. Riker, "Implications From the Disequilibrium of Majority Rule for the Study of Institution", in *American Political Science Review*, No. 53, March 1980.

Inequality, Growth and Democracy: Empirical Comparison and Theoretical Findings

Dimitri Landa   Ethan B. Kapstein

Abstract: The paper explicitly elaborates and examines the existing studies on the relationship between economic inequality, growth and democracy, concluding that a great defect of neglecting the political feasibility of redistribution policy fails to provide a comprehensive framework to understand the interpretation of inequality, growth and democracy. Thus, the author emphasizes economic inequality affects democracy politics through growth, making the positive consideration of growth and democracy not empirical and theoretical soundly. Openness policy has played a prominent role of developing the economic inequality, to some extent, which deteriorates the consolidation of democracy in the globalization era. Under different circumstances of political feasibility, redistribution policies affect differently the connection of economic inequality and democracy. To be short, democracy has more opportunity to reach its goal when redistribution policies alleviate the economic inequality, whereas the authoritarian rule comes when redistribution policies vetoed by the rich.

Keywords: Economic Inequality; Growth; Democracy; Political Feasibility of Redistribution Policy

政府与官僚机构

Comparative Politics Studies

国际比较视野下政府纵向职责体系研究

吕同舟[*]

【内容摘要】构建政府纵向职责体系是深化新一轮行政体制改革的关键环节和重要抓手。从国外实践看，美国借助联邦宪法、州宪法以及相关法律的规定对各级政府职责作出了清晰细致的划分，并以财政控制为主线来实现职责体系的有效调整；法国地方行政系统中中央派驻机构和地方自治机构并存的双轨制结构为政府纵向职责体系的运行提供了依托；日本政府纵向职责体系的调整与地方自治改革密切关联，体现为兼具制度性划分和机制性协调，并包含中央职责、地方职责与法定委托职责的结构。通过国际比较发现，权力配置制度化、职责配置异构化与调控手段柔性化是构建政府纵向职责体系的重要经验。在我国下一步改革过程中，应当尝试跳出简单的收权或放权思维、探索合理确权，同时在职责同构的整体格局中适当地嵌套某些职责的异构化配置，并在条件允许的情况下更多地采用柔性化或隐形化的调控手段。

【关键词】纵向职责体系；政府职能转变；职责同构；合理确权；权力配置制度化

---

[*] 吕同舟，上海师范大学法政学院讲师，政治学博士，主要从事政府职能转变与服务型政府建设研究、比较政治研究。

一、问题的提出

新中国成立以来,特别是改革开放以来,我国在政府职能转变领域进行了大量理论层面与实践层面的探索。这种探索对于推进行政体制改革、提高行政效能和提升国家治理能力起到了关键性的作用。但是,如果从历史梳理的角度看,自从1986年中共中央明确提出"转变政府职能"①至今,30年间年年讲"转变政府职能"却年年讲"转变政府职能不到位"。即便到了今年,中央的基本判断仍然是"简政放权等改革虽初见成效,但与人民群众的期待和经济社会发展要求相比,还有很大差距"②。当然,这种局面的出现有伴随公共事务复杂性的增加而对政府职能提出了新的要求,以及社会发展不均衡等多重因素的影响,但在更深层次的意义上看,改革未能触及以"横平竖直"为基本特征的政府纵向职责配置方式是关键症结。进一步说,伴随着市场化和分权化的推进,纵向职责配置改革明显滞后于制度环境的变化,特别是滞后于资源配置方式的变革,已成为新时期政府职能转变迟迟不能到位的根源所在,也成为呼唤构建政府纵向职责体系的重要动因。可喜的是,中共中央已经开始意识到这一问题,十七大、十八大报告中关于"健全政府职责体系"、"健全部门职责体系"的原则性提法,以及在《中共中央关于全面深化改革若干重大问题的决定》中首次对"中央政府职责"和"地方政府职责"作出区分等,都足以证明构建职责体系已经成为深化新一轮行政体制改革的关键环节和重要抓手。

在国际范围内来看,很多发达国家与转型国家在构建政府纵向职责

---

① 1986年中共中央《关于第七个五年计划的报告》中,明确提出"政府机构管理经济的职能转变"这一说法。
② 《简政放权放管结合优化服务深化行政体制改革切实转变政府职能——在全国推进简政放权放管结合职能转变工作电视电话会议上的讲话》,载《人民日报》,2015年5月15日,第2版。

体系方面作出了积极的探索,并积累了宝贵的经验;这些探索和经验有助于深化关于中国政府纵向职责体系的理论认识与改革实践。本研究以美国、法国和日本三个涵盖了联邦制与单一制的国家为例,考察其各自政府纵向职责体系的结构、运行模式及其特征,以期为构建具有中国特色的政府纵向职责体系提供可能的借鉴。

二、美国:以财政控制为主线的政府纵向职责体系

美国是实行联邦制的国家。从纵向府际结构的角度看,美国包括联邦政府、州政府和地方政府三个层级。《美国宪法》为联邦政府与各州政府的职责划分提供了制度保障,而各州政府与地方政府的职责又由各州宪法以及相关法律作出了明确的划分,从而塑造了一种权限和范围都比较清晰的职责体系。在体系运行中,联邦政府可以通过对财政工具的有效使用,在联邦制度的法律框架和预留空间之内,强化对州和地方的控制,并对纵向职责体系进行有效调整。结合行政实践来看,这种以财政控制为主线的政府纵向职责体系,能够有效提高行政效能、提升治理能力。

(一)宪法及相关法律共同塑造了纵向职责体系

《美国宪法》规定了多种类型的权力,从而制度性地对联邦政府与州政府的权力进行了划分。美国联邦制的正式宪法结构可以大致归结为四个方面:联邦政府只拥有《美国宪法》授予的权力(其所固有的外交权除外);联邦政府在其职责范围之内拥有至高无上的地位;除《美国宪法》和各州宪法规定不授予的权力之外,州政府拥有未授予联邦政府的其他一切权力;有的权力明确规定既不授予联邦政府,也不授予州政府,有的权力明确规定不授予联邦政府或不授予州政府。这一宪法结构为纵向府际关系和职责体系提供了法律辩护。

首先,宪法赋予联邦政府的权力主要有三种:授予权力(Delegated

Power)、默示权力（Implied Power）和固有权力（Inherent Power）。授予权力指的是按照宪法规定明确授予联邦政府的权力，这一部分可见宪法第一条第八款第一至十七目。① 默示权力是由授予权力推断而来，其宪法依据是"弹性条款"（Elastic Clause），即国会有权制定为执行上述各项权力和由本宪法授予合众国政府或其任何部门或官员的一切其他权力所必要的和适当的各项法律。这一条款赋予国会所有那些可以合理地推导出、但未能在宪法中予以明确表述的权力。此外，在外交领域以及在战争和国家面临严重危机期间，联邦政府拥有因为政府的存在而天然产生的权力——固有权力，即诸如宣战、缔结条约以及任命外交使节以及处理与他国事务的权力等。

其次，《美国宪法》将未授予联邦政府的一切权力都保留给了各州（Reserve for the States All Power not Granted to the National Government），而且规定这些权力只受宪法的约束。因此，这些未明确或特定地授予联邦政府的权力也被称为保留权力（Reserve Power）。例如，只有各州才有权力设立学校和地方政府、为保护人民的健康、安全和福利而立法等。

再次，《美国宪法》授予联邦政府和州政府共同享有、共同行使的权力被称为共有权力（Concurrent Power）。多数共有权力并未在宪法中作出具体说明，因此仅仅是在默示意义上的。例如，联邦政府与州政府可以对同一个项目征收同一种税收，如个人所得税，但州政府不能因为征税而给各州之间的商贸往来增加不必要的负担，也不能妨碍联邦政府行使其职权。通常来讲，共有权力以州的地理区域为边界，并局限于宪法未完全授予联邦政府的那些职能。

此外，为保证联邦制度的有效运行，《美国宪法》对联邦政府和州政府都作出了必要的限制。例如，宪法规定，联邦政府在行使其权力，特别是行使其征税和管理州际贸易的权力之时，不得给各州政府履行其职责带来实质性的损害；同时，宪法也禁止州政府与外国政府缔结条

---

① 参见〔美〕杰罗姆·巴伦、托马斯·迪恩斯：《美国宪法概论》，刘瑞祥等译，中国社会科学出版社1995年版，第313—325页。

约、禁止州政府征收进出口关税等。

基于这一权力结构，联邦政府和州政府各自应当履行的职责得到了基本确定。例如，联邦政府应当承担国防、外交、管理州际贸易、发行货币等职责，州政府应当承担管理州内贸易、建立和维护交通运输网、管理州立公园和其他娱乐及环保用地等职责；同时，联邦政府和州政府在教育、社会福利、住房补贴、卫生保健等领域进行分工合作。通俗地说，联邦政府与州政府各自要"干什么事儿"是比较清楚的。

州政府与地方政府之间的职责如何划分是由各州宪法以及相关法律加以明确的。需要注意的是，美国联邦宪法中并没有关于地方政府的明确规定，地方政府的所有权限是依据州宪法而制定的；同时，作为一个异常庞大而复杂的结构，美国地方政府体系由 3031 个县（County）、19519 个自治市（Municipality）、16360 个镇（Township）与 38266 个特别区（Special District）、12880 个学区（Independent School District），以及数以万计的准政府组织集合而成。[①] 这种特殊性与复杂性直接反映到了政府纵向职责体系当中。

整体上看，美国的州政府和地方政府关系模式主要是由"狄龙法则"（Dillon's Rule）和"地方自治"（Home Rule）这两项相互独立而又相互影响的规则来塑造的。地方自治原则植根于美国的政治、司法实践，并得到了明确的表述；地方自治的权限和范围对于 20 世纪中后期大都市地区治理产生了持续影响。而狄龙法则意味着，地方政府的权力范围仅限于州宪法明确授予的及其隐含的各项权力。狄龙法则虽然为地方政府的运作提供了制度保障，但从另一个角度看，却也限制了地方政府的权力范围。[②] 特别是伴随着社会的进一步发展而对政府提出新需求的时候，狄龙法则便成为联邦政府和州政府职能扩张的最佳依据。

在州宪法与相关法律的规定以及狄龙法则和地方自治原则的共同作

[①] 美国人口统计局公布的《2012 年度政府组织总结报告》，参见美国人口统计局官方网站：https://www.census.gov/。

[②] 张千帆：《自由的魂魄所在：美国宪法与政府体制》，中国社会科学出版社 2000 年版，第 289—304 页。

用下,地方政府的职责得到了较为清晰的配置。首先,作为州的地方分支,县是州表达、行使主权的产物,其创立无需经过所在地居民的特别请求、同意或者一致行动;县的组织机构的设置,几乎都是出于州的一般性政策需要,所涉及的领域包括地方政治组织的建立、民政的管理,以及财政、教育、救济和交通,尤其是司法行政等诸多方面;同时,县的所有权力均来自于州并直接接受州的管辖。①

其次,自治市是城市或城镇人民基于自我治理的目的而建立的政治实体。自治市的主要职责是为更集中和更稠密的人口提供公共服务。目前,绝大多数市位于县的境内,但却与县政府没有法律上的隶属关系。市政府履行的职责主要涉及城市居民的公共事务,例如治安、消防、环境卫生、公共文化娱乐设施的建设与维护等。有些人口较多的市还为居民提供部分公共福利和公共教育。

再次,镇政府主要承担的职责包括修筑街道和安装路灯、确保供水系统的安全、提供治安和消防保护、建立地方健康条例、处理垃圾、污水以及废品、征收地方税等。

此外,在美国,数量最多的地方政府单位是为了执行某种专门职能,尤其是提供某项或某几项内容相关的公共服务而设立的"特别区",其重要特点之一就是跨越了地理边界和政府边界,有时甚至超越了州界。一般情况下,一个特别区仅仅负责一项公共服务,例如垃圾处理;即便是提供一项以上公共服务的,也多是相关的项目,如供水与排水等。学区也很常见,主要负责为本区内的青少年教育筹集资金并维持公立学校体系。

(二) 财政控制成为联邦政府权力扩张的重要途径

正如前文所述,联邦宪法、州宪法以及相关法律共同塑造了一种清晰有序的政府纵向职责体系,但是这种体系并不意味着州政府以及地方

---

① 值得注意的是,一般情况下,当一个县内部建立自治市的时候,县就会大部分公共服务供给转移给市,例如自治市的警察将替代县警察。

政府可以在各自职责范围内完全不受联邦政府的控制。实际上，联邦政府与州政府之间同样存在着公共服务范围的交叉，因而需要二者的相互合作。当然，维系这种合作关系的并非是一种自上而下的强制，而是在联邦体系的制度设计和预留空间之内对财政工具的有效使用。

按照联邦宪法的规定，联邦政府拥有"为提高普遍福利而征税和拨款的权力"（Power to Tax and Spend）——这一权力为联邦政府强化对州政府以及地方政府的控制提供了现实的可能。这一事实与联邦制美国出现的集权化趋势也是一致的。简单地说，联邦政府虽然没有为了提高公众福利而立法的权力，但却拥有为此目的而征税和拨款的权力。通过这种财政控制，可以扩大联邦政府对州政府和地方政府政策的影响力，从而有效地实现联邦政府权力与职能的扩张。

总体上看，联邦政府强化对州政府和地方政府财政控制的主要方式包括以下四种：其一，联邦政府为州政府和地方政府提供更为便利的融资援助；其二，通过联邦立法来控制州政府和地方政府的相关事务，例如在奥巴马医改法案中将原本由联邦政府承担的责任和财政负担转嫁给州政府和地方政府；其三，为州政府和地方政府提供更多的财政援助；其四，指引、引导州政府和地方政府的预算政策以督促其与联邦政府保持一致等。①

从另一个方面来说，州政府和地方政府的变化也迎合了这种趋势。从州和地方政府自身来看，由于经济衰退导致财政收入大幅度下降。为了应对严重的经济危机，大部分州政府和地方政府只能通过削减教育支出、削减公务员数量、减少公立学校的开支等方式来缓解财政压力；同时，作为传统意义上实行联邦制的重要原因之一的地方之间的异质性逐渐减少，州及地方政府的事务和政策出现了较强的同质性趋势，也为联邦政府出台统一政策以解决类似问题、强化对州及地方政府的控制，乃至调整纵向职责体系提供了现实可能。

特别需要注意的是，这种权力的扩张是联邦政府结合社会经济的发

---

① 罗洋、何利辉：《美国财政联邦制的演变趋势》，载《中国财政》，2011年第6期。

展需要，借助宪法修正案、联邦最高法院的宪法解释以及联邦法律等方式加以确定的；财政联邦制的主体并未发生根本变化，州和地方仍然享有相对独立的生存空间。换言之，这种变化既保持了联邦政府的"集权"、又保持了州政府和地方政府的"分权"。这一点非常值得我国在调适纵向府际关系时参考、借鉴。

通过对美国政府纵向职责体系的结构及其运行的剖析可以发现，宪法以及相关法律，狄龙法则、地方自治等原则共同塑造了美国的纵向府际结构，并形成了划分明确、清晰有序的政府职责体系。在这样一种"各司其职、各履其责"的结构中，财政工具成为联邦政府在制度空间内扩张其权力与职能、调整纵向职责体系的关键性手段。

三、法国：以双轨并行为依托的政府纵向职责体系

法国是一个曾长期实行中央高度集权的国家。1982年《权力下放法案》的正式通过，拉开了法国分权改革的帷幕。此后三十年间，法国政府先后颁布了将近一百项法案与将近一千项法令，将不同层级政府的职责进行了较为细致、明确的划分①，从而塑造了一种有序的职责体系结构。值得注意的是，在法国的地方行政系统中，既存在代行中央政府职责的派出机构，也存在地方自治机构，从而呈现出一种双轨并行的结构性特征。结合当前的行政实践来看，法国政府纵向职责体系正是依托于这一结构而运行、演变的。

（一）双轨并行是纵向职责体系运行的重要依托

自从20世纪60年代以来，法国中央政府便开始尝试在全国范围内分散行政审批权。行政官员被派往全国并在特定的地域内代表国家来履

---

① 丁煌：《法国政府的地方分权改革及其对我国政府管理的启示》，载《法国研究》，2002年第1期。

行行政职能，以期既能够维持国家的统一、又能够提高行政效率。但是，作为府际关系改革和行政效能提升的有效探索，权力下放却无法根治中央集权的痼疾——国家行政与地方偏好的冲突，或者简单地说，就是中央利益与地方利益的冲突。中央集权体制以及权力下放改革的内生性缺陷，必然只能从体制外部进行弥补。正是在这一背景下，法国从20世纪80年代开始推行地方分权改革。地方分权，"建立于地方利益的概念上，是指区别于国家的公共团体，由民选议会自由治理，由宪法规定并受法律保障，具有法人资格、财政自主权和自身的审议与执行机关，在行政法院和审计法院的监督之下负责独立于国家的财产管理和公共服务"①。借助这一改革，地方的相对独立地位得到了保障，纵向府际关系也得到了有效调试。

"地方分权"与"权力下放"并存的局面使得法国国家领土划分出现了两种标准——前者塑造了"领土单位"的概念，作为地方自治行政的地理空间；后者则塑造了"行政区域"的概念，作为中央政府为了应对集权体制的低效率而渗透到地方所形成的地理空间。② 结合行政实践来看，地方分权形成的公共团体自治改善了单纯国家行政的僵化格局，而权力下放所形成的地方国家行政也在很大程度上弥合了地区间发展的差异。如果从一个更抽象的角度，也可以说，权力下放与地方分权的结合，反映在中央层面，表现为对集权与分权的顶层设计；反映在地方层面，则表现为一种特殊的地方制度——"地方双轨制"（也称"行政双轨制"）。

在法国，政府纵向职责体系正是依托于行政双轨制而运行的。首先，权力下放有效地推进了中央政府履责，提高了行政效能。大革命以前，法国就形成了顽固的中央集权传统。中央集权所包含的中央审批制度使得行政程序极度冗长，行政效率极其低下；同时，中央政府"眉毛

---

① Gérard Cornu, *Vocabulaire Juridique*, PUF, 2006, p. 261. 转引自王建学：《法国国内公法领土观的基本概念与借鉴》，载《太平洋学报》，2008年第9期。
② 王建学：《法国国内公法领土观的基本概念与借鉴》，载《太平洋学报》，2008年第9期。

胡子一把抓"的职责格局也给其带来了重大的行政负担。为此，中央政府开始有计划推行权力下放，在全国范围内分散行政审批权，并将行政官员派往各地代表国家履行行政管理职责。具体地说就是，地方国家行政机关的官员由中央政府委派，其行政权力由中央政府授予，并在一定的层级和范围内代表中央政府进行行政管理，从而缩短行政链条、塑造扁平的组织形态、强化管理的灵活性，进而强化中央政府履责和提高行政效能。

其次，地方分权改革为纵向职责体系提供了制度化保障。伴随地方分权改革的深化，纵向府际权力划分结构得到了固定，各级政府事权划分结构也得到了有力的保障。改革之后，地方分权团体变成了独立的公法人，其机关、组织、财政、权能均独立于中央，在此基础之上的纵向府际关系及其事权划分也就得到了规范，进而为纵向职责的有效划分和地方政府高效履责提供了基础。

最后，权力下放改革和地方分权改革的协同互补，为政府纵向职责体系的运行提供了重要依托。在这一体系中，借助地方分权改革，中央政府与地方政府的职责得到了明确的划分；同时，凡涉及中央政府职责在地方的落实，由中央政府及其派驻到地方的行政机构来完成，凡是属于地方政府的职责，则由地方各级政府来履行。这样就有效地分离了纵向府际职责，在单一制条件下有效地避免纵向府际的权力争夺或责任推诿，为职责体系的有效运行提供坚实的基础。

特别需要注意的是，在我国现行行政体制中也存在权力下放，例如中央政府驻香港和澳门特别行政区联络办公室或财政部派驻地方的财政监察专员办事处、审计署驻地方特派员办事处等，但这种权力下放显然只存在于特定的和具体的行政领域。法国则不同，其权力下放是一种普遍性的国家行政职能的下放，因而可以形成所谓"行政区域"的概念。这是二者最大的区别。

（二）法国政府纵向事权划分结构

早在1982年的《权力下放方案》中就对中央、大区、省、市镇各级政府的权限划分作出了比较明确的规定,奠定了事权划分的基本框架;随后借助一系列法案对这一框架进行了不断的补充与完善,最终形成了现有的事权划分结构。

大略地说,中央政府主要负责宏观管理和战略发展规划,主要涉及全国性或国际性事务,例如外交、国防、维护社会公平、促进农业发展和外贸发展、制定国家财税政策、提供全国性公共产品等;大区主导国家在地方发展的命脉,主要负责执行国家的中长期计划、促进本区经济开发与发展、支持本区所辖省及市镇的经济活动及中小企业和私人企业的发展、协助国家推行领土整治政策、分配和使用国家调拨的财政经费、高中的设立、维护与管理、调整大区的地方公共投资和工商旅游各行业分布等;省级政府的事权则主要是制定城镇规划、管理省内的公共运输和港口、主持各种社会救济机构、管理社会医疗和社会保险费用、负责社会救助和社会福利、制定和资助农村领土整治规划以及乡村设施的建造与维修、初中的建造与维护、职业学校管理、讨论并分配中央调拨的经费等;作为最基层的行政单位,市镇负责与居民直接相关的事务,例如市镇规划、管理公共财产和公共工程、提供地方公共服务、市镇医院的管理、小学的建设与维护等。[①]

特别值得注意的是,分权改革不仅改变了地方自治的运作逻辑,也内在地影响着国家行政的运作方式。在"决策就近原则"的影响下,国家行政自身的性质和职能进行了重新界定,中央国家行政与地方国家行政的职责也得到了重新梳理。[②] 具体地说,中央国家行政主要承担着决策的制定、评估、协调职责,相应地地方国家行政则承担着大量的政策执行和管理实务。这一划分有效地实现了国家行政职责在中央和地方之间的重理,既充分发挥了中央的作用,减轻了大量日常政策执行带来的负担,使其能够将重心放到涉及国计民生的宏观问题上,同时又强化了地方的作用,充实了地方的服务能力。在职责重理的基础上,行政体系

---

① 熊伟主编:《政府间财政关系的法律调整》,法律出版社 2010 年版,第 259—260 页。
② John Loughlin, *Subnational Government: The French Experience*, London: Palgrave Macmillan, 2007, pp. 170–174.

和政府职责体系得到了进一步优化,并产出了更高的行政效能和更好的公共服务。

四、日本：以分权改革为支撑的政府纵向职责体系

作为单一制国家的日本,实行的是中央与地方相对分权的地方自治。日本地方自治始于明治维新,并嵌套于日本近现代发展进程之中。伴随着地方自治改革的不断推进,政府纵向职责体系也经历了长期的调适与演变,并最终形成了当前这样一种兼具制度性划分和机制性协调、包含中央职责、地方职责与法定委托职责在内的政府纵向职责体系。

（一）地方分权改革与职责体系调整

自从1921年废除郡制度以来,日本就采取了"都道府县—市町村"二重体制。这种二重政府体系是日本独具特色的地方自治模式的产物,一方面满足了对统一性和稳定性的需求,另一方面也满足了对广域行政的需求。都道府县是介于国家和市町村之间地域较为广阔的地方公共团体；实际上,它们属于同级行政区划单位,仅仅由于历史习惯沿袭而导致称谓不同,但在组织和职能上基本没有本质差别。市町村是设在都道府县内的地方自治组织,但与都道府县并不存在行政隶属关系,二者在法律规定的范围内各自履行职责。从数量上看,在都道府县这一级共有1都、1道、2府和43县；在市町村这一级共有782个市、827个町、195个村和23个特别区,共计1827个单位。①

早在明治维新时期,日本就开始实行地方自治制度。当然,囿于历史条件和现实环境,当时的地方制度并不注重地方社会的自主性,官吏又主要由中央政府选任而非地方选举,加之地方自治未得到宪法的有效

---

① 〔日〕礒崎初仁、金井利之、伊藤正次：《日本地方自治》,张青松译,社会科学文献出版社2010年版,第3页。

保护,导致日本近代地方自治仍然"虚有其表"。"二战"以后,日本参考欧美模式,在《宪法》和《地方自治法》的基础上,逐渐形成一系列关于地方自治的法律文本,从而将地方自治体的组织和管理根本性地纳入了法制轨道,在实践中塑造了富有特色的地方自治制度框架。从当时的制度设计上看,都道府县以及市町村均设有地方自治政府,享有地方自治权,仅仅接受中央政府给予的必要指导。然而,在实践中,中央与地方仍然表现出实质性的领导与被领导关系,例如中央政府将其官员派往地方自治体任职以强化对地方自治体的控制;[①] 同时,地方还承担着大量的机关委任事务,加之中央与地方在财政能力上的严重不均衡[②],导致日本地方自治出现了"三分自治"的局面。

这一局面反映到政府纵向职责体系中,表现为虽然当时的法律划定了纵向府际职责结构,但由于中央政府可以通过"机关委任事务"将很多职责"向下推"给地方政府,从而给地方政府造成了巨大的压力,并在很大程度上导致权责不一致、体系混乱等情况的出现。这些问题一直到 20 世纪 90 年代以后才得到有效的解决。

1994 年 12 月,村山内阁制定《关于推进地方分权的大纲方针》,确立了地方分权改革的基本框架和方向;1995 年 5 月,《地方分权推进法》出台;在此基础上,1999 年 7 月《地方分权一览法》颁布并于 2000 年 4 月起实施。自此,日本地方自治开启了新的阶段。

结合纵向职责体系和行政实践来看,这一阶段的改革主要带来了两个方面的突破:其一,机关委任事务制度被废除了。在此次分权改革之前,机关委任事务占到了都道府县事务的 70%—80%、市町村事务的 30%—40%。这一制度导致中央和地方之间形成事实上的上下、主从关系。此次改革将以往的机关委任事务,除了极其例外的以及由国家直接

---

① 林良亮:《渐进式的地方自治改革——日本地方自治制度的发展及其对中国的启示》,载《行政法论丛》,2009 年第 1 期。
② 根据自治省的估算,1997 年度全国 3300 个地方自治体的总支出为 87 万亿日元,比中央政府一般会计支出还要多 10 万亿日元;但是,地方自治体征收的地方税只有 37 万亿日元,不到其财政开支的 40%。参见杜创国:《日本地方自治及其地方分权改革》,载《中国行政管理》,2007 年第 4 期。

执行的事务外，都分割为自治体的自治事务和法定委托事务，从而极大地扩展了自治体可自行决策的领域，提高了纵向职责体系的制度化、规范化。

其二，干预实现了规则化。改革之前各省厅为了执行机关委任事务，可以通过下发省令、通知、通告等方式，对自治体进行各种建议、劝告或指导；主管大臣也拥有综合性的指挥监督权。这一局面在分权改革后得到了显著改观。在新时期，国家的干预实现了规范化，即必须遵循法定主义、一般法主义和公正透明三项原则。同时，为了督促国家遵守这些原则，日本还设立了国家和地方诉讼处理制度加以保障。[1]

简单地说，伴随着地方自治的规范化、制度化，中央与地方各级政府之间的权力配置和职责关系也得到了有效调适，初步形成了一个划分明确、分工合作、协调运行的纵向职责体系。

（二）当前政府纵向职责配置结构

当前，日本政府纵向职责体系可以大致从制度性划分和机制性协调两个方面来进行论述——前者实现了职责法定，原则地划定了中央和地方的职责范围；后者则试图协调处理各级政府在履行职责过程中可能出现的争议状况，从而维护纵向职责体系的稳定和高效运行。

在制度性划分方面，首先由中央以通用法律的形式例举中央和地方的职责，例如《日本国宪法》中就规定了中央和地方的职责关系原则和地方政府职责的大致范围，然后借助《地方自治法》、《地方分权一览法》等法案专门地加以细化。大略地看，凡关系到国家根本利益的国计民生的重大事项——如军事、国防、外交、司法、国立教育、医疗等，均属于中央的职责，而相对应地，地方承担的事务主要包括公共事务即地方公共团体可以自主处理的基本事务、团体委任事务即中央和其他公共团体委托给地方政府的事务以及行政事务即从保障居民基本福利的角

---

[1] 〔日〕礒崎初仁、金井利之、伊藤正次：《日本地方自治》，张青松译，社会科学文献出版社2010年版，第25—35页。

度出发承担的一些职责。

在机制性协调方面，主要是设立规范化、程序化的协调机制，来处理各级政府在履行职责过程中出现的争议状况。事实上，完全不受国家干预的自治体是不存在的，但是国家干预必须筑基于法治原则之上。为了贯彻这种原则，特别是在当事人之间出现利益冲突或违反规则的时候，由中立的第三方机构来加以处理就显得尤为重要。在日本的行政实践中，主要形成了由纠纷处理委员会进行纠纷处理的机制和法院诉求机制这两种重要的协调机制。① 这一点非常值得借鉴。

特别值得注意的是，2000年的分权改革废除了机关委任事务制度，有效地推动了政府纵向职责体系的结构性调整。机关委任事务制度被废除后，原有的事务按照功能、性质分成了存续事务、国家直接执行事务以及废除事务三类。其中，存续事务继续留存，但性质发生了改变，即不再以"机关委任"的方式出现，而将一部分调整为自治事务——如都市计划的决定、土地改良区的设立认可、饮食店营业的许可、医院药店的开设许可等，另一部分则上升为法定委托事务——如国政选举、护照交付、国家指定统计、国道管理等。部分机关委任事务调整为国家直接执行的事务，如国家公园的管理、根据驻军用地特别法代行对土地相关文件签字盖章等事务、劳务者的劳务管理事务以及规定由地方事务官开展的事务等。另外，国民养老金的印花检验事务、外国人身份证、复制件之间的递送事务等都被废除了。②

五、总结与启示

前文已经对美国、法国和日本三国的政府纵向职责配置以及体系运

---

① 〔日〕西尾胜：《日本地方分权改革》，张青松、刁榴译，社会科学文献出版社2013年版，第48页。
② 〔日〕山谷成夫、川村毅：《自治体职员研究讲座——地方自治制度、地方公务员制度、地方财政制度》，东京学阳书房2006年版，第53页。转引自〔日〕礒崎初仁、金井利之、伊藤正次：《日本地方自治》，张青松译，社会科学文献出版社2010年版，第29页。

行进行了细致的描述。虽然由于政治体制以及行政环境、历史文化的殊异,各国政府纵向职责体系各有特点,但在国际比较的视野中审视,还是可以发现一些共同的规律。这些规律对于我国构建政府纵向职责体系、推进国家治理现代化可能起到有益的参考作用。

第一,权力配置制度化。从三个国家的发展经验看,美国借助联邦宪法和州宪法以及相关法律将纵向府际权力配置格局固定下来,法国和日本则通过地方分权改革实现中央与地方权力配置的制度化。简单地说,某项权力归属于何级政府是相对确定的,并得到法律的切实保障;在此基础上实现事权划分法制化和职责法定,进而为行政体系的运转与职责体系的运行提供有效支撑。反观我国,长期以来,我国在纵向府际关系改革中秉承着"收权"、"放权"的思维模式。这种思维模式虽然便于操作,但却制度性地蕴含着不稳定性。同时,在这种或收或放的思维模式下,中央会习惯性地将"触角"向下延伸,而地方也容易习惯性地"服从"中央,进而固化当前这样一种从中央到地方都干着"类似的事儿"的职责同构格局。因此,在未来改革的过程中,应当尝试考虑跳出简单的集分或收放的思维,探索合理确权,逐步实现权力配置制度化,进而形成事权、财权的有效配置格局,从而切实为职能转变和职责体系建构以及各项体制、机制改革提供制度保障。

第二,职责配置异构化。从纵向上看,三个国家均实行职责异构模式,即对从中央到地方不同层级政府的职责作出清晰明确的划分。美国宪法就明确规定了联邦政府与州政府的职责划分,法国和日本则通过地方分权改革逐步将更多的权力与职责授予地方政府;在地方(州)政府履行这些职责的时候,中央(联邦)政府不会进行输入性的实质领导与指挥,而代之以必要的监督与控制。大体地看,那些涉及国计民生的重大事项以及与国民生活相关的基本公共服务由中央统一管理或提供,而与居民密切相关的大部分行政事务则由地方负责。或者简单地说,越在高层级政府,其管理事务就越为宏观,主要集中于全国性事务的宏观调控;越在低层级政府,其管理事务就越为微观,主要集中于为居民提供必要的公共服务。具体到我国的情况看,由于自身体制与发展的特殊性,实行完全的职责异构模式虽然并不恰当,但是在"同构"的整体格局中适当地嵌套一些"异构",例如在某些类别的职责配置上打破同构型结构完全是可能的。当然,这一点还需要实践的进一步检验。

第三,调控手段柔性化。正如古德诺所言,"地方政治共同体要与国家(州)的利益保持适当的关系,就不能完全不受国家(州)的控制;如果完全不受国家(州)的控制,就会导致国家(州)的分裂。"[①] 为了维护国家主权的完整,任何国家的全国性政府都必须对区域性政府施加一定的监督与控制。但是,如何来施加这种作用就是一个颇具艺术性的问题了。从国外经验来看,中央政府已经越来越少地运用类似于行政命令的刚性措施,而是采用一些柔性化的手段,来实现对地方的影响。例如,美国联邦政府正是通过对财政工具的巧妙使用,来控制州政府和地方政府的行政行为,实现联邦政府的意志;又如,日本中央政府设立了专门的纠纷处理委员会来协调各级政府在履行职责过程中出现的争议,从而实现中央政府对地方的监督与调控。就我国而言,长期以来习惯于采用由上至下的、行政命令式的刚性管控方式。这种方式虽然高效便捷,但无疑容易限制地方政府的自主性与活力,同时也可能损害体系的稳定性与权威性。结合国外经验和我国实际来看,在未来改革过程中,在条件允许的情况下,应当更多地采用柔性化或隐形化的调控方式,以便提高系统的效率与适应性。

当然,由于各国在政治、经济、文化、地理等方面情况各不相同,而我国当前又正处于现代化与后现代化相交织的异常复杂的历史情境中,加之很多理论与实践问题还存在亟待解决的难点,我国政府纵向职责体系的理论研究与实践探索还需要进一步深化、细化、具体化。

---

① 〔美〕弗兰克·古德诺:《政治与行政》,王元译,华夏出版社1987年版,第33页。

An International Comparative Research on the System of Governmental Vertical Responsibilities

LV Tongzhou

Abstract: Building the system of governmental vertical responsibilities is the key to deepen the administrative system reform. In international comparative perspective, The United States makes a clear division of responsibility at different levels of government with the federal constitution, the state constitution and relevant laws, and adjust the system by the financial control. The two-tier structure of the central resident agencies and local autonomous organizations in France supports the run of the governmental vertical responsibility system. The adjustment of the Japanese governmental vertical responsibility system is closely associated with the reform of local autonomy. Through the international comparison, there are three common rules: The institutionalization of authority allocation, the isomerization of responsibility allocation and the flexibility of control. In the future reform in our country, these measures, such as exploring the reasonable confirmation of right, nesting isomerization allocation of certain responsibilities in the pattern of isomorphic responsibility and adopting the flexible or invisible means of regulation if conditions allow.

Keywords: Vertical Responsibilities System; Transformation of Government Functions; Isomorphic Responsibility; Reasonable Confirmation of Right; Institutionalization of Authority Allocation

美国宪政中的分立政府问题

张 君[*]

【内容摘要】 本文主要关注美国宪政设计中的立法—行政关系，梳理了这种关系下容易出现的分立政府问题。分立政府缘起于立法与行政部门的选举活动由不同的政党获胜，立法权与行政权属于不同的政党。对分立政府的成因，大致可以从行为因素、制度因素和文化因素三个层面进行探究。至于分立政府的可能性影响，本文着重从法案制定、政策延续性、总体经济表现与财政赤字、国防与外交政策、国会行使监督权等五个方面进行了辨析。

【关键词】 分权；制衡；总统制；分立政府；一致政府

众所周知，《联邦党人文集》是为美国1787年宪法全面辩护而写就的论战文集，作为主要执笔人之一的汉密尔顿在第一篇论文中提出了一个令人深思的永恒话题："人类社会是否真正能够通过深思熟虑和自由选择来建立一个良好的政府，还是他们永远注定要靠机遇和强力来决定

---

[*] 张君：中国社会科学院人事教育局助理研究员，中国社会科学院研究生院政治学理论专业博士研究生。

他们的政治组织。"① 从人类社会历史进程的主流来看，答案似乎是毋庸置疑的，那就是人类社会只能靠"机遇和强力"被动地进入政治社会状态，其间并无理性设计和自由意志的发挥空间。然而，在200多年前，在新英格兰乡镇自治制度基础上，美国人民凭借"深思熟虑和自由选择"建立起一个强大的联邦政府，将分权和制衡原则贯彻始终，形成了一整套立体的分权制衡机制：从横向来看，立法、行政、司法三权完全分立，相互制衡；从纵向来看，联邦与州之间也实行相对明确的权限划分，彼此制约。正如英国学者维尔所指出的，美国的政治体系是"人的智能有意识地创造出来的……是名副其实的人工产物"②。美国1787年宪法明确规定，立法权全属于美国国会，行政权赋予美国总统所有，司法权属于美国最高法院和由国会随时下令设立的次级法院。在这种横向分权体制中，立法与行政的关系一直是西方宪政研究所关注的热门话题，对其的深入探讨理应首先放在具体的宪政体制类型中进行考虑。当然，除宪政设计规范约束着立法—行政关系外，宪政实践中的政治运作、权力运行也在充实丰富着立法—行政互动的具体形态。

一、美国宪政设计中的立法—行政关系

一般来说，宪政体制的分类依据主要是议会、国家元首和政府首脑三者之间的民意基础、权力安排以及负责方式等因素，学界通常将其分为议会制、总统制和半总统制三种宪政类型。就美国来说，其实行的是最典型的总统制（Presidentialism），它指的是议会和总统在宪法文本和政治实践上权力分立，由选民分别选举产生，总统既是国家元首又是政府首脑的政治体制。对于这种总统制中的立法—行政关系，安德鲁·海伍

---

① 〔美〕汉密尔顿、杰伊、麦迪逊：《联邦党人文集》，程逢如、在汉、舒逊译，商务印书馆1980年版，第3页。
② 转引自施雪华：《不断自我调适中的美国政治体制》，载《江汉论坛》，2013年第7期。

德将其概述为：立法与行政部门各自单独选举产生，均被赋予一系列独立的宪法权力；立法与行政部门之间存在着人事上的正式分离；行政部门在宪法上不对立法部门负责，总统也不能解散立法部门，二者选举期限固定；总统具有行政权，集国家元首与政府首脑双重身份于一身。①由此可见，总统制严格遵循分权制衡原则，强调立法与行政部门的制约平衡，凸显的是立法权与行政权的分立而非融合。

在现实的政治过程中，美国立法与行政部门一直处于动态的博弈之中，二者的权力关系随着时局变化呈现出一定的"钟摆现象"。总体来看，从建国初期一直到20世纪30年代，美国国会一直是权力的重心所在，但是总统及其行政部门的权力不断在扩张。尤其是和平时期，国会的核心地位更为凸显，总统及行政部门的权力受到比较严格的制约。20世纪三四十年代，富兰克林·罗斯福利用应对经济危机和"二战"的历史性机遇，大大扩张总统及行政部门的权力，与之相应，国会权力呈现萎缩态势。"二战"后，随着美国更广泛地介入国际事务，总统及行政部门的权力进一步扩大，已然成为国家权力的重心。②在美国的立法—行政关系中，二者并非一直处于和谐互动中，其间不乏僵持与紧张。在政党政治背景下，美国这种总统制政体中的立法—行政关系可能遭遇的主要问题是分立政府问题。由于国会两院和总统均由选民直接选出，因此二者有着大致相当的民意基础。如果均由同一政党掌控，那么立法权与行政权的互动相对更为和谐（当然也不排除例外，如1977—1981年卡特总统任职期间，两大分支由同一政党掌控却仍陷入僵局）。③相反，如果立法与行政部门由不同政党分别掌控，那么就产生了分立政府问题，此时立法与行政部门之间形成政治僵局的可能性相对来说就变得大得多，甚至有可能导致政府停摆。据统计，自里根总统以来，美国联邦政府所有的停摆都

---

① 〔英〕安德鲁·海伍德：《政治学核心概念》，吴勇译，天津人民出版社2008年版，第222—223页。在议会制政体中，国家元首与政府首脑是相互分离，即便国家元首是一位总统，其也是非行政的。

② 施雪华：《不断自我调适中的美国政治体制》，载《江汉论坛》，2013年第7期。

③ 〔英〕安德鲁·海伍德：《政治学核心概念》，吴勇译，天津人民出版社2008年版，第224页。

发生于分立政府时期，政府停摆俨然成为两党斗法的工具。①

二、分立政府的概念

当前，世界上绝大多数国家都有政党存在，都在不同程度上依靠政党来实施政治运作。在政党政治背景下，如果政府首脑所属的政党与立法部门的多数党不同，那么立法与行政部门的这种结构形态就可称为分立政府（divided government）。在议会制国家中，政府首脑必须获得立法部门多数席位支持，对立法部门负责，如果未能通过立法部门信任投票，就必须提出辞职。② 因此，一般认为，分立政府只可能发生在美国式的总统制国家或法国式的双首长制（two-headed executive）国家，而不会出现在实行议会制的国家中。在总统制国家中，各政党通过参与立法部门和政府首脑的竞选活动来争夺政策制定权，如果某一政党或政党联盟在这两种竞选活动中同时获胜，此时立法与行政部门的结构形态可称作一致政府（unified government），该政党或政党联盟就能成为立法与行政部门之间行之有效的沟通枢纽，推动着政治机器的有效运转；而竞选失败的政党就成为在野党，扮演监督执政党的角色，为下一次的选举做准备。如果立法部门和政府首脑的竞选活动为不同的政党或政党联盟获胜，那么就将进入分立政府时期，相对来说单一政党或政党联盟很难有效协调立法与行政部门之间的关系，二者如果产生大的分歧就很可能变得不太容易解决。

分立政府概念应置于立法与行政部门之间的结构形态中来加以理解。在实行一院制（unicameralism）的政体中，分立政府产生的前提是政府首脑所在的政党或政党联盟没有掌握该国议会的多数议席。在实行两

---

① 蒋旭峰：《从政府停摆周期看美国两党如何斗法》，http://news.xinhuanet.com/world/2013-10/19/c_117786277.htm。

② 当然，也有可能出现少数党政府。比如，英国1974年2月大选后，没有政党获得下议院的多数席位，其中工党赢得了最多的席位，由其组成了少数党政府。

院制（bicameralism）的政体中，如果组成议会的两个议院都有实质性的立法权（如美国参众两院），那么只要其中一个议院的多数议席没有为政府首脑所属的政党掌握，我们就可以将其称为分立政府形态。[①] 2014年美国中期选举后，共和党不仅保住众议院多数席位，而且重新获得参议院多数席位。这样一来，自2007年以来美国参众两院首次由单一政党掌握，分立政府状态更为严重，奥巴马政府未来两年的政治决策可能因此陷入更为低效的状态。

分立政府并非美国政府新近才出现的一种政治现象，它最早大致可追溯至1843年，当时的总统约翰·泰勒及参议院的多数议席均属于辉格党，但众议院的多数议席却属于民主党。"二战"结束后，分立政府持续时间在联邦政府层面上以绝对优势压倒了一致政府，从1946年到2016年的70年中，分立政府占到了46年（非常接近2/3）[②]，一致政府仅占24年。分立政府形态不仅在美国联邦政府层级有着显著而持续的表现，而且其在地方政府层级所占的比例也越来越大。根据莫里斯·菲奥里纳（Morris P. Fiorina）的研究，在1946年到1990年期间，一致性州政府的比例呈现出明显的下降趋势，而州长和州议会分属于不同政党掌控的情况越来越多，在1988年之后甚至约有75%的州政府是分立政府形态。[③]

三、分立政府的成因

现实中的分立政府现象，成因往往非常复杂，与其说是由某一种单一因素所造成，不如说它很可能是在多种因素的共同作用下产生并渐趋

[①] 吴重礼：《美国分立政府运作的争议：以公共行政与政策为例》，载《欧美研究》，2002年第32卷第2期，第271—316页。

[②] 2014年美国中期选举结果是，美国共和党既保住了众议院多数席位，也重新获得了参议院多数席位，因此一直到2016年美国仍将维持分立政府状态。

[③] 参见吴重礼：《美国分立性政府与一致性政府体制运作之比较与评析》，载《政治科学论丛》，1998年第9期，第61—90页。

频繁的。这些因素大致可分作行为因素、制度因素和文化因素三部分：行为因素主要指涉选民行为；制度因素可细分为三类，即：宪政制度、选举制度以及政党制度；文化因素是指社会上多数成员共享的一套政治态度、信仰和情感。

从选民行为方面来讲，分裂投票行为一直被学界视为分立政府形成的关键要素。分裂投票行为是指，在同一时期举行的不同选举中，选民采取两边下注的方式，将选票分别投给属于不同政党的行政首长与议员候选人。与之相对应，一致投票（straight-ticket voting）行为是指，在同期举行的不同选举中，选民将选票投给属于同一政党的行政首长与议员候选人。立法部门与行政部门之间的结构形态，在很大程度上就是由选民群体大规模的分裂投票或一致投票行为所造成的。正是基于此原因，不少学者在研究分立政府过程中转向测量分裂投票的量化指标。奥恩斯坦（Ornstein）、曼恩（Mann）和麦尔宾（Malbin）就曾对20世纪以来的美国众议院议员选举情况进行统计。结果显示，1944年之前美国众议员选区分裂选票的比例基本上低于20%，而自1948年以来众议院选区分裂投票的比例有了明显的上升趋势，在1972年和1984年甚至达到了44%左右。[1] 对于选民的分裂投票行为，目前的研究主要有这么几种解释：一是选民的独立性增强，在不同选举中有着不同的偏好，这些偏好间本身就是矛盾的；二是选民在总统和立法选举中持有分摊赌注心态，采取"对冲"方式期待政党获胜后的政治表现；三是基于选区划分不同，选民在不同的选举中有着不同的利益考量，在选择议员时对当地利益有更多的考虑。

就宪政制度来说，很多学者认为，美国权力分立制衡的宪政架构是分立政府的主要肇因。在总统制中，行政权与立法权是完全分立的，二者都有独立的民意基础。这种二元选举所带来的二元民主正当性，导致总统制潜在地具有造成分立政府形态的可能性。一旦这两种权力为不同

---

[1] Robert Elgie, *Divided Government in Comparative Perspective*, Oxford University Press, 2001, pp. 5 – 7.

的政党获得，政府的分立状态就变得不可避免。另外，由于美国实行的是两院制，将立法部门分为参议院和众议院，二者在地位和权力上是同等的，使用"不同的选举方式和不同的行动原则"相互制约，共同行使立法权。① 这样，只要总统所属的政党没有掌控两院中的一个，那么就已经是"弱分立"政府形态了；如果总统所属的政党在两院中都没有占多数席位，那么就形成了"强分立"政府形态。因此，从概率上来讲，美国两院制使得分立政府出现的可能性进一步提高。

在选举制度方面，总统与议员的选举在选举规则、选举周期以及选举性质层面上的差异都会对分立政府的出现产生显著的影响。在选举规则层面上，由于总统制政体中，总统与立法部门都要经过选举产生，选举制度的设计对总统候选人的人数、国会的结构与生态、政府的组成以及政党发展都有密切关系，不同的选举制度会产生不同政治格局，进而影响到分立政府出现的概率。比如，分立政府的形成，其选举制度必须是两票制的国家，选民一票选总统、一票选国会议员，当他们在投票时选择"分裂投票"，选出分属不同政党的总统与国会议员，分立政府就产生了。在选举周期层面，可分为总统与立法部门的同时选举与不同时选举。通常来说，在总统与立法部门的同时选举中，得票领先的总统候选人所在的政党更有可能多获得一些立法席位，一致政府出现的可能性更大。而当总统上任较长一段时间后，如果总统的声望下跌或施政表现不理想，其民意支持率必然下降，此时的立法选举就对总统所属的执政党较为不利，选民更倾向于将选票投给另一个政党，形成所谓的"钟摆效应"，分立政府也就更容易出现。在选举性质层面，由于总统选举是全国单一选区，而立法选举的单元是众多的、区域性的，因此，总统候选人与议员候选人为了实现各自的选举目标，必然会有不同的竞选理念与议题立场，二者将来制定政策的出发点与目标也必然存在差异，在这

---

① 在美国建国之父乔治·华盛顿和托马斯·杰斐逊之间，曾有过一段"杯碟"对话。在前者看来，如果众议院是热咖啡，那么参议院就是咖啡碟，能够稍微冷却一下众议院的提案。参见蒋旭峰：《经济舞台上的美国国会"杯碟"之争》，http://news.xinhuanet.com/world/2011-12/27/c_111315293.htm。

种前提下，选民根据自身的倾向与利益考虑，很容易投票促成分立政府的出现。①

从政党制度来看，一般来说，影响选民投票行为的主要因素包括政党认同、候选人取向和议题立场。其中。"政党认同"是选民在心理上对某一政党的归属感或忠诚感，它是影响投票行为的较为长期而稳定的因素，一旦形成后便不容易改变。因此，政党认同被认为是造成选民分裂投票、进而形成分立政府的主因之一。20世纪60年代以来，随着政党对选民影响力的降低，美国选民的政党认同投票取向逐渐走弱，独立选民人数逐渐增加。据统计，在1952年到1992年的40年间，特别是1964年美国大选后，认同同一政党的人数下降了13%，自称是独立选民的人数增加了16%。② 2009年以来，独立选民的比重既超过了共和党，也超过了民主党，占美国民众的45%。③ 这种日渐增多的独立选民，往往以候选人形象、政党的具体议题立场为投票取向，正是这种短期因素对美国选举的影响变得越来越大，导致了分裂投票现象变得越来越普遍。④

就文化因素来说，美国社会从一开始就对政府怀着警惕之心，对权力深深不信任，认为政府的存在只是一种"必要的恶"。以"五月花号"为代表的北美移民对欧洲传统，特别是英国君主制有着深切的感受，他们对不受限制的权力一直持有怀疑甚至恐惧的态度。因此，《联邦党人文集》认为，要防止把权力集中于同一部门，提出"野心必须用野心来对抗"。另外，在1787年制宪会议之前，美国各州已经把孟德斯鸠的三权分立学说运用到实践中，建立起尚不完备的三权分立体制。这样一

---

① 冯美瑜：《"分立政府"之形成与运作——美国、法国第五共和与中华民国比较研究》，台北中国文化大学博士学位论文，2004年，第60—72页。
② 转引自张业亮：《美国2006年中期选举及其对美内政外交的影响》，载《美国研究》，2007年第1期。
③ 转引自王绍光：《序剖析美国两党制》，见赵忆宁：《探访美国政党政治：美国两党精英访谈》，中国人民大学出版社2014年版。
④ 张华：《浅析台湾地区领导人选举选民投票行为的政党认同取向》，载《台湾研究》，2009年第3期。

来，美国社会逐渐形成了一种共识，即：只有相互制衡的分立性权力才不至于成为自由的枷锁。对此，孟德斯鸠曾补充解释："立法权和行政权如果集中在一个人或一个机构的手中，自由便不复存在。"① 正是在这种宪政精神的熏染下，美国选民自觉不自觉地会把选票投给不同的政党，造成分立政府的局面。

四、分立政府运作的可能影响

一般来说，在一致政府格局下，立法与行政部门借助执政党这一桥梁，相对来说能够进行更为有效的沟通与协调，从而有助于提高政治运作的效率；反之，在分立政府形态下，立法与行政之间沟通协作的难度有所提升，二者产生矛盾的可能性更大一些，严重时甚至导致政治运作僵局的出现。当然，这只是对一致政府与分立政府情况的粗略概述。在查尔斯·琼斯（Charles O. Jones）看来，美国政府并非仅在一致政府形态之下才能运作良好，即便在分立政府情况下，双方如果能够共享一些基本共识，通过不同形式的政党合作，也能在分立政府时期维持良好的互动关系。② 对于美国分立政府运作的可能性影响，可以考虑着重从以下几个方面进行探讨：

第一，法案制定方面。立法与行政部门之间的形态，在一定程度上影响着美国的法案制定情况，可以视作影响政治运作的重要因素之一。但与之相比，整个社会的分裂程度、政党政治的"极化"状态是更为重要、更为根本的决定因素。在美国社会矛盾缓和、两党关系相对良好时，分立政府与一致政府对于法案制定的影响来说并无明显差异。爱德华、巴雷特和培克考察了1947年至1992年之间美国国会对于总统已表明立场的重要法案的表决情况，发现分立政府与重要法案是否通过并无

---

① ［法］孟德斯鸠：《论法的精神》，许明龙译，商务印书馆2012年版，第186页。
② 冯美瑜：《"分立政府"之形成与运作——美国、法国第五共和与中华民国比较研究》，台北中国文化大学博士学位论文，2004年，第85页。

明显关联。当然,在更为重要的立法方面,分立政府对法案通过数量的影响就有所凸显。豪厄尔、阿德勒等通过对美国1945年至1994年立法情况的研究,认为该时期内分立政府在里程碑式立法(landmark legislation)输出方面比一致政府要少大约30%。[①] 在法案质量上,一方面社会上对于优劣高低缺乏比较客观的界定,另一方面分立政府制定的法案质量未必就比一致政府的差。在一致政府中,立法与行政由同一政党主导,政策输出往往更多的体现的是行政部门的立法需求,这样立法过程就相对缺乏必要的制衡监督,法案质量未必很高。而在分立政府中,两党之间互相掣肘、彼此监督,因此如果法案缺乏必要的合理性,仅仅反映某一党派或者某些利益集团的利益,这样的法案很难在国会通过,相反那些属于价值共识如降低犯罪或促进经济增长等的法案更容易获得通过。

第二,政策延续性方面。在民主社会中,政策制定不仅仅是执政党政治纲领的体现,很多时候它也是对时代背景、社会大环境、选民整体诉求的反映。在时代背景转换或者社会大环境有明显改变时,无论哪一政党执政,无论政府是分立还是一致形态,都必须在政策制定时对此有所考虑,比如冷战初期美国对华政策以及两党反共反民主的各种活动等。在国内外环境比较稳定时,因为有执政党的党纲作为政策制定的基础,一致政府之下政策制定相对来说更有延续性;分立政府则由于立法与行政的两元对峙,其政策制定往往是相互妥协的结果,带有比较大的偶然性,连贯性往往弱一些。

第三,在总体经济表现与财政赤字方面。概括而言,一致政府由于意识形态的同一性以及政治责任更明确,所以执行的政策延续性更好,总体经济表现更有可能达到原本设定的目标。当然,与其说政府的总体经济表现因一致性或分立性的府会形态而有明显的差异,倒不如说其与该国经济所处发展阶段、世界经济形势等更为相关。另外,正是因为分立政府容易引发行政与立法的僵局,导致财政支出规模变化相对更小,

---

[①] William Howell, Scott Adler, Charles Cameron, Charles Riemann, "Divided Government and the Legislative Productivity of Congress, 1945 – 1994", in *Legislative Studies Quarterly*, Vol. 25, No. 2, May 2000, pp. 285 – 312.

反而使得财政赤字能够得到控制。比如1977年至1996年间，美国政府关门累计达17次，均是因为政府财政预算在国会通不过。① 再比如说，社会福利制度的推动需要行政与立法的相互协作，分立政府很难达成有关社会资源再分配的政策，奥巴马力推的医保改革法案持续遭到国会共和党人的坚决阻挠。

第四，在国防与外交政策方面。国防与外交政策往往极具争议，不管行政权与立法权是否分属于不同的政党，国防与外交政策的制定都会时常遭遇掣肘。换言之，分立政府未必不利于国防与外交政策的制定，而一致政府亦有可能极力阻挠国防与外交政策的输出，例如1951年至1952年之间民主党掌控的参议院对杜鲁门政府所持的中国政策的抨击。

第五，在国会使用监督权方面。立法对行政部门的监督是立法部门的职责所在，这种监督在很多情形下属于符合宪政设计的制衡情况。大卫·梅修（David R. Mayhew）统计了自1946年到1990年之间美国国会对联邦政府的调查案件数目，发现分立政府与一致政府之下国会对行政部门的调查次数并没有明显的差异。② 立法部门是否采取微观管理③尤其是事前控制（ex ante control），以便于加大对行政部门的监督并控制官僚系统，这与其所处的制度环境、立法能力以及替代性制衡机制的可得性紧密相关④，不能简单地以分立性或一致政府而论。当前，美国政治呈现明显的两极分裂特征，两党关系日益糟糕，政治生活被过度道德化，不同政党的人接触机会越来越少，共和党参议员依靠参议院的规则，通过恶意延长讨论的方式，使得奥巴马的多项人事任命案迟迟无法得到批

---

① 财政预算在国会通不过，意味着政府没有一个新的预算案，政府只能按照过去花钱的方式继续往前走，没有办法回应社会上需要解决的新问题。参见赵忆宁：《探访美国政党政治：美国两党精英访谈》，中国人民大学出版社2014年版，第14页。

② 参见吴重礼：《美国分立性政府与一致性政府体制运作之比较与评析》，载《政治科学论丛》，1998年第9期，第61—90页。

③ 微观管理（micromanagement），指的是国会通过大幅增加幕僚、频繁举行听证会以及制定更为详尽的法令细则等来监督行政部门并控制官僚体系的裁量权。

④ John D. Huber, Charles R. Shipan, Madelaine Pfahler, "The Influence of Divided Government on Policy-Making and Bureaucratic Autonomy", Prepared for presentation at the Annual Meeting of the American Political Science Association, Boston, MA, September 3 – 6, 1998.

准。类似这样的情况，分立政府中的立法部门过度使用了监督权，因此导致政治运作的效率降低。

总的来说，美国宪政的分权制衡设计，可以说是人类政治制度史上的瑰宝。然而，不得不说的是，现实的政治实践远比理论模型更为复杂，在制度的推进执行中也会遇到一些新的问题需要解决，比如美国分立政府之下出现的政府僵局问题。正是在政治现实的倒逼机制下，本文从其宪政设计中的立法—行政关系入手，关注了分立政府的概念、成因以及可能产生的影响，希望借此可以使学界对美国总统制的了解与认识更为丰富、更加立体、更接近于现实。 CPS

Divided Government Issues in American Constitutionalism

Zhang Jun

Abstract: This paper is mainly concerned with the relationship between legislative and administrative institutions in American constitutional design, debating divided government issues in the relationship. Divided government issues occurred when different parties win the election of legislative and administrative branches, and legislative power and administrative power belong to different political parties. As to the Causes of divided government issues, we can take behavioral, institutional and cultural factors into account. As for possible influences of divided government issues, the paper discriminates from five aspects which include legislation activities, policy continuation, overall economic performance, fiscal deficits, defense and foreign policy, exercising the right of supervision by Congress.

Keywords: Separation of Powers; Checks and Balances; Presidentialism; Divided Government; Unified Government

官僚组织的兴衰

〔挪威〕约翰 P. 奥尔森 著[*]
臧雷振 编译[**]

【内容摘要】 西方学者为什么说民主制度孕育了官僚体系和各类官僚？官僚体系这一看似既不成功也不受欢迎的组织架构为何能经受长年累月的批判而屹立不倒？为什么有人认为官僚体系当下正在复兴？本文以规范民主理论、正式组织理论及韦伯科层制官僚思想为视角，探究了20世纪70年代末各领域"去官僚化"的努力，以及20世纪90年代中期以来官僚体系的复兴。本文认为：韦伯主张的官僚化或韦伯理论批评者所持的去官僚化思想，在20世纪末期官僚体系演进过程中并非一成不变。官僚组织中规范性成分与组织性成分共存，但各成分的意涵及相互关系是因时而异。尽管之前研究提出了相关理论框架中的一些要素，然而建构剖析"官僚制与非官僚制综合理论"的前景仍不乐观。在各种制度、机构、宏观因素中，究竟何种因素对官僚制的影响较大还未

---

[*] 约翰 P. 奥尔森（Johan P. Olsen），挪威知名政治学教授，卑尔根大学荣休教授，挪威奥斯陆大学 ARENA 研究中心创始人，他与詹姆斯·G. 马奇（James G. March）所倡导的新制度主义研究范式在政治学中具有广泛的影响力。

[**] 臧雷振，北京大学政府管理学院博士后，墨尔本大学亚洲研究院访问学者。本文编译自 Olsen J. P., "The Ups and Downs of Bureaucratic Organization", in *Annual Review of Political Science*, Vol. 11, 2008, pp. 13–37。

有定论。

【关键词】行政改革；官僚主义；民主主义；制度；韦伯

一、官僚制之谜

因为与当代民主制度运行的要求、目的与情形不相适应，"官僚体系"一直受到各种批判。它给人带来的印象往往是：机构臃肿、权力巨大、等级森严、循规蹈矩、对结果漠不关心、效率低下、人浮于事、无法胜任其职能、浪费严重、不够灵活、不负责任且不通人情。此外，官僚体系还不利于民主的发扬、经济效率的提升，以及对个人自由的保护。官僚体系只会存在于单纯的、法条主义的，或威权的社会之中，它似乎与精细复杂、生气勃勃且崇尚个人主义的现代民主社会格格不入。有人意识到属于官僚组织的时代必将终结，并预言其将被企业、市场或网格化社会组织，以及非法律性的"软性"治理手段（soft means of governance）所取代。更有人认为这种范式的转变将会是自然而然的，且是不可逆的。但也有人认为只有在行政领域推行激进的改革才能实现这种转变。

那么，现实中，为什么说民主制度孕育了官僚体系和各类官僚？为什么合理设置的行政机构与官僚主义横行的行政机构看起来相差无几？一个看似不得人心且难以为继的组织安排，面对长久以来的批判及对其行将消亡的预言，是如何屹立不倒并表现出再度复兴的迹象？

本文目的在于，通过将官僚制视作民主社会中公共管理的组织形式来解释官僚制的复兴之谜（本文主要关注公共行政领域中的官僚制，尽管非公共行政领域中官僚制的兴衰同样值得关注），探索到底通过何种过程，在何种条件下，行政组织才最有可能接近韦伯的"理想类型"呢？

首先，本文认为民主政治和官僚体系之间的关系并不稳定。本文将以规范的民主理论（normative democratic theory）为指引探究行政管理设计，并利用正式组织理论（formal organizations design）为行政管理变更的相关研究提供一相异的理论构架。其次，本文将重新审视韦伯有关官僚组织特征、起源及影响的理论。鉴于官僚体系通常被叙述为一元化组织的原型，本文认为官僚体系的内部组织结构具有复合性，并且以竞争原则与基于正式立场、规则及权威知识观点作为其架构原则。此外，官僚主义被看成是更庞杂的制度秩序组成部分，非一封闭系统。而官僚组织与公众的沟通很大程度上是通过立法机构、法院、大学这三个把关（gatekeeping）机构来实现的，这意味着行政过程不会被单个公民施加的不当影响与组织化的社会经济利益还有选举产生的政客所累。

接下来的两节中，本文将阐述以下两点内容：（1）20 世纪 70 年代末期以来人们为去官僚化，以及推广诸如市场和网格化管理这类的"后官僚"（post-bureaucratic）管理形式所作出的努力；（2）自 20 世纪 90 年代以来进行的后新公共行政管理（Post-New Public Management）改革，而官僚体系的复兴正是该改革的组成部分之一。在随后的内容中，本文提出这样的疑问：30 年间的行政改革，在行政管理变革的目标、内容、机制以及决定性因素上给我们带来了怎样的启示？最后，文章将回到这一论述：在行政管理改革作为更大尺度上机构间关系再安排的组成部分，人们在不断修正对官僚组织价值的理解时，所面对的迷惑和挑战有哪些。这将包涵对民主政府和民主政治在社会中的适当角色；以及公共行政管理与民主治理当中，商业和公民社会行为者所扮演的角色进行探讨。

二、官僚体系和民主政治

就对参与者施加权威或赋予权力的配置规则而言，"官僚体系"和"民主政治"有所不同。通常，人们将官僚体系视作民主政治发挥功用所必需的，但同样把它看成是对民主政治的一种威胁。那么，何种类型的行政管理架构是规范民主理论所要求的呢？

（一）规范性民主理论：一种模棱两可的指导原则

规范民主理论对于公共行政的架构并没有太多论述。民主规范的要求在于，由平等、自律的公民构成的共同体，即"民众"（demos）对如何组织和管理社会拥有最终决定权。制度的合法性则取决于知情（informed）公众的支持，而且公共行政管理是人民行使其意愿的工具。这么做目的就是要使民主原则贯彻于法律与政策起草、落实与执行的全过程之中（Waldo，1948）。然而，民主理论并没有说明何种行政安排有利于民主的可持续发展，并且该行政安排还要能够在民主制度的有效监管下利用官僚的能力及专业知识。

对于在宪政—代议制—直接民主框架下公共行政的恰当组织方式，人们有着互相矛盾的理解。"民治"（Government by the people）反映了公民的直接参与。但人们假设可能受到影响的利益团体同样有权参与到行政过程之中，而"民主实践场域"（workplace democracy）也使员工拥有发言权的原则得到了合法化。"民享"（Government for the people）则意味着对公民呼声及需求的响应，这要求在公民并不直接参与的情况下实现问题的合理解决、提供良好服务，以及平等对待全体公民。

由于不同时期、政治体系、政治领域的规范性尺度存在着差异，为了解释官僚组织的兴衰历程，行政领域的研究者必须考虑这种差异性的变化，行政管理者很少对行政层面的成功提出清晰稳定的尺度。原因在于，他们需要不同的需求，如：民主则要面对来自民选政府的需求；法治则有对行政的公正中立、程序正当性、实行法治的要求；还有如不同公民群体依据专业知识对自治权提出的正式索求；以及有组织的委托群体与个人对其福利将得到顾及的期许。

（二）管理动力学

正式组织理论表明行政管理的发展反映了各组织形式的不同表现，而且文化层面的转变则顺应了组织原则与权力分配上的持续变动。

1. 功能性绩效

在该理论框架下，正式组织是管理行政行为与提高绩效的有效手段，当这些组织与其同类相比能够提供更好地解决方案时，这样的组织形式便会得到推广（Goodin, 1996; Stinchcombe, 2001），即相对效绩带动了行政管理的发展。该效绩的测度也与不断变化的对共同利益的定义相关联。此时，通过诸如实验学习、理性调适和竞争选择等过程，行政管理的构架得以适应民主政治所面对的突出问题并带来新的机遇。

2. 文化规约与规范性效度

在该理论框架下，正式组织将被灌输超出其相关技术需求的价值观因素（Selznick, 1957, p.17）。制度承载了文化中的成规与（其对行为约束的）预期，而当某种组织形式与某一文化相匹配时，该组织形式就会得到推广（Meyer & Rowan, 1997）。公民对组织的形式与其实质产出均有兴趣，即使这两者之间不一定存在明确的联系。对于不同制度、行动者、资源与针对理想制度性平衡的不同观点，以及如何对不同资源进行管理而言，主流政治意识形态对此既信任又担忧，有的会对支配性制度与权力怀有恐惧，有的则对行政管理、行政官僚，以及技术官僚的权威、法庭与法官权威、科学机构与专家权威、社团安排与组织力量，或是市场与货币的力量感到恐惧。而这些信条可以相对地不受实证证据影响。

3. 权力分配

在权力分配理论框架下，理想效绩与规范标准之间的冲突内生于行政管理的日常之中（Crozier, 1964）。对公共行政所扮演角色的重新阐释涉及权力的抉择（Bendix, 1960, pp.431, 433），其所带来的冲突涉及组织性与标准性的原则、世界观、符号，以及公共行政的制度身份（identity）与权力分配等（Brunsson & Olsen, 1998）。官僚组织的崛起和衰退反映了变更中的权力关系，同时这也带来了对问题、规范标准与组织性解决方案的新颖解读。

然而，官僚组织的功用和局限是什么？是其规范性所带来的吸引力，还是它所具备的权力基础呢（即是谁最有可能支持官僚体系）？在文献中，作者发现这些问题根植于三种广义的解释性观点：社会性观点——强调宏观的社会力量；行为者视角——关注可识别行为者所作出的选择；制度性观点——假定行政管理制度和政治命令具有一定的自主性，并不会轻易地为适应环境变化，或为有目的的改革努力而发生改变。其实，制度拥有自己的动力机制，这种动力机制源自规范性原则与组织性原则之间所存在的制度内或制度间张力。同其他制度一样，公共行政是由旨在处理相互依存与相互冲突的协调行为塑造而成。突如其来的激进变革最有可能发生在绩效危机时期（March & Olsen, 1989, 2006）。然而，想要弄清官僚组织的兴衰，必须细致研究韦伯的思想。

三、韦伯式理想型官僚制组织

作为一种理想的形式，韦伯所提倡的"官僚体系"预示着一种独特的组织设置方式，包含行政当局或相关职能处室。其特征为：正规化的、受规则约束的层级制威权；以明晰的人事职能划分以及权限设置为特征的标准化与专业化。"官僚体系"同样指代那些专业的、全职的行政管理人员，他们终生受雇，有完备的职业上升通道、工资和退休金保障。官僚人员被委派到行政机关，并依据他们的正规教育程度、功绩、参加工作的时间（在此期间其受法律保护，以防止被随意解雇）得到相应提拔。对公共权威行使与对资源利用取决于行政机关，并且对官僚任免也取决于这些机关。官僚人员自愿遵从条例与命令，因为他们是由上级指定的正当合法的委托执行人，官僚职务忠诚指的就是对相应机关目标的义务与忠诚。

韦伯所强调的是官僚体系的技术优越性和程序正当性。官僚体系的结构被假定为有利于提高行政的统一性和协调性、精细程度与效率、可预判性、服从度、忠诚度、公正性、成本节约、绩效、制度传承与对相关文件的认知，以及政府变革的连续性。韦伯虽然强调社会化的行政人员对条例的服从精神，但他反对这样的观点："即官僚体系所青睐并固化的个人品质会阻碍主动性不利于创造性思维，容易形成屈从心理，导致官僚墨守成规并且过分规避责任。"

然而，官僚体系并不是用来随心所欲执行命令的；对其作出评价并不仅仅基于其达到预定目的的效果和效能。官僚体系是一个具有自身存在目的、组织性原则与规范性原则的制度，这些原则具有内在的价值；这种制度也容忍一定程度上的自治权，以及对领导命令与环境需求的合理反对。其合法性的基础是宪法原则、法律条例、正当程序与客观的专业知识。这种正当性是社会文化价值观以及建设法治国家永恒承诺的表露；是权力分配原则和程序合理合法性原则的体现；更表明了要以开明的知识型政府作为提高决策可预判性、化解冲突、处理社会中权力差异的途径。对官僚体系绩效进行测度具有道义论的色彩，其所基于的正是官僚体系在行为准则上所表现出的效度，以及支撑其存在的道德与理性原则。

从这个角度来看，官僚是法律条例、专业规则和宪法秩序的服务者和捍卫者，而不从属于统治者。官僚应该公正地、诚实地起草并实施法律。他们应该用自己的专业知识和经验来阐明公共政策的各个方面，即"对权威说真话"，不在政治和经济上寻求一时私利。当他们运用法律解决个案时，公共行政机关应当不受民选政客、政党、利益团体和单个公民的频繁干扰。而对委托对象与公众利益的考量应通过立法机构和法院被引入行政过程之中。

韦伯式的官僚体系是根据以下三个相互矛盾的原则复合而成的内部组织：层级权威（hierarchical authority）、基于规则的权威（rule-based authority）、专家性权威（expert authority）。由此形成的官僚体系又是更庞杂制度秩序的一部分，在这一结构中，立法机构、法院、大学被当作官僚体系与公众之间关系的把关者。层级权威所基于的是其所处正式地位以及选民的授权，且以立法主权和多数政府的形式表现。该权威来自于四种受制于规则的层级关系：公民与民选代表之间的关系；民主立法与行政管理之间的关系；行政管理者之间的关系，以及同为法律适用主体与制定者的行政机关与公民之间的关系。以规则为基础构建的权威内嵌于宪法、法治国家原则,以及由立法机关赋权并由法院解释的法律之中。而专家权威的基础则是其所具有专业性、公正性、非党派性的认识,以及开明政府的原则。从历史发展的角度看,依据教育程度和个人功绩招聘行政人员,代表了与传统的决裂,因为在之前,对行政和司法权威的行使直接与个人的社会地位、富裕程度、亲属关系,以及家族名望相挂钩。依据专家权威原则,招聘在形式上与社会结构相隔离,同时在实践中,社会地位与公职之间的关系也被削弱了。

韦伯的"理想类型"内嵌于一系列关于组织特征与行政行为之间关系、心理、绩效,以及变革的观点和假说之中。其中一个核心假说便是,合理性是有组织结构及程序的一种属性,而这些结构与程序以达成某种结果为目的,不过合理性并不是这种结果本身的属性。然而,官僚服从命令及规则的意愿与能力取决于多种机制。

官僚的意愿是终身事业中物质激励,以及社会化与习惯化的结果。他们在大学或是工作单位所受到的知识与道德的教育,则是建立在大众文化信仰的基础之上。韦伯认为当代社会人们共享的文化规范和文化认同少之又少,这是因为合理化使作为身份标志的隶属关系和成员资格已不再那么重要了。现代性推崇个人主义,并且降低了社会连带关系的重要性。然而,合理——合法的权威和规则可以借助社会规范加以解释和证明,从而将更为广义上的文化假定为能在官员和公民中培养出与合法——合理命令相协调的服从性。因此,即使没有明文规定,约定俗成的规则与习惯也会发挥作用。

官僚遵守正式法规、职业准则和道德规范的能力不仅取决于其资质和价值取向,还在于其上级领导的指引能力以及资源的持续可用性。由此可见,官僚化和资源的集中化是密不可分的,而民选领导人可能缺少领导和管理政府的权威、知识和资源。

韦伯发现,官僚体系的产生与发展是多重势力互动的结果。生活的合理化——去魅——是西方社会中的一种历史性趋势,而官僚化就作为这一趋势的一部分,不可避免地产生了。韦伯认为,官僚体系将成为现代社会人力组织的主流形式。但他也指出历史不是遵循某种发展规律前进的，也不是按某种"单线型"进化或者周期性循环模式构建的。他认为官僚体系具有可塑性，就像是经过理性设计的工具一样。虽然法律和行政秩序都要受制于立法机构作出的变更，但官僚体系却是不可或缺、强而有力且难于驾驭的——即使是面临重大社会变革时仍旧坚不可摧。

　　虽然官僚组织与大众民主是共同成长的，政治领导层与官僚之间还是存在着无休止斗争。官僚体制对外要维护其特性和结构。那些所谓的学院派政治"专家"，在面对这些真正的官僚专家时，才发现自己只不过是一知半解。"官方机密"是官僚体系的一大发明，其"使得议会陷入信息缺失、行为无力的窘境"（Weber, 1978, pp. 991 - 992）。不过在对官僚体系的驾驭上，也存在改善的机会，可以通过人际协商，情况说明与政治斗争增进对其合法性的认可。作为一种理想的管理体系，官僚体系具备相对明晰的特征、先决条件及效用。然而，韦伯清醒地意识到，实践最多只能无限趋近于理想的形式。现实生活中，由于管理原则经常变动且多有重复，官僚体系的运作、产出、出现与发展都受到了诸多因素的制约。

　　韦伯承认存在有这样的可能性，即对合法命令的认同与遵循可以使有组织的行为得到管控，在此条件下，人的行为将遵循实用价值、亲和力与传统的引导。不过，激励措施和社会化机制并非完美，基于正式授权和命令有效性的统治也并不被认定是绝对的，而是一个关乎程度和可能性的命题。民选领导人可能会作出既复杂又含糊的妥协而不是提出明确的规则和目标。在实践中，可能很难把握政治和行政管理之间的差别，而对规则的胡乱杂合与手段—目的式算计有可能产生大量相互矛盾结果。在这种情况下，运用中立的专业技能便显得尤为重要，但专业化也需要专业的判断力，并且还要降低对正式规则与层级命令的依赖。在普遍性规则对公平的追寻，与针对待定夺个案特殊性的关注之间也存在着张力。行政事务在质与量上的扩张也起到了刺激官僚化发展的作用，官僚化的发展方向及其产生的诱因又是相当多样化的。

　　而去官僚化意味着官僚组织特征的消蚀，这包括规则严谨、层级分明、独立专业知识等特性的缺失，以及三重把关机构的消解，因此，行政管理的行为和结果就会由其他影响因素支配。

四、行政管理向社会开放过程中的去官僚化

自20世纪70年代末开始，去官僚化就被国际组织和民主国家提到了议事日程的前列。发展出的"后官僚"行政管理模式的努力则集中强调：公共行政管理对社会开放、对传统把关机构的超越，以及变革社会与行政机构间关系。学界经观察后判定，行政管理与治理方面已经发生了范式转移，即从官僚体系转变到竞争性市场和参与性政策网络，且这种转变可以认为是向更为先进的、融合了各种模式的行政管理的"不可避免的"转变，彼时这种转变虽然没有拓展到全球范围，但在经合组织（OECD）的成员国中已经得到了推行（Osborne & Gaebler, 1992）。

正式团体（如政府机构、学院等）中的研究者也将后现代公共行政管理作为"对韦伯式官僚体系的否定"提出（Bogason, 2005, p.237）。公共行政管理方面法规的影响力已经被削弱，官僚组织也受到了组织实践中根本性改革的挑战。虽然官僚体系仍旧在发挥功用，但其影响正逐渐衰弱。其外部的组织界限正在崩溃，扁平化的、灵活且具备自主设计能力的管理模式正在诞生。

不同主体对官僚组织的批判、提出辨识失败官僚组织的标准，以及去官僚化的属性化意指各有差异。批评来自不同的源头——从左翼思潮、20世纪60年代反威权文化对既有制度与专业技能信任度的降低，再到新自由主义和保守主义对预算赤字和经济表现的批评，以及寻求介于官僚和市场之间的第三条道路的"政府再造"（reinventing government）运动。还有人认定会出现"国家的回退"（rolling back of the state），上述这些学者出于对政府塑造社会的可能性及意愿的普遍怀疑，提出了以上的观点。另一些人则呼吁对行政管理进程的直接参与，并建立公共—私人间的合作关系，希望借此能使公共行政管理更为透明，更有效地应对公民的期望和需求。

这些改革的努力也存在共同之处，即他们将行政改革看作是对机构间力量制衡的反思与变革一部分，以回应类似立法机关与政党这类民主国家机构中的信任流失问题。推进公共行政管理向社会开放的努力被解读为"社会行为者重夺政治权威"行为。这些努力更注重的是政策执行结果而非正式规则，这就挑战了政治中心与社会及政府之间选举通道的首要地位，摒弃了共识理念以及公正的专业知识，并对公共行政管理提出了反专业化的要求。

（一）追求结果，而非规则本身

去官僚化运动中所兴起的新公共管理（New Public Management，NPM）改革目标有二：一是缩减公共部门数量，减少政府在社会和经济生活中承担的角色；二是通过市场竞争和价格机制增强对公共行政管理的掌控。在这方面存在着对经济性与效率的追求，而且人们要求行政管理能"更好地为经济服务"（OECD，1991）。这些关键性思想根植于新古典主义市场经济理论以及私有化管理，而非民主理论。市场管理改革提倡个人主义、对消费者权益的尊重和以委托人为导向的服务。其中具有定义性的活动是服务供应，而合法性的基础则是服务的实质绩效与成本效率，而非对正式规则和程序的遵守。其主要特点为：私有化、放宽管制、权力下放、产业化、服务外包、内外合资、与私营企业的合作、合同管理和公开招标等。新公共管理同样包含了涉及增强发展战略执行能力、问责与管控方面的理念；但否定了公共部门的特殊性。由于私营部门可以提供几乎所有的服务，所以在此种管理方式中，政府的职能仍不明晰。

此时期行政管理改革被描述成对以往管理方式的改进、是"最佳的实践"、是对以往行政体制的"适当调整"，并使公共资金的利用更具价值（OECD，1995）。商业化操作方式与组织形式的引入，降低了公共行政管理的运行成本并提升了运行绩效。在这个"企业的时代"（Courpasson & Reed，2004），行政管理要适应经济全球化和市场竞争的需要（World Bank，1991，p.38）。变革遵循着从适应性改变（efficient adaptation）到环境决定（environmental dictate）的一系列原则，其中包括来自行政服务对象的需求或源自竞争性选拔的要求。这一改革假定官僚体系具有创新性和适应性,而改革的目标是通过破解市场中企业家所受的束缚,并以"让专业管理者管理"的方式增强官僚体系的灵活性。

新公共管理规定,行政管理机构应当是任务、目标、资源和界限都十分明晰的组织,并应为可辨识的结果负责。响应能力和问责体现了行政管理机构发现和接纳市场信号的能力。市场行为者和与行政服务的受众是理性的参与者。社会群体由关注个体利益的受众与服务接受者集合而成,他们与政府之间的联系主要是商业性的,而非政治性的。实际上是制度框架及其激励机制本身,而非网格化管理的拥护者所认为的个体行为者造成了效绩的低下。

(二) 公民参与,而非单一中心主导

随后兴起的网格化理论对官僚体系的批评体现了对民主合法性的追求。该追求希望以往以集权、科层制为特征的政府能够发生改变,即转变为以网格化管理为手段,以长期性承诺、互信、互惠为特征,以公民社会组织作为与社会连接纽带的新型政府。此类建议所应对的对象是民主意识形态,以及为人们所高度关注的权威与权力议题。网格化管理的拥护者呼吁对"政治与政府仅需围绕正式法定制度运转"这一传统观念加以纠正(Marinetto,2003,pp. 598-99),并破除"当下选举制度所导致的民主问责之谜"(the charade of democratic accountability)。

公共行政管理的组织架构反映了社会当中的权力分布。通过行政管理内部科层负责制链条构建起来的韦伯式合法性,正面临着越来越多的问题(Hofmann & Türk 2006, p. 112),同时将行政管理视为根据单一规划构建并服务于单一共同权威(common authority)的观点也越来越难于获得支持(Joerges, 2002, p. 21)。在公民社会中,借由行政管理流程,公民才得以迅速的动员起来。普选(Popular election)与多数派政府(majority government)并不是合法性的唯一来源,此外,也没有哪个政治中心能够合法地宣称代表了大众与公共利益。不论是民选领导人还是行政管理者都无法借由自身的正式职权强迫他人服从。公共行政管理的范畴已大为扩

展。不过，更好（而非更少）的政府管理意味着一个国家将会服务并赋能于社会，而非"操纵"它（Rhodes, 2006）。现在，公众对行政决策的制定过程，更倾向于参与，而非消极逃避。并且，公共行政管理还得到了公民赋权以及与社会伙伴关系（social partnership）的规制和强化。

理想的行政管理有赖于开放的、扁平化的与灵活的组织形式，并需要行政管理模糊自身的边界，且要与实施管理的环境进行互动。公共行政管理与政治、公众与私人部门，以及专家与门外汉之间的制度性区别正逐渐变得模糊。可以行政管理的典型行为被界定为一种对资源加以动员，并形成支持与信任的政治过程。各类机构经由立法机关得以创建、赋权，并获得资金；而当政府机关无法集中权力并定义政治目的（political end）的时候，行政管理就得肩负起为自身使命赢取支持的重任。行政机构还通过树立社会声誉的方式构筑其自身的自主权，并运用其所具备的专业知识与能力为公民提供各类优质服务与保护。在这一过程中，行政碎片化出现了，而且行政管理者都在"不同的团队中都扮演了关键性的角色"，不过，两者之间也存在相互监督相互操控的关系。

（三）在信任专业知识上的复杂心态

后现代主义的组织研究认为行政管理机构应建立起以对话与合作为特征的对外关系，并培养"有自我意识的启蒙个体"（Bogason, 2005）。其关注重点在于人的自主性与差异性，以及人如何从迫害、镇压以及剥削中获得解放。由于专家的权威不再被信任，所以专门化正式组织所坚持的启蒙本位观点，如合理化、技术民主化、科学知识、战略规划、态势掌控、集权化等就成了批评的对象。而"真实"、"客观"以及"效率"也变成了受人质疑的概念。

但大多数的改革者并不完全赞同这种后现代主义的质疑，市场及网格化改革路径就认为公共行政管理完成其工作就不需要什么专家、技术与能力的协助。它们质疑公共行政管理中专业知识的作用，并且降低了统一、划分明确、专业、保障良好、终身任职且拥有良好养老待遇的行政人员的重要性（Laegreid & Wise, 2007）。网格化改革路径则强调一般公民的参与权。而市场改革路径与"现代人力资源管理"则要求更为精简和灵活的人员编成、横向招聘、合同用工,以及以效绩为依据的市场化薪酬(Selden,2003)。研究还观察到行政事业中不断增多的党派化招募与操控(Roban,2003,p.316),这被认为是现任政府通过招募党派化的行政人员以增强对公共行政管理控制的一种尝试。

新公共行政管理改革也试图使决策过程非政治化,并使公正的专业建议免受政客与强力社会团体的干预与影响,这一改革路径试图通过赋权于非多数派与单一目的团体来达到这一目的(Christensen & Laegreid,2006)。不过,这种努力涉及不同行业与知识类型之间的竞争,而对部分专业知识与其他一些信条的解魅则造成了行业与组织形式方面的波动。

五、重新发现官僚组织(Rediscovering Bureaucracy)

经历了数十年来对官僚体系的批判,在这些对官僚制批评与"诊断"中循环出现的论调表明了"新"批判观点的匮乏,而官僚体系的优势则为人们再度发掘。政策灾难、效绩危机与政府破产的发生,则直接导致了新公共行政管理中的要素被宣判"死刑"(Dunleavy et al.,2006)。此外,在市场与网格化改革实施中也导致各种问题,如市场与价格体系将导致权力差异、社会不公与分裂,以及环境破坏的老论调重新获得了市场。而有关公共—私人网络的改革则带来如下问题:可问责性丧失;在参与过程中的深入见解、准入权,及其产生的影响被扭曲;旨在进行调控的委托团体(client group)内嵌机构却导致委托团体间的相互勾结,或是组织性利益对公共机构的绑架。

自20世纪90年代早期以来,对通盘去官僚化的热忱,以及全球行政管理融合的压力已逐渐淡去。良好的公共行政管理不再是一个极简抽象的概念。政治当局所能扮演的角色已经超越了以往对产权的保护与对契约的履行,且为人所公认的是,在这方面几乎没有答案能够应对所有的情况。行政管理改革必须与每一类政治系统的需求、传统以及所能提供的资源进行审慎的匹配（World Bank，1997，2000；OECD，2005）。在对新公共行政管理原则最初的热情消退后，欧洲的前共产主义国家认识到每个国家应当探索自己的发展道路，而不是仅仅从西方全盘复制新公共行政管理改革。这种观点号召"回到基础"，即韦伯式的官僚体系（Hesse，1998，p.176）。构建运行良好的完备官僚体系也被这些国家视为实现并适应欧盟要求的关键性重建措施（Hille & Knill，2006）。

（一）制定官僚规则的原因

不甚明显的是，法律对当代行政人员的约束要弱于以往（Hood et al.，2004，p.195）。那些涉及宪法、法律、责任、道德和公众利益的"根本性"议题仍然受到关注（Ferlie et al.，2005）。法律存在于公共管理理论与实践的核心，以保障行政管理不为非理性考量、个人情感与同情心、包庇以及贪污腐败所左右。行为准则根植于职场、风俗和法律之中（Brint，1990）。虽然规则已被打破，但当代民主政治中，遵守规则仍是社会常识（Piven & Cloward，2005）。仅凭狭义的个人利益来解释这种服从行为是不够的，制定和遵守自我约束和承诺的能力与动机有关，而不能靠狭义的个人利益来实现（Levi & Sherman，1997）。

公私领域内发生的各类丑闻引发了对法律、道德准则和责任精神的追求。而有关职场不受公共责任钳制的想法，导致了对审计的爆炸性需求以及新规则的制定（Power，1994）。从国际上看，已经出现了规则的数量迅猛增长和司法权扩张的现象。

规范性思想中将公共行政管理视为起草和实施法律与政策的工具的理念，在研究文献中仍占主流。比如，理性选择路径通常假设民主原则，与机构之间的授权和问责之间，存在一连串的合法性层级关系（Strøm et al.，2003）。哈贝马斯就认为，公共权威的实施应当以法律为导向，并且须得到其授权。而法律应是由公民经演绎，通过结构性意愿形成过程构建而成。立法机关和法院只是政府的两个下属机构，仅被正式赋予了解决规范理由（normative reason）的权利。法律应当由正式的、中立的、技术上胜任并且公正的官僚组织起草并执行。社会和经济权力不应该直接转化为行政权力（Habermas，1996）。

对规则关注的再度兴起，得益于研究经济发展的学者逐渐不再将市场与官僚体系看作是可相互替代的，而是更多地关注运作良好的政治和社会机构，如何促进竞争性市场的形成。一个基于规则构建的监管型体制，被设想会通过构建结果的可预测性、可计算性，以及防止市场行为者形成垄断的法律保障的手段改善经济效率。

世界银行（1993，p.14）这样解释东亚经济奇迹：既受益于强大的、组织良好的官僚结构，又有赖于有能力的、相对诚实，并且不受日常政治干扰的行政人员。官僚组织促进发展中国家的经济发展，也有助于消除贫穷。官僚组织少有腐败的发生，部分原因在于，较长的时间跨度使得腐败行为几乎不可能迅速获得回报（Evans & Rauch，1999，p.757；Kaufmann et al.，2004）。然而，贫困国家往往缺乏规定明晰的产权制度；不具备法治规则，以及遏制欺诈的监管机构；还存在反竞争行为与道德危机；也没有能够展现信任与社会协作的温和型内聚社会；更缺乏降低风险并管控社会冲突的政治及社会制度。

在发达国家，那些认为行政过程是公平的人，更容易接受对个人不利的结果（Tyler，1990）。只有那些在实施过程中不存在偏袒与腐败的一般性规则与社会福利，而非针对某些特定团体或利益的解决方案，才能在公民中树立起对政府机构的信任。欧盟的案例也表明，市场建设和网络建设不排斥官僚组织和法律规则。尽管欧盟使用"软法律"，但欧盟的运作基于的是法律一体化。市场和网络的繁荣产生了更多，而不是更少的规则，大陆法传统在已被称为"调整状态"的情况下，更是无处不在（Majone，1996）。

而我们也可以从通常被认为是现代化程度最高，最反官僚的部门中得到教训。电子政务和新信息技术被认定能够推动反官僚作风的思想，然而，就像ISO（国际标准化组织）标准一样，计算机与信息技术也使行为变得标准化，并受规则引导。知识工厂（Knowledge Factory）是由德国的一所大学建立的公司，致力于研究后官僚原则和组织形式，在那里研究了 16193 则电子消息，这些信息表明反官僚的规范、预期与象征与实际的行为并不挂钩。

这些观察结果与对组织的研究相契合，表明规则提供了对模棱两可事物的意义进行解释的规范。它们体现了集体和个人的角色、身份、权利、义务、利益、价值观、世界观与回忆，并且这些规则还规制了人们对关注点、评估标准、优先排序、认知与资源的配置（March & Olsen, 2006a, b）。规则不一定意味着僵化和缺乏灵活性（March et al., 2000）。与社会结构的解耦使官僚体系变得能够灵活应变，并且具备了延续性，原因在于其可以改组并重构一整套标准化运作程序中的角色与规则，以应对新的突发事件（Kallinikos, 2004）。官僚规则也有助于民主平等，因为其对所服务公民的财富与其他资源并不敏感。相比较而言，市场的"效率"是在安排交易时，在原初资源基础上双方都能接受的效率；网络民主的质量取决于它们在面对价值观、兴趣、资源，以及能力方面都存在差异的团体时，才表现出开放性（March & Olsen, 1995）。

（二）对民主领导模式与业绩择优官僚体系的追求

"再官僚化"涉及对民主领导方式、协调与问责的重新关注。例如，经合组织的目的在于，确保政治上的协调、政策上的一致性，以及公共服务的连贯性；寻求构建更为明晰的角色定位以及职责担保；并在如食品安全和放射性废物的这样高度政治化的问题留待独立机构中的独立专家解决时，保障公众的利益（OECD, 2002, pp. 9, 21-22）。瑞典的一份旨在探究共同目的与基本原则的报告指出，如何才能将社会组织起来并加以管理，从而实现民主发展才是一切的基础。

政治领导人发现，即使权力分立已经实现，他们还是会受到指责。在研究文献中，可以很明显地看出，放宽管制、权力下移、组织目的单一化，以及对行政行为及结果的监管与评价造成了碎片化。这些倾向，反过来，产生了以更强的协调能力对政府系统进行更好整合的需求。"第二代"的后新公共管理改革重点已经转向对"中心再肯定"、"政府整体考虑"以及"联合政府"的需求。然而，将资源和权力再中心化虽然可能有助于再官僚化，但无法保证其一定会实现。

还有学者认为公共行政管理已经变得太过党派化,原因在于其"有求必应"的态度得到了强化,而且其作为"开明行政"独立把关者的角色也已被削弱,因而这种假说也得到了复兴。其重新假设,良好的政府需要受过良好训练、全职、专业的行政人员,来筹划政策,并将其付诸实施。例如,独立的专业知识价值已被再次激活,成为职业传统薄弱的地中海国家打击裙带关系努力的一部分。公共行政管理的非专业化和政治化,强调政治立场和对当前政府的忠诚,显然降低了公共行政服务对于未来的政府和社会整体的能力。另一个担忧是,因为民主政府通过可预见的方式实现政府廉洁公正,而这就不仅要求公民参与行政过程,也要求他们参与到不必持续参与的机构运作之中。

对于哪种专业技能才是行政机关实现目标所需要的,一直存有争议。经济和管理理念作为去官僚化首选方法的观点受到了其他观点的冲击,并且,近来改革中一个有趣现象是,这些改革都希望改变公众的思维以及其对身份的认知。他们的目标是通过构建与公共服务精神的联系,协调行为规范与互信,而不仅仅依赖外部激励、合同与外部监管。尽管经济框架将挑战描绘为如何正确的给予激励,而"新"的解决路径则回应了这样的疑问:不同形式的政府及组织,怎样才能培育出理想的道德修养与心智能力?在这方面,组织的设置即意味着对行政身份与角色的学习、丧失以及再定义吗?在哪些方面,行政管理者转变成守法遵则的官员和专业人士,并具备自律精神、公正、廉政?而这又是如何实现的?而又是什么将他们塑造为利己主义的,追求效用最大化的行为者?是什么使他们在面对其所参与其中的政策网络时却变得以谋取共识与妥协为动机?

在公共行政管理中,通过操作激励机制与个人成本效益计算以对行为进行管控的信念;与将个人在行为中所遵循的具有文化性定义的适当性规则、制度化预期与专业性标准,还有民主价值观规则的意愿进行内化的信念之间存在交替循环。从历史上看,两者相互作用,它们的相对重要性随时间与制度安排的改变而改变。尽管如此,近来的行政改革并没有牵扯到高等教育机构,对大学的改革并没有将关注点放到将大学作为官僚、政治领导人、商业行为者，以及公民的训练场等方面。改革已把高校对经济竞争力和经济增长的服务作为优先对象，并且很大程度上忽略了大学在为政府和公共生活职责作准备方面可能产生的影响。

六、官僚制发展过程的经验教训：转变中的混合

要搞清官僚体系发展兴衰的意义是复杂的，因为从历史上看，对行政机构中官僚化组织形式的普及程度进行衡量存在难度（Bendix, 1977, pp. 138-139）。一个原因可能是官僚组织所具有的复合性质，这导致官僚组织沿不同维度的变革并不总是正相关。另一个原因可能是进行大规模改革的努力是多维度的，并且部分是相互矛盾的目标和理念。从行政发展方向和内容上吸取经验教训也存在问题，因为改革表明了对既有制度性安排的干涉，还因20世纪70年代末改革的出发点多个而非一个。此外，组织改革的具体后果并没有留下详尽的记录，并且这些后果也很难被厘清。

（一）不同时期行政机构改革的出发点

传统观点认为：直到20世纪70年代末，"经典"的公共行政范式仍旧保持了相对的稳定。其实，在世界的有些地区官僚组织从未出现过。有批评认为公共行政管理与为规则限制、科层制、专业化的官僚体系理想模型并不相符，事实上，这些管理人员腐败、无能、不可靠、自私，并且难以管理；法律无法以有力和公平的方式执行；并且命令也不会被遵循。当然，在世界的其他地区，也有官僚组织从未消失。

同时，公共部门仿照私营企业与市场竞争进行的改革也已司空见惯（Waldo, 1948），而且很难找到哪种政府行为没有被私营公司在竞争激烈的市场竞争中借鉴于企业运作（Wilson, 1989, p. 346）。近40年前，有学者也曾批评过利益集团自由主义以及法治的衰落。他谴责政府以主权的共享换取支持；正式的规程被模糊的目的、非正式的交易，以及对司法权

的篡夺所取代；正当程序则变成了"形式主义"和随心所欲的"灵活性"。彼时，部分学者不同意没有法律支撑的政策，以政治私利为主导的原则及委托部门将有组织的利益当作制度的核心。学者给出的改革计划旨在恢复法治并培育一个独立的，中立的整合性高级文官制度作为"司法民主"与宪政国家的组成部分。

曾经，官僚组织的重要性也随着福利国家的出现而逐渐降低。在这些国家中存在新的规则以及可被审判权。尽管如此，金融工具还是成为了比法律更重要的手段。法律框架、越来越多的竞争性行业，以及政策建议的多重来源竞相出现。更多的自由裁量权被委托给公共行政管理机构与有组织的利益团体，原因是，数值民主得到了"法人多元论"的补充。公共行政部门不得不回应相互竞争并且不相一致的社会利益，从而越来越多地参与到社会冲突的解决之中。考虑到法团主义式制度安排的历史、"铁三角"关系，以及政策群体，很难将参与式网络看作是一种全新的模式。可以说，改革提案践行了一些有名的争论，并且许多改革只不过是"自公共事务管理出现伊始便已存在的思想，经过重新包装后的版本"。

（二）对官僚制认知的发展

我们能否发现有关公共行政管理角色新的组织模式与共识？实证研究展现了一副复杂的图景。当代公共行政管理被描绘为现代政府的核心机构，其中具有专业技能职员有他们自己所秉持的精神、标准，以及有关恰当行为的规则。行政人员拥有实质性自由裁量权、掌控大量的资源、行使权力，并积极参与到起草、规划、履行与执行公共政策的过程中。公共行政管理涉及对法律、专家意见、服务提供、政策制定，争取支持和资源调动的运用。管理人员把公众视为服务对象、具备公共意识的公民、纳税人、委托人，与政策的消费者。他们是公民和国家之间联系的主要节点之一、公民施加影响的目标之一，并在塑造大众心中对政府的印象方面发挥了非常重要的作用。公共行政管理也有一个构成维度：它解释了集体的利益；保护类似规范性、平等和法律保障这样的价值观；

使法律和政策得到公平的落实；确保政策具有可预见性、问责的实施以及对社会的掌控；并减少腐败和任人唯亲（Peters & Pierre, 2003）。"管理的目标一直在变动之中"，随着关注点组合的变化，对好的行政管理机构与管理人员的判定也随之发生变化。会有进行阶段性变革的时期，也会有奉行激进主张、去制度化以及再制度化变革的时期。

市场和参与网络的运用，使得公共行政的身份与边界变得更加具有争议性和模糊。公私之间的界限也消失了。公共管理事务受到外界因素以及社会群体的影响越来越大。就业的安全性降低了。然而，新自由主义和竞争性市场并没有取代将公共行政管理而成为一门学科的主流思想（Boyne, 1996），同时，对澳大利亚，丹麦，新西兰，挪威和瑞典行政改革的研究也表明，新公共管理的原则已被纳入到官僚管理的原则之中，而非将之取代。与欧洲大陆及斯堪的纳维亚半岛相比，新公共管理改革被认为与有盎格鲁-撒克逊文化背景的行政管理学说更为切合。因此，探索在欧洲保持新韦伯式现代化国家的可能性，可被认为是以欧洲大陆或斯堪的纳维亚式的方式，来取代很大程度上属于"盎格鲁-撒克逊"方式的新公共管理改革。

与当前后官僚体系世界备受推崇的思想明显不同，当代民主国家不得不接受制度原则与行为逻辑困境之间存在的持久张力，而对此并不存在为所有人接受的一劳永逸的答案。即使是复杂性适中的政治体制，也会采用一连串相互重叠，互为补充并相互竞争的管理形式，而且在不久的将来，官僚体系、市场或者参与性网络都不太可能走向终结。行政机关必须同时处理相互矛盾的要求和标准，并在系统协同与合法多样性之间进行平衡，这就有可能导致其所需的复杂度，要比单一原则所能提供的要更具组织性。改革者为公共行政管理所呈现的全面分析与解决方案，事实上只是一些片面的、局限于时空因素的解释。

同样，我们也很难准确地描述发生了什么，以及不同组织结构如何影响了行政机关的效绩。通常所呈现的往往是"徒有其表的模型与混乱的数据"，在理清政府与官僚组织在效绩方面作用的过程中，往往会出现令人生疑的指标和效绩测度方法，以及方法论方面的严重问题。（Van de Walle, 2005, p. 14）当研究试图辨识这些施加在个人而非政策,或是长期而非短期结果上的影响时,挑战会则变得更为错综复杂。

理论的建构所需要了解的是:为何正式的架构虽然极为重要,却只是一个空壳,并受到非正式架构与外部资源的压制;其如何在不对正式构架进行较大改动的情况下,实现行政关注点、互动方式与资源分配上的显著变化。法律、规则以及惯例可以创造具备可预测性、稳定性,以及公平客观的解决方法,但它们也使得考虑个案的具体情况变得十分困难。受规则束缚的科层制度可以创造出效率较高的决策、提高组织的适用性与可问责性,但其导致了正式权威性与专业性之间的张力。成文文件良好的传承性既可能有助于也可能妨碍创新。终身受雇、机关办公与任命全职、付薪并且依据功绩招募的人员担当职位,既可以实现对他们的保障,使其能够"对权力说真话",但也会降低进行改革与完善的动力。规则可以是权力的工具,亦可以是将权力限定在一定范围的一种手段。规则的成文化与规范化可以是一种包纳冲突、防止肆意妄为的手段方式和抵御非法的压力的武器,也可以作为一种将统治制度化的路径。规则反映了社会、过去的妥协或压迫中积累的经验智慧。

关键的教训在于:并不存在一种整合行政管理方式或是实现官僚化的单一发展路径,正如韦伯,或是他的批评者所主张的去官僚化那样。更没有一个主导模式的简单序列。若干种规范的,有组织的组成部分可以相互共存。尽管这些部分已经相当稳定,并且各个部分的重要性与它们之间的关系会随着时间的推移而有所不同。历史上,官僚组织,就如同其他的组织形式,都经历了兴盛衰落。官僚组织的各个不同维度,有着不同的发展方向,并且有时去官僚化与再官僚化会在同一条道路上携手前进。那么,为什么官僚体系会始终屹立不倒?如何才能将官僚组织的兴衰理解为各种共存模式不断变动的混合体中的一部分?

七、官僚体系的兴衰

可能官僚之谜可以通过对官僚主义的言辞与实践,即观察所说与所做之间的松散耦合加以解决。在言辞方面,韦伯输了。"官僚主义"成为了反政府和反公共人群发泄情绪的载体,并且这一术语在意识形态的传播与相互竞争中,被当作贬义词加以谴责。去耦合的努力,则通过将强有力的组织性意识形态与弱数据加以统合得到了加强。去官僚化的言辞固然还有,但官僚组织与成功的管理规程仍然在现代民主国家中扮演着十分重要的角色。再官僚化的努力则表明,认为官僚组织由于具有功能上的必要性而得以为人接受的观点,还是有一定道理的,"因为除此之外,社会在协调复杂的行动方面尚未发现任何更好的方式"。

(一)新时期理解官僚制的理论框架

行政人员的能力、所扮演的角色与其所处的体制内和跨体制框架,对行政管理行为、行为能力以及结果都产生了影响。上述因素的影响被定义集体性的职责、如何辨识行政管理的任务及如何将之解决,以及哪些个体及团体能从公共项目中获益。然而,在辨识(去)官僚化的机制与决定性因素,以及能使公共行政在民主标准下运行良好的条件方面,没有任何一种实证理论能为人广泛认可。在何种条件下,官僚组织才能有效发挥功用并符合民主规范?实现单一中心下权威与权力的合法集中、法治与行政专业技术保持中立的条件是什么?哪些群体有可能支持(去)官僚化?是什么使大多数政府接受法律与对统治者具有束缚力的规则,并受其管制?何时权力集团能够采用不受当事人直接影响的公共管理模式?何时专业人员能够优先考虑正式权限而非专业知识?何时公民能够公正地享有服务,而不是只针对某些人提供特殊化服务?对这些问题目前还没有一劳永逸的回答。

韦伯在这方面提供了一个理想的模型和许多有趣的想法。然而,他的理想模型受到了质疑,他没有给出关于官僚组织条件和含义的明确答案,也没有具体说明组织结构如何转变为行为和结果,哪些因素会加强或削弱管理结构、心态、行为、效绩与变化之间的关系。他也没有确切解释在管理结构与指向性改革的范围内,人类的行为怎样才会被视作发生了转变,公共管理的制度性能力如何自觉地适应环境变化,并通过竞争性选择,淘汰欠佳的管理制度以回应环境效力的要求。

例如韦伯式官僚体系、市场与参与式网络这样的整体性视角,预判了一种单一的主导模式。这些视角都假定,管理原则中,为组织公共管理而产生的一系列脱离现实的设定,在功能和规范性方面具有优越性。经过一段时间后,较好的模式将会取代其他模式。这种模式的传播将不受地区、国家、政策部门具体特征的束缚,并将导致指向单一主导模式的趋同。但这一观点与观察结果相冲突,观察表明管理实践与思想同地区、边界、制度、历史和特定政体的文化特征紧密相联。因此,没有什么理由相信公共行政管理组织原则的某个单一设定在功能与规范性方面具有优势,并且该模式将会取代其他模式,使管理模式最终趋同。

对公共管理的解释依赖于源自公共法、市场经济和民主政治的思想。可以说,不存在真正的行政管理理论,本文并不旨在提供这样的理论。本文的目的是提出构建这一理论框架可能需要的要素,并探讨近来行政管理发展所带来的启示。

行政管理理论不应对行为者的道德操守、认知能力与能力要求过高。(Olsen,2004)与有限理性的思想相同,有理由对假定行为者具有全知理性持怀疑态度。参与者虽然有目的性,但他们并非完美的算计者,可能遵从其他形式的理性而非工具—目的式的理性。与政治多元化一致,没有参与者是全知的。对国家建构的研究表明,中央政府的政治权力和行政能力具有不稳定性,在何种条件下,行政过程可以脱离外部的影响都仍然是一个富有争议的议题。与政治学中行为主义革命理论相符,也有理由怀疑将公共行政管理者视作具有道德操守并遵循规则的公法概念。纵然,行政管理的行为和结果受正式的法律规则影响,但其并不由这些法律规则所决定。

（二）对行政管理发展的独立约束

那么，如何使公共行政管理与法律、经济、政治以及专业方面的内容相一致，并为管理行为构建组织性能力，以完成管理目标呢？也许，一系列独立约束给出了可行的解决方法，或是引起了对问题、解决方法的关注，成功的管理规程往往具有连贯性，贴合基层实际，而不是以有序的、稳定的偏好函数的方式进行管理。在以共存原则、竞争规范性原则与组织原则为基础的混合政体中，制度可能会因参与者汲取基层经验、调整与基层的联系发生转变，并非以理性选择、经验学习、传播，或竞争性选择，达成的某种全球理性的方式实现。然而这种调整是目光短浅、曲折且无效率的，不能产生与实际情况相适应的最佳配置。

1. 关注相对绩效而非绝对绩效

近年来，官僚组织的兴衰表明，行政管理发展相对绩效的重要性仍是不确定的。在20世纪70年代末，有人担忧会出现经济效益下滑、预算赤字、福利国家增多、执行赤字和对全球化与社会经济力量适应不良的情况。去官僚化的主张，与官僚从事只会发生少数意外情形的日常工作，简单、稳定的环境，官僚组织在处理开拓性工作、新问题、新的绩效标准以及在转型期中新的权利分配时，所表现出的运作失常等现象相一致。

不过，从20世纪90年代中期开始，去官僚化受到了挑战。市场的良好运作需要有运作良好的官僚体系加以支撑，"9·11"这样的事件对再官僚化起到了推动作用，其迫使政府将国家安全置于公共议程的首要位置。然而再一次的，对替代性组织模式的明确相对优势与改革的功能必要性，学界鲜有详尽描述。也许，对实质性的结果进行衡量，并判识某一特定的组织安排如何促进绩效提升的过程越是困难，行政管理的发展也就越有可能为意识形态观念，而不是相对绩效的确切认知所驱动。

2. 规范性的外部环境

变革中的规范性环境可能具有更强的解释力。针对去官僚化的经济理论，是以有关公共行政管理和民主政府的个人主义观念为基础的，不过也有种团体观念假设在合法性秩序中存在一种内在的、共享信念。两者的区别与主要的理论争论相关，这些争论涉及如何才能最好的将行为者、经过正式组织的制度，以及制度变迁概念化。被置于首要地位的究竟应该是个体自由、选择与自我实现，还是社会归属、机构的履职与集体的理性及行为能力呢？

有种个人主义式的概念认为，政治—行政管理是围绕一系列与自治的个体行为者的互动组织起来的，这些行为者基于结果逻辑，通过对未来结果的理性计算追求优先偏好（March & Olsen, 1989）。个体行为者是分析的基本单位。当符合其长期利益时，行为者遵从规则。在仅依靠其自觉的情况下，行为者极可能利用公职便利谋取个人利益。为达成理想的结果，保护个体自由，民主所面对的挑战在于如何以正确的方式设置激励措施。理性遵从得到了特定制度机制的提倡，这包括了制度性考核与均衡；竞争机制的引入；从符合条件的人群中筛选公务员；对其能力、诚信与绩效的奖励；可信承诺，可预测的行政结果；有效的绩效监管；以及对违反规定、合同行为的惩戒。制度设计必须从合作的角度出发，提供公平的收益分配方案，使官僚人员免受有权势的政府官员和社会行动者的影响。均衡模型将制度视为理性行为的反映。制度仅会诞生于自治理性行为者的自利行为。它们在追求效率的考量下被创造、维系并废止。

有一类共用概念，将政策视为一种确保机构持久运转的配置（configuration），因为规则对行为、价值标准、公共资源作出了规定。具备正式组织形态的政府机构，并不是社会经济力量或个人偏好的衍生产物（epiphenomena）。其行为所遵循的是"适当逻辑"（logic of appropriateness），以及基于经验标准的运行程序与规则。在团体整合中，身份认定是一项最基本的机制。社会化通过向作为社会成员的官员与公民灌输对正误、真假、合法与非法的判断标准，使其自觉地遵从由正当程序产生的权威与法律。那些被认为是理所当然的观念，使得行为者一直遵循那些界定恰当行为与结果的共同标准。这些观念通过共同预期（shared expectation）、自制、反馈,以及相互调适(mutual adjustment)的手段,对行为者产生影响。制度有可能会为利己的行为者所扭曲,而对于公职人员代表公众的行为而言,追求一己之私利与徇私都是对其公职身份的违法滥用。

民主既鼓励个人主义,也推崇集体主义。两者使人民主权(the sovereignty of the people)、集体权力以及多数权利,与个人及少数群体权利和自由之间保持平衡。并且也是构建和维系政治整合、社会凝聚力,以及社会稳定的组成部分。过去数十年中的去官僚化与再官僚化反复,正是这种平衡的表现,具体原因在于,集体主义规范性的因果信念与对适当性的规范,受到了个人主义在这方面的挑战,而后者反过来又受到了对个人主义"矫枉过正"批评的质疑。

3. 行为者、权力关系与冲突模式

在规范性领域发生改变的同时,变革也出现在行为者、权力关系与传统模式这几个方面。鉴于传统上,行政管理的言辞被认为与官僚的权力位次相联系,所以近来的去官僚化与再官僚化努力很少动员官僚来反对社会中的其他行为者。在许多国家,日益高涨的个人主义导致竞选中获胜的政党虽然在政治色彩上具有多样包容性,但在经济政策上却都不约而同的倾向于新古典主义经济学与竞争性市场。智库与国际组织为竞选获胜的政党提供了有关组织公共行政管理的各类思想。在这方面去官僚化是这些思想的共同语言。因为商业与公民社会行为者变得越来越活跃,"凯恩斯共识"在受到挑战的同时,也得到了捍卫。

通常来讲,官僚组织的兴衰受到社会凝聚力,和冲突方面所发生变化的影响。对制度与行为者的信任将降低对表达与参与的需求。如果一个单一、共享且稳定的目标拥有特权位次,并且因果关系已知,那么决策将很有可能被交给非多数的,负责"把关"的机构与专家——例如,官僚来进行。对良好行政管理的评判标准正是,以有效且具有连贯性的方法解决问题的能力。当人们就处理持久性冲突的固定规则达成共识的时候,职责与权威也就很有可能被托付给非多数的机构与代理人。因此,冲突与危机将会经由例行、可预测的方法加以解决。而在局势日趋紧张、冲突加剧的时期,政治动员便会出现,但如果那些控制了立法过

程的人，与一部分控制了法律实施的人结成了可靠的同盟，那么法令将会，也必然会变得空泛。

日益显著的多样性，也有可能对以规则为导向的政府有所裨益。在异质（heterogeneous）及多元（pluralistic）的政体中，治理实体很少会接纳目标导向的社群。这样的政体至多只能建立并维系一系列的共同制度、原则与规程，以帮助它管制没有过度暴力的分化社会。甚至在公民并不接受集中自决（centralized discretion）以及权力的情况下，他们仍有可能寻求共同规则。

4. 既有制度安排的作用

最终要提到的是，行政管理的进步，一直以来都受到既有制度安排的影响。而这不仅归因于其所具有的制度传承性，同时也与其发生的变革有关。在政治—行政生活中，制度创造了秩序与可预测性的各个要素。当官僚结构与流程，为适应改革或环境变化而发生改变之时，低效现象（inefficiency）就会出现。在这种情况下，相较于言辞上的转变，官僚结构与流程的适应性变革会对实践中的变化加以抑制，特别是在其制度性认同受到威胁之时。

例如，一直以来在全球范围内，对行政管理改革进行分析解释和回应的对象都是制度安排、资源与传统影响，而且根据国家与部门实际会有所差异。拥有浓厚官僚—法律传统的国家已不太可能选择继续去官僚化，其更倾向的应该是再官僚化。改革同样也已出现在制度及具体细节框架之中；如果这一切是事实的话，那么对公共行政管理、立法机构、法院以及大学的改革就一直存在松散的耦合关联。

但制度并不会总是对变革的连续性表示欢迎。有假设认为制度结构将一直存续，除非遭受制度内外的变革动力与对资源进行低估的外部冲击。否则。共存并相互竞争的规范性与组织性原则间的张力与冲突，通常会为两者的发展提供动力。在这类政体中，意在获取支配权的发展与改革将推动单一原则的普及化，而这很有可能导致批评与反抗力量的兴起，就如去官僚化与再官僚化的轮回所表现的那样。同时，由于制度实践与理念（例如，民主政府、公正规则与客观知识）之间一直存在鸿沟，所以在内部期待（internal aspiration）层面也存在变革的压力。举例而言，"重塑政府"运动认为官僚体系的内部就存在改革的构想，而其可以通过一个自下而上的过程加以激活。行政管理方面的发展可以，而且也确实是为显性规则（explicit rule）所驱使，并提出变革的要求。而在民主国家，反对意见的制度化表达与公开辩论是变革的重要先决条件。

八、结论

如果上述推断均为合理，学者们就不会对官僚化和去官僚化的综合性理论持过分乐观的态度。悬而未决的问题仍有很多：哪些制度特征有助于变革，哪些制度特征又会阻碍变革？哪些因素可能破坏制度维护与更新的既定模式和过程？一部分制度的变化同其他制度的连续性之间存在着怎样的相互关系？在渐进式调整与激进的改革之间又有什么关系呢？渐进式变化在什么条件下，可以为变革提供一个一致的和可辨别的方向？关键节点的产出怎样转变成持久性政治遗产？哪些政治制度会受到充分认可，并得到熟练运用以设计并用于实现预期期望的效果？

与韦伯将官僚制作为社会合理化的重要部分，以及韦伯批评者所认为的官僚制无可避免的衰落是现代化一部分的信念不同，本文关注的是变迁中的相对持久与合理的组织模式的混合。目标在于通过提供变迁中可能的动力学过程，而非列举可能影响官僚制兴衰的要素。制度、行为者和宏观驱动力都有与之有关，但是，在对各个条件进行考虑时，在关于哪种因素比其他因素更为重要的议题，仍没有形成共识，而对如何将部分自主的制度、人事代理，以及宏观历史推动力之间的相互影响进行理论化，当前学者也无法给出最好的回答。

The Ups and Downs of Bureaucratic Organization

Johan P. Olsen

Why do democracies give birth to bureaucracies and bureaucrats? How and why has a seemingly undesirable and unviable organizational form weathered relentless criticism over many years and is possibly experiencing a renaissance? Normative democratic theory, theories of formal organizations, and Weber's ideas are used for exploring de-bureaucratization efforts since the late 1970s and the most recent decade's rediscovery of bureaucracy. One lesson is that there has not been a monotonic development towards bureaucratization, as argued by Weber, or de-bureaucratization, as argued by his critics. Several normative and organizational components have co-existed. Yet the significance of each component and their relationships has varied over time. While elements of a theoretical framework are suggested, no great optimism for a comprehensive theory of bureaucratization and de-bureaucratization is offered. Institutions, agency, and macro forces all matter, but there is no agreement regarding under which conditions one factor matters more than the others.

Keywords: Administrative Reform; Bureaucracy; Democracy; Institutions; Weber

政治思想与政治文化

Comparative Politics Studies

多元与混合：维尔达夫斯基论美国联邦制的文化基石

杨绘荣　李　彤[*]

【内容摘要】 传统的"二元论"往往只给人们提供非此即彼的两种选择，如等级制和个人主义，极易导致暴力摧毁现存体制的行为频繁发生，使政治生活甚至整个社会关系缺乏必要的稳定性。维尔达夫斯基的文化模式理论坚决反对"二元论"，提出"必要的多样性条件"，认为任何单一的文化模式均与美国联邦制有不相兼容的一面，因而积极主张多元文化模式的共存与混合，尤其强调以追求结果平等为目的的激进平等主义力量的兴起会对联邦制造成致命打击，为维系美国联邦制的稳定找到了一条适宜的政治文化路径。

【关键词】 二元论；必要的多样性条件；维尔达夫斯基；联邦制

---

[*] 杨绘荣（1982— ），女，汉族，湖南汉寿人，中国人民大学政治学博士，山西大学政治与公共管理学院讲师、硕士生导师，研究方向为西方政治文化与政治思潮、政治学理论与方法。李彤，山西大学政治与公共管理学院2015级硕士研究生。

基金项目：山西省高等学校哲学社会科学研究项目"复兴中的西方政治文化研究：理论、方法及启示"（项目编号：2015225）。

一、多元文化模式的必要性：反对二元论

从政治文化的发展历程来看，其研究对象是逐层深入的。在两千多年的思想发展史中，简约论——即把整个世界划分为最简单的类别，曾经频繁出现，到了20世纪五六十年代，阿尔蒙德受到亚里士多德、孟德斯鸠、托克维尔等人的影响，打破"简约论"，确立了关注一国民族文化特质的研究范式并占据主导位置。进入70年代，政治文化走向衰败，直到八九十年代才开始复兴。复兴后的政治文化研究开始深入一国内部，关注更细化、更复杂的文化变量，即开始关注国家内部文化的复杂变动和多元性，美国政治学会前任主席艾伦·维尔达夫斯基（Aaron Wildavsky）的文化模式理论便是典型代表之一。

维尔达夫斯基在英国人类学家玛丽·道格拉斯（Mary Douglas）"网格—团体"（grid-group）类型学的基础上，全面而深入地探讨文化偏好、社会关系与生活方式①三者之间的互动机制，总结出五种文化模式，即等级主义（高团体、高网格）、平等主义（高团体、低网格）、个人主义（低团体、低网格）、宿命论（低团体、高网格）和隐士的生活方式（亦被称为"自主的生活方式"），强调有且仅有这五种模式，倡导"有限多元主义"理念。维尔达夫斯基划分这五种生活方式（文化模式）是非常有价值的，他跳出了两分法的固定框架，而之前的学者、大师们鲜有人超越从等级制到个人主义的发展模式，因而也略去了宿命论、平等主义和隐士的生活方式。罗斯·阿什比（Ross Ashby）②曾经肯定了划分五种文化模式的重要性，认为若没有后三种文化模式，社会组织理论就缺乏必要的条

---

① 这里的"生活方式"，是指特定的社会关系与特定的文化偏好结合而成的一种稳定的政治文化模式，亦被维尔达夫斯基称为"文化模式"。
② 罗斯·阿什比（1903—1972），控制论学派的代表人物，著有《控制论导论》。

件。① 更为重要的是，维尔达夫斯基采用的"网格—团体"类型学，是基于共同的标准划分出了五种不同的生活方式，在涉及团体约束力程度（"团体"维度）和社会规定性程度（"网格"维度）方面，五种文化模式均能与其中的每一种模式相互联系。由此可见，以"网格—团体"类型学为基础的文化模式理论不仅突破了前人的两分法，而且还采用相同的标准为主流的社会生活提供了一个相互排斥但又全面周到的分类模式，具有严密的逻辑性。

维尔达夫斯基进一步强调，纯粹单一的文化模式必然有其内在的缺陷，难以独自生存。纯粹的个人主义可能蜕变成非法暴力，19世纪50年代美国"堪萨斯州流血事件"②便是一个惨痛的教训。若没有少量等级主义者制定规则，强制履行契约，纯粹的自我管理必将导致无序状态。同样，如果一个国家内部，平等主义居于霸权地位，则其制度走向衰弱也不可避免，例如柬埔寨的红色高棉时期。由于没有其他文化偏好缓和其热情，平等主义者试图以极端方式摧毁所有现存体制，极易导致经济全面崩溃。等级制也不例外。维尔达夫斯基以苏维埃政权时期的社会关系为例，判定这种社会关系是高度等级化的，宿命论广泛传播，富有活力的个人主义和平等主义受到压制，毫无反馈机制可言，等级制的漏洞逐渐无法修复，日益走向僵化、腐朽。宿命论者更是如此。他们将自己的遭遇归咎于命运，是一个消极、被动的群体，仅仅依靠自身恐怕难以生存。尽管宿命论者在政策争论中发挥的作用微不足道，但对于整个体制而言，却是其他三种积极生活方式（等级制、平等主义和个人主义）扩大势力范围时极力拉拢的对象。

---

① W. Ross Ashby, "Variety, Constraint, and the Law of Requisite Variety", in Walter Buckley (ed.), *Modern Systems Research for the Behavioral Scientist*, Chicago: Aldine, 1968, pp. 129–136.

② 19世纪50年代，奴隶制争端已经成为美国政治生活的热点和党派斗争的焦点。1854年国会通过的《堪萨斯—内布拉斯加法案》，确认了新领地内允许或禁止蓄奴应根据所谓"人民主权原则"处理。该法案所导致的重大政治后果之一，是引起了一场全国性的政党大分化和大改组，其结果是辉格党的瓦解、民主党的分裂和共和党在举国上下反奴隶制扩张的呼声中应运而生，暴力冲突和流血事件不断升级。

很显然，正因为上述四种"入世的"生活方式①（等级制、平等主义、个人主义和宿命论）各有瑕疵，因而每种生活方式都离不开其竞争者，或者为了弥补自身不足，或者为了利用之，或者为了通过反对之而定义自身。摧毁其他竞争者等同于扼杀自身。基于此，维尔达夫斯基强调多元文化模式并存是必要的。比方说，如果平等主义者想要消灭等级制和个人主义，他们将失去反对的目标，削弱其对自身强团体性的辩护，进而破坏自身的生活方式。如果个人主义者想消灭等级制，则会失去来自市场之外的用以强化契约法律的权威，最终导致个人主义生活方式的崩溃。既然每种生活方式都依赖其他四个竞争者而生存，那么，为了维持一种生活方式，至少必须有五种生活方式并存，这就是维尔达夫斯基所谓的"必要的多样性条件"（requisite variety condition）。他解释说，没有一种生活方式能够独立生存，但这并不意味着在某个既定阶段或在单一国家内部，五种生活方式处于一种均衡状态。各个社会在体制结构上可能会支持某一生活方式而削弱其他。例如，"美国例外论"（American exceptionalism）将个人主义与平等主义融合起来，共同削弱了等级制；②与之相反，在英国，等级制与个人主义联合在一起，大力排挤平等主义。值得一提的是，多种竞争性的生活方式并存，能为我们提供更多的机会，同时有助于了解其他的可能性以及处于其他生活方式之下的人们的生活状况。于是乎，我们便可有效比较现存生活方式与其他替代模式的优劣，以便作出最适宜的选择——当其他生活方式对己有利时便与之结成同盟，若它无利可图时便与之决裂，寻找新的结盟对象。

"网格—团体"类型学及其演化而来的文化模式理论，显然与"二元论"格格不入，但维尔达夫斯基对于社会科学界普遍流行的二元论甚为忧心——譬如，文化与制度、方法论上的个人主义与集体主义、变化

---

① 因为隐士们几乎脱离了社会关系，过着类似于"出世的"生活，维尔达夫斯基在分析问题时一般忽略该文化模式，据此亦可将其他四种文化模式称为"入世的"。

② Aaron Wildavsky, "Resolved, That Individualism and Egalitarianism Be Made Compatible in America: Political Cultural Roots of Exceptionalism", Prepares for a Conference on American Exceptionalism at Nuffield College, Oxford, April 14–16, 1988.

与稳定、理性与非理性，等等。尽管作为分析路径上的差异性，二元论有时确实有用武之地，但它常常掩盖现象之间更为广泛的联系。通常情况下，社会科学家们总是抓住二元中的一元并声称其更为重要，从而引发一些不必要的争论。维尔达夫斯基声称没有必要只在两者之间进行选择，比如，集体主义或个人主义、变化或稳定，由于存在五种文化模式，人们可以拥有更多的选择机会。

首先，来看文化与制度。到底是制度塑造了文化，还是文化塑造了制度？学界似乎为此争论不休、各抒己见。维尔达夫斯基认为，文化与制度相互依赖，相辅相成，制度形成了某些特定的文化偏好，而坚持这些特定的文化偏好又将促使与之相应的制度合法化，强调应将文化与制度结合起来。至于到底孰先孰后，是一个无法回答的问题。其次，在方法论的问题上，维尔达夫斯基认为没有必要非得在方法论上的个人主义与集体主义之间作出选择。因为集体主义意义上的制度体系必然会限制个人行为，而个人行为也会与制度体系结合起来并不断调整之，即制度塑造着个人行为模式，个人行为模式也反作用于制度。再次，涉及稳定与变化，维尔达夫斯基反对将二者截然分开，其文化模式理论将持续稳定和转变机制统一起来。人们不断面临新状况，而这些新状况必然迫使人们采取变通措施，以尽力维持其熟知的社会关系。以日本明治维新时期为例，等级制的中央政府实施了一系列新的发展计划，为日本赢得了现代化的技术、工业和军事力量，与此同时等级制文化也得以维系。可见，变化与稳定是统一的而非对立的。最后，关于理性与非理性，文化模式理论也不是将二者对立，而是关注在"什么是理性的"这一问题上的多种界定方式。维尔达夫斯基指出，没有一种行为能够完完全全地被界定为理性或非理性。到底何为"理性的"？这取决于该行为所处的社会或制度环境。也就是说，对于某一种生活方式而言属于理性的行为，可能在另一生活方式看来却是高度非理性的。例如，个人主义者深信人性利己，且不会被制度环境塑造，认为没有一种制度安排能阻止人们以牺牲更大共同体的利益为代价，去追求自身利益，因而在他们看来，等级主义者为集体利益甘愿牺牲个人利益的行为绝对是非理性的。然而对于等级主义者而言，他们相信人生来有罪，但可以通过良善的、有秩序的制度赎罪，认为个人为集体价值作出牺牲便是遵从等级秩序和赎罪的理性行为。

简言之，维尔达夫斯基的文化模式理论以道格拉斯的"网格—团体"类型学为基础，关注文化偏好与社会制度之间的互动关系，划分出五种文化模式或生活方式，提出每个人类集合体内部有且仅有这五种文化模式，推崇五种文化模式并存，强调它们相互依赖，互为补充，缺一不可，认为这是保持政治生活稳定的文化前提。在这里，维尔达夫斯基突破了传统的两分法，为人们提供了相对多元的选择，丰富了人们对复杂社会生活的理解，为维系政治稳定找到了一条适宜的文化路径，更为理解其联邦主义思想提供了一个有效的分析工具。

二、混合型文化同盟：美国联邦制的政治文化支柱

维尔达夫斯基对政治文化模式的研究，特别是对等级和平等概念的理解，强化了其联邦主义信念。由于偏爱平等，同时又意识到必须将平等与某些等级制因素结合起来，才能更加有效地管理社会，他认为联邦主义是最好的结合模式。维尔达夫斯基相信，"在美国这个并不完美的国度里，联邦主义也许是最好、最公正的政府形式，它不仅能保障这个多元主义国家的安全，还能使之便于管理"①。作为一个民主党人和个人主义者，维尔达夫斯基试图将等级制的影响降到最低，最大限度地扩大平等，他强烈支持美国的联邦制，大胆指出当前美国联邦制存在的问题。从20世纪70年代后期开始，维尔达夫斯基主要致力于阐述政治文化与联邦结构之间的关系，认为联邦主义是最有利于个人主义生活方式蓬勃发展的体制。就这一点而言，他在道格拉斯"网格—团体"类型学

---

① Aaron Wildavsky, *Federalism and Political Culture*, New Brunswick and London: Transaction Publishers, 1998, p. x.

基础上构建的文化模式理论不仅仅是一个简单的意识形态工具,而是拥有更丰富的政治内涵,是理解美国联邦主义最适宜的理论工具。正如1994年玛莎·德西克(Martha Derthick)教授在美国政治学会举办的纪念维尔达夫斯基的活动上曾评价的那样:"维尔达夫斯基的文化模式理论与美国联邦制的实际运作很可能密切相关。如果想要评估各种竞争性政治文化在美国的发展状况,那么再也找不到比美国联邦主义更能揭示这种相互关系的路径了。与之对应,若想要评估美国联邦主义的发展状况,则维尔达夫斯基历经十多年研究的文化模式理论可能是最好的分析工具。"[1] 那么,联邦制与各文化模式到底如何关联的呢?

首先,来看看维尔达夫斯基关于联邦制与平等相互关系的论述。他指出,联邦制总是伴随着冲突与矛盾,但又离不开合作与协调,因为合作与协调是将冲突控制在合理限度之内的保障。所以联邦体制下,既有合作,也有协调。联邦主义要求成员之间相互协作,而非"命令—服从"的关系;它综合考虑多种因素,而非单一因素;它偏好共享权力,而非权力垄断。作为联邦主义的偏好者,在涉及中央与地方关系问题方面,维尔达夫斯基指出,中央政府的价值在于统一性与维持必要的稳定,它要求对不同地区的公民一视同仁;州政府的价值在于多样性与相互竞争,倘若州政府忽略各自的地方特色,不断相互模仿、相互复制,则其各自坚守的原则将成为多余。在维尔达夫斯基看来,中央和地方这两种价值存在的前提条件是:第一,二者必须维系各自的价值,这是另一方价值得以存在的条件;第二,如果州政府保持多样性,则为中央政府强调统一性提供了有效依据,它可以弥补州政府的缺陷。

也就是说,在联邦制下,既要有统一的中央政府,也要有多样性的州政府。各州之间相互冲突、相互竞争,争取为整个社会提供最优质的服务,而中央政府用来充当仲裁者,引导各州展开良性竞争,将其矛盾控制在合理的范围之内。这个意义上的联邦制显然是一个由等级主义和

---

[1] Aaron Wildavsky, *Federalism and Political Culture*, New Brunswick and London: Transaction Publishers, 1998, p. xviii.

个人主义结成的文化同盟。作为一个个人主义者，维尔达夫斯基更加强调竞争的重要性。在他看来，美国联邦制的精髓在于竞争，而非垄断，权力的分离与分化是其核心概念。由于竞争必然伴随结果上的不平等，因而维尔达夫斯基笔下的联邦主义其实意味着不平等，即联邦制与结果平等互不兼容。他这种强调不平等理念的联邦主义思想，鲜明地凸显出其个人主义文化偏好。

其次，简要回顾下等级主义、个人主义和平等主义这三种积极生活方式[①]的基本特点。等级主义文化在劳动分工的过程中构建了等级秩序。该文化模式的拥护者声称，不平等是保障集体安全必需的，是合情合理的。他们引导人们各司其职，各就各位，大力表彰为集体牺牲的行为，从而有效地控制了嫉妒心。他们通过节衣缩食大力兴办集体企业的方式积累了巨额财富，深信权威遵循的是自上而下的流动模式。

与等级制相比，竞争性的个人主义文化维系了人们对自由契约的同意，同时也构建了秩序。该文化的拥护者指出，跟其他商品一样，领袖的选举也是在讨价还价中完成的，不存在永久的领导关系模式，只有服务于不同目的的不同领袖。他们认为每个人都有机会取得成功，因而嫉妒心开始膨胀。对于个人主义者而言，风险就是机会，结果不平等也是公平竞争的产物。个人主义者主张通过市场机制进行优胜劣汰，声称追逐个人利益最终可以改善每个人的生活。

在维尔达夫斯基看来，美国的联邦制是由等级主义与个人主义结成的文化同盟，该体系从等级制那里汲取秩序与竞争规则，从个人主义那里获得经济增长。二者之间也存在一些冲突：等级主义者更关注劳动分工，强调每个人各就各位，而个人主义者比较关心结果，认为只要能维系订约自由，任何资源或人力的组合均是可接受的。与美国联邦制相悖的政治文化模式当属平等主义。平等主义者笃信结果平等，反对任何形式的权威，选择过一种完全自愿联合的生活，他们并不关心财富的创造

[①] 在维尔达夫斯基笔下，宿命论是一种消极的生活方式，将成败归咎于命运，常常成为其他文化模式扩充势力范围时争先拉拢的对象，因此他在分析美国联邦制时没有过多提及。

问题，而只关心财富和资源的分配问题。

需要注意的是，每种文化模式提到的"平等"其实各有所指。对于个人主义者而言，平等意味着竞争机会的平等。在等级制下，平等意味着遵循特定的整体与部分之间的关系，所谓平等对待某人，是指允许他履行自身所处职位的义务同时享受与职务对应的权利。而对于平等主义者来说，平等是指结果平等。很显然，各文化模式都信仰平等，但对平等的理解不尽相同。

维尔达夫斯基进一步强调了个人主义与平等主义之间的差异。二者均期望其行动受到的约束越少越好（在网格维度上，都属于"低网格"）。个人主义者选择通过机会平等加大人与人之间在结果上的差异，而平等主义者选择运用结果平等减少差异，以逃避权威的控制。平等主义者在一定程度上持有集体观念（即"高团体"性），拒绝所有外在的权威。个人主义者根本没有集体观念，他们可能会与任何人结盟，包括等级权威，只要权威尊重其讨价还价的生活方式。可见，在对待权威的态度上，个人主义者偏好最低限度的权威，而平等主义者不喜欢任何形式的权威。

最后，转向混合型文化同盟对于美国联邦制的重要性。在维尔达夫斯基看来，美国虽然是一个单一民族的国家，但它在文化上绝不是单一的，而是一个自建国开始就至少包含了三种亚文化（个人主义、平等主义、等级主义）的同盟体：由于90%以上的人口都是小农，因此不足为怪，大多数美国人当属竞争性的个人主义者，他们尤为关注市场是自由的还是受政府控制的；等级制文化的拥护者可分为忠于不列颠政府的人和在本土寻求机遇的国家主义者；另外还有一些信奉共和主义精神的平等主义者，期望减少各种差异。

维尔达夫斯基指出，在美国，等级制内部各个层级可能会为了争夺职位相互竞争，但他们更多的是代表权威，而非分享权威。与之相比，个人主义者除非是为了维系订约自由，否则不会认可任何权力中心，其分权偏好与生俱来。平等主义者可以接受要么是保障人人平等的中央管制，要么是保障各州平等的邦联，但决不能接受二者共存，因为这意味着某一层级政府将在某些方面比其他层级的政府拥有更多的权力，这种不平等的局面是平等主义者最不乐于见到的。很显然，单一的等级制、个人主义、平等主义文化分别拥有与联邦制互不兼容的因素，因此维尔达夫斯基坚称只有至少融合了两种文化模式的混合型文化同盟，才能促进联邦主义的发展。在混合型文化同盟的问题上，他声称市场体制（个人主义）和等级制是分权与集权相互结合的典型，认为市场体制不仅带动经济增长，还引入了为自身利益而竞争的观念，而等级制为市场体制的良性运作提供权威和稳定性。更值得一提的是，两种体制均认可结果上的不平等，有助于形成多样性，而这种多样性恰好是美国联邦制的核心，亦是其充满活力的动因所在。至于平等主义者，维尔达夫斯基指出，他们往往能够作出妥协——为了借助政府权威重新分配资源，促进公民之间的平等，可能与强势的等级制结盟，接受权威固有的强制力（比如欧洲）；为了逃避等级制权威的压制，又可能投靠强势的个人主义，接受一定程度上的结果不平等（比如早期美国）。因此，对于由等级制和个人主义混合而成的联邦制而言，平等主义具有两重性：一方面通过批判权威，有效防止中央政府权力扩大化；另一方面通过要求中央政府实现结果平等，大力破坏联邦制固有的多样性。

既然单一的等级制、个人主义、平等主义文化均难以与联邦制兼容，维尔达夫斯基进一步提出，由它们组合而成的混合型体制则能与联邦主义相互兼容。换言之，若个人主义或平等主义或等级制均得到充分发展，联邦主义便没有发展的空间；但这些文化模式的共存状态——等级制的集权与个人主义的分权，再加上来自平等主义的批判声——往往比仅由等级制和个人主义混合而成的联邦制具有更强的适应力。平等主义团体一般规模较小，数量庞大，具有变通性，因此只要平等主义者势单力薄，无法控制中央政府，便能通过反抗政府权威的形式间接维系地方政府的多样性。然而倘若平等主义势力增强，占据主导位置，他们可能会不择手段将结果平等的偏好强加给中央政府，迫切要求实行一元化政策，给偏好多样性的联邦制带来巨大挑战。

遗憾的是，根据维尔达夫斯基的分析，目前美国在文化力量的对比上，等级制和个人主义变化不大，唯有平等主义力量渐长。若不加控制，随着平等主义进一步演化为一股激进的、强势的力量时，联邦制赖以生存的政治文化支柱——即由强势的个人主义、弱势的等级制和适度发展的平等主义组成的混合型文化同盟——将难以为继，届时，联邦制的衰落甚至崩溃恐怕不可避免。对此，维尔达夫斯基深感担忧，不断警示美国政府和人民要积极预防这股强大的致力于结果平等的激进平等主义力量。

三、激进平等主义的兴起与联邦制的衰落

前面已经提及，美国是一个至少混合了三种亚文化（个人主义、平等主义、等级主义）的同盟体，这三种文化在力量对比上的变化，尤其是平等主义的强势崛起，必然会给美国的政治体制带来巨大影响。维尔达夫斯基指出，七八十年代以来，美国政治社会发生了巨大变化，如以自由著称的民主党过分关注诸如宗教、性别、种族之类关乎平等价值的问题以及女权主义、环保主义、公民权运动等不断兴起。为何会发生这些转变呢？维尔达夫斯基认为根源在于平等主义力量的增长。平等主义者声称，应该尽可能地使人们在收入、性别、种族、性取向、权利等诸多方面享受平等待遇。

维尔达夫斯基描述了个人主义、平等主义和等级制在美国的发展现状。他指出，个人主义者比较喜欢我行我素，不受任何指挥，但是其贪婪、自私的特性也愈加明显。七八十年代以来，美国的个人主义者比以前更加激进地保护其偏好的生活方式，可能是因其面临的对手（主要指平等主义者）愈加强大。平等主义者一般采取一视同仁的态度，不用有色眼镜看世界，倾向于把自己粉饰成能够包容多样性的好好先生，自称要保护处于困境中的人们。然而自七八十年代开始，美国社会已经出现了诸多结果上的不平等，他们开始致力于采取激进方式消除这些不平等。美国的等级主义者最不可能坦白其文化偏好，害怕遭人痛批。他们宣称，不同的人在社会中处于不同的位置，是一种最自然的制度安排，唯

有如此，才能形成最优良的社会，其势力在崇尚自由竞争的美国依然弱小。

政治文化的变化是维尔达夫斯基的研究主题。他认为，早期美国是个人主义者与平等主义者联合起来反对英国的等级制，他们共同要求控制政府规模，大力倡导"小政府模式"。对于平等主义者而言，这种合作意味着保护自身权利免受特权侵犯；对于个人主义者而言，一个弱小的中央政府意味着较少的规制和较低的税款。于是，在赢得民族独立的过程中，等级制日益淡出历史舞台，强势的个人主义者与中等水平的平等主义者结成同盟，相信机会平等与结果平等能够相互强化，双方各取所需，共同进退，从而使美国有别于其他国家。遗憾的是，时至今日，等级制依然弱小，但自冷战前开始，平等主义却日益强大起来，而个人主义依旧维持原样，力量并未增强。平等主义者日益对个人主义者产生不满情绪，他们担心，与以往不同，平等机会的增多可能并不会相应地带来结果上的平等。因为缺乏来自等级制的强大约束力量和协调能力，个人主义者和平等主义者均有可能以极端的方式相互攻击。一旦追求结果平等的平等主义文化占据上风，并进一步演化为激进平等主义，那么以多样性为核心的联邦制必将遭受致命打击。

维尔达夫斯基罗列了激进平等主义的种种弊端。他指出："不断强大的平等主义将降低人们的生活质量、影响人们的身体健康、攻击公共演说、贬损公职人员的品质、削弱民主制、使人们相互猜疑，甚至更糟糕的是，它可能会不断地破坏美国生活——包括现有的政体、经济和社会制度，导致人们无法找到替代性的生活方式。"[①] 维尔达夫斯基为此忧心忡忡，并非因为平等主义者一直在批判现存的政治制度，而是因为他们提出的矛盾要求严重挫伤了政府士气。一方面，他们希望政府发挥更大的作用以规制整个社会；另一方面，又认为领袖不可信，因为领袖的存在往往意味着他与追随者之间存在一种不平等的关系，于是他们又不

---

① Aaron Wildavsky, *The Rise of Radical Egalitarianism*, Washington, D. C. : American University Press, 1991, p. xxx.

断破坏权威。维尔达夫斯基指出，平等主义者期望一个没有权威的官僚制，这对于以集权和分权相结合为特点的联邦制毫无益处可言。他以教育为例，认为美国有高度发达的教育体系，美国的大学在世界上是一流的，学者和科技人员的研究工作也是领先的。但这一点也未逃过平等主义者的抨击，因为不容许存在任何差异，他们并不希望大学拥有比其他机构更多的知识，而是希望大家一律平等。这种反对任何形式不平等的文化模式显然与追求竞争和多样性的联邦主义格格不入。

总之，在美国文化力量的对比上，等级制力量微弱，个人主义维持原样，只有平等主义力量渐长。平等主义者蔑视当前政治制度，经常对资本主义市场和政治民主表现出愤怒、拒绝甚至敌对之意，他们对政府提出矛盾的要求：既要扩大政府规模，又否认政府权威。维尔达夫斯基强调，在现代化进程中，平等主义是一把双刃剑。一方面，它能够为制度安排提供滋养，或者说是制度安排的收敛剂。正如被动与积极之间的平衡是政治稳定所必需的一样，"忠诚"与"怀疑"相结合对联邦制的稳定也是有益而无害的，反对权威的意愿与支持权威的意愿同等重要，因为不断批判权威可以有效防止政府权力变得自大或者充满强制性。另一方面，平等主义者也潜伏着危险，他们可能会联合宿命论者而变得更加强大。为了避免发生这样的危险，当权者必须认真考虑安抚少数人以缓和其不满情绪。在维尔达夫斯基看来，"当今美国所谓的自由民主社会——法治、轮流执政和质询权等——实际上是等级制、个人主义和平等主义共同干预下的产物"①。不可否认的是，过度的平等主义必然会颠覆以竞争和多样性为核心的联邦制，若平等主义者占据了主导位置，他们可能会为了达到结果上的平等而不择手段，因此应该注意适度发展平等主义。

---

① Michael Thompson, Richard Ellis and Aaron Wildavsky, *Cultural Theory*, Boulder: Westview Press, 1990, p. 257.

Pluralism and Hybrid: Wildavsky on the Cultural Cornerstone of American Federalism

Yang Huirong Li Tong

Abstract: The traditional dualism often provided us with only two opposite choices, such as hierarchy and individualism, and this would easily result in the establishment being frequently destroyed with violence so that the political life even all the social relationship lacked necessary stability. Wildavsky's cultural theory stood firmly against "dualism", put forward the "requisite variety condition", thought that any single culture had something compatible with American federalism, insisted the coexistence and hybrid of plural ways of life, especially stressed that the rise of radical egalitarianism which aspired after equality of result would be a fatal blow to federalism, and so that found an appropriate political culture path for maintaining the stability of American federalism.

Keywords: Dualism; Requisite Variety Condition; Wildavsky; Federalism

卢梭公意学说的现代性解读

王 超 商红日[*]

【内容摘要】 卢梭的公意学说是充满争议的。迄今为止,人们围绕对公意的不同理解而展开的讨论还在继续。本文提供了一个现代性的研究视角,并在这个视角下,辨析了卢梭公意学说的理性观念,以此为基础,对公意的内涵和现代性思想形成了新的解读和阐释,这对于学界长期以来所持有的过于强调卢梭非理性的言说基础,有所矫正。

【关键词】 卢梭;公意学说;现代性

引 言

可以毫不夸张地说,卢梭在现代国家构建的理论事业中,开启了现代性的争论。英国社会学教授杰拉德·德兰蒂认为,"现代性的概念首先出现在17世纪和18世纪的'古今之争'",表达的是"对科学和进步的强烈信念"。[①] 卢梭一出场,则对这一信念表示了极大的和坚定的怀疑

---

[*] 王超,上海师范大学政治学理论专业研究生;商红日,上海师范大学法政学院教授,主要从事政治哲学研究。

[①] 〔英〕杰拉德·德兰蒂:《现代性与后现代性:知识、权力与自我》,李瑞华译,商务印书馆2012年版,第12页。

乃至反对。卢梭的成名作《论科学和艺术》，法国第戎学院的获奖论文，不仅为他带来了学术声誉，更富有意义的是，该论文对启蒙哲学家关于理性的赞美歌中，表达了深深的焦虑与批判，正如挪威哲学家G.希尔贝克和N.伊耶所论："卢梭在这里对进步信念所作的批判，成了浪漫主义的序曲：文明和科学扭曲了人身上的善良天性。"①

学界在对卢梭政治哲学思想的争论中，或者说在对卢梭的批判中，一般持有与卢梭不同的现代性立场，由此，可以将这种论争视为关于现代性的论争。笔者选取对卢梭政治哲学思想争论最大的公意学说，基于卢梭所持有的现代性立场再解读，从而获得了对卢梭及其公意思想的若干新的理解。这一探讨在当下关于卢梭研究中，仍不乏其理论价值。

卢梭的双重理性观：理解卢梭的钥匙

对卢梭的种种误解主要来自于对卢梭理性观的随意搁置或浅表化理解。在卢梭这里，理性是双重的：一是人的个体理性，本文将其概括为自存理性；一是人在形成公意时的理性，本文将其概括为契约理性。

卢梭承接了霍布斯、洛克等的论证逻辑，从人类自然状态的思想实验开始其理论学说的阐释过程。但与霍布斯、洛克等前人不同的是，卢梭的自然状态中，人原本是不具有理性的。在这样的状态中，人区别于动物界的主要特征在于人的自由本性和人类的情感。在自然状态下，人类无所谓善与邪恶，因为他们无从知道什么是善，什么是恶。人们之间处于彼此完全独立、缺少普遍性联系的状态之中。"这种完全的独立和这种毫无规律可言的自由，哪怕始终是和太古的清白无辜结合在一起的，也终归是一件根本性的坏事"，因为人们之间无法结合起来成为一个整体，"每个人在别人中间始终都是孤独的，每个人都只想着自己；

---

① 〔挪〕G. 希尔贝克、N. 伊耶：《西方哲学史》，童世骏、郁振华、刘进译，上海译文出版社2004年版，第331页。

我们的理解力不能得到发展;我们毫无感觉而活着,我们未曾生活就死去;我们全部的幸福就只在于并不认识自己的苦难;我们的内心里既没有善良,我们的行为中也没有道德……"①。但是,某种必然性促使处于自然状态下的人们,必须结合而成为社会。这种必然性是什么?卢梭说:"我设想,人类曾达到过这样一种境地,当时自然状态中不利于人类生存的种种障碍,在阻力上已超过了每个人在那种状态中为了自存所能运用的力量。于是,那种原始状态便不能继续维持;并且人类如果不改变其生存方式,就会消灭。"② 卢梭似乎十分草率或过于简单化处理了人类从自然状态过渡到社会状态的复杂过程,但实际上,卢梭将其含而不露的思想铺陈于契约理性的构建中。于是,两种理性成为卢梭的社会契约达成的关键要素。

先来看第一种理性。

第一种理性是每个个体的"自存"理性。这种理性在自然状态中并非以理性的形式,而是以本性的形式存在着。但是,一旦结束自然状态,人们订立契约,结合而成为契约社会,这时,自存理性将被社会所激活。因此,理性是在人们结合而成为社会以后的产物。理性产生以后,人们开始互相反对,变得唯利是图。"理智使人产生虚荣,而加强虚荣的,是思考。"③ 人类结合而成为契约社会从而走出自然状态,这纯粹迫于无奈;但人类一旦结成契约社会,自存理性必然被激活,这同样是一种无奈。"卢梭抨击那种认为赤裸裸的理性的自利有可能把社会凝聚在一起的观点"④,但这不意味着卢梭否定人们结合成社会以后,不存在这层含义上的理性,相反,卢梭的"众意"的概念是对理性的另一种表达,这种理性即自存理性。卢梭说:"事实上,每个个人作为人来说,

---

① 〔法〕让·雅克·卢梭:《社会契约论》,何兆武译,商务印书馆1997年版,第191页。
② 〔法〕让·雅克·卢梭:《社会契约论》,何兆武译,商务印书馆1997年版,第22页。
③ 〔法〕让·雅克·卢梭:《爱弥儿》,李平沤译,商务印书馆1978年版,第6页。
④ 〔挪〕G. 希尔贝克、N. 伊耶:《西方哲学史》,童世骏、郁振华、刘进译,上海译文出版社2004年版,第333页。

可以具有个别的意志,而与他作为公民所具有的公意相反或者不同。"① 这种个别的意志总和起来就构成众意。每一个个别的意志,都是一种"理性存在"。只不过,这不是一般启蒙学家所持有的理性,而是卢梭对签订了契约组成契约社会以后的人们的理智力量的描述。按照卢梭的阐释:人们经过权衡后发现,签订了契约,组成契约社会以后,人们失去的是"自然的自由",而获得的是"社会的自由",这对于人类而言,是一个"巨大的收获":人们的能力得到了锻炼和发展,思想开阔了,感情高尚了,人们的灵魂整个提高到了一个新的层次或高度——"永远脱离自然状态","从一个愚昧的、局限的动物一变而为一个有智慧的生物"。② 这种自存理性解释了契约社会形成以后,不会再回到自然状态的内在理据。

再来看看第二种理性。

这种理性远比前一种理性更重要、更具优先性和根本性。卢梭指出,人们建立社会契约,走出自然状态,必须解决一个根本问题,即"要寻找出一种结合的形式,使它能以全部共同的力量来卫护和保障每个结合者的人身和财富,并且由于这一结合而使每一个与全体相联合的个人只不过是在服从自己本人,并且仍然像以往一样地自由"③。这个根本问题如何解决?卢梭的方案是:构建公意。公意,就其组织与制度形态说,体现为共和国或政治体,就其作为契约社会的基本精神而言,它是被所有订约的人所共享的一种契约理性,其本质在于,它是"道德性",是取代了自然状态下人的本能的"正义",也是处理权利和义务关系的原则,它普遍存在于契约社会,成为人们行动的根据与"最高指导"。由此,人们"在听从自己的欲望之前,先要请教自己的理性"。④ 特别是,契约社会必定是法治社会,在这样的意义上说,"毫无疑问,存在着一种完全出自理性的普遍正义;但是要使这种正义能为我们所公

---

① 〔法〕让·雅克·卢梭:《社会契约论》,何兆武译,商务印书馆1997年版,第28页。
② 〔法〕让·雅克·卢梭:《社会契约论》,何兆武译,商务印书馆1997年版,第30页。
③ 〔法〕让·雅克·卢梭:《社会契约论》,何兆武译,商务印书馆1997年版,第23页。
④ 〔法〕让·雅克·卢梭:《社会契约论》,何兆武译,商务印书馆1997年版,第29页。

认,它就必须是相互的"①。由此,可以说这种理性就是契约理性,它存在于人们订立契约的过程、融入法治之中、成为正义的基础,具有相互性。

这样,我们可以通过卢梭的两种理性或双重理性的解读,填充了卢梭隐去的论述内容,能够更充分把握"只是一瞬间,这一结合行为就产生了一个道德的与集体的共同体,以代替每个订约者的个人"这样一个显得十分突兀的概括,也才能理解公意所具有的统一性、"它的公共的大我、它的生命和它的意志"② 等内涵。

公意内涵的文本解读

公意学说是一种现代性的学说,只不过它是现代性的另一个谱系。为了便于分析,我们先就其文本含义作出一般解读。

1. 公意是基于契约理性的普遍规范

卢梭在他的《社会契约论》中强调,"每一个与全体相联合的个人又只不过是在服从自己本人,并且仍然像以往一样的自由"③。卢梭所说的像以往一样自由并不是指像之前在自然状态下的那种自由。而是一种由社会契约带给人们的那一种自由,也就是"被公意所约束着的社会的自由"。在这里,由于公意是人们之间相互订约而产生的统一意志,因而,人们服从契约,也就是服从自己,这就是一种理性的力量。每个人都在这个力量驱使下行动,从而,公意就具有了普遍正义的本质。于是,公意的根本政治作用在于为社会建立起一套普遍规范或者标准。这种普遍规范的制度体现是法治。

---

① 〔法〕让·雅克·卢梭:《社会契约论》,何兆武译,商务印书馆1997年版,第48页。
② 〔法〕让·雅克·卢梭:《社会契约论》,何兆武译,商务印书馆1997年版,第25页。
③ 〔法〕让·雅克·卢梭:《社会契约论》,何兆武译,商务印书馆1997年版,第23页。

2. 公意与众意：契约理性和自存理性的互动关系

众意不是公意。这二者总是有很大差别的。公意只着眼于公共的利益，而众意则着眼于私人的利益；公意是整体的因而是统一的意志，众意只是个别意志的总和。卢梭为什么要提出一个众意的概念？在卢梭看来，没有一个个人是与生俱来就具有私心的，因而，他断然否定了一般启蒙学说的理性基础。但是，卢梭坚定地认为，人们组成契约社会以后，这个社会并非是一个没有私人利益而只有公共利益的乌托邦社会，相反，这是一个只有形成了公共利益从而才能保证每个私人利益的社会。因此，卢梭要为这个社会如何认识财产权和自由而辩护，他要全力论证如何使自存理性在道德自由的理念约束下，感知契约社会胜过自然状态，社会自由优于自然自由。与此同时，为了证明契约社会是最能体现平等的社会，卢梭将关注点牢牢锁定在公意的构建上：公意产生的必要性、必然性；公意的主权性和人民性；公意的实现及其保证——法治、共和国政体、公意的民主保护等等。所有这些都旨在明确公意所体现的公共利益是契约社会人人平等的基础。

3. 公意与人民和主权者

公意是不会犯错误的，而人民则会犯错误。卢梭在他的《社会契约论》中如此说道："可见公意永远是公正的，而且永远以公共利益为依归；但是并不能由此推论说，人民的考虑也永远有着同样的正确性。人们总是愿意自己幸福，但人们并不总是能看清楚幸福。"① 可以说，卢梭是一个十分客观而求实的思想家，他没有"人民崇拜"的意识。人民中存在着个别意志，人民在一般的生活中容易被分离出诸多小集团，每个小集团会基于集团利益形成集团意志即小的公意。一旦其中的某个集团足够大，"以至于超过了其他一切集团的时候，……这时，就不再有公意"，因此，为防止人民犯错误，唯一的好方法是防止人民的分裂。② 但

---

① 〔法〕让·雅克·卢梭：《社会契约论》，何兆武译，商务印书馆1997年版，第39页。
② 〔法〕让·雅克·卢梭：《社会契约论》，何兆武译，商务印书馆1997年版，第40—41页。

是，人民毕竟是主权者。人民在构建契约社会历程中，形成了契约理性，树立了自由和平等的理念，因而，人民能够在公意的指导下，完善自己，并能够在人民中产生立法者，他通过其自身理性并且超然的智慧去发现公意，发现社会中的普遍正义，并用文字的形式将公意表达出来，形成宪法的起草。人民也能够建立起公民的公共信仰，即"精神法典"，从而维护和强化道德自由，使人民的构成者——公民，既是良好的，也是忠实的。

公意概念是卢梭政治思想的灵魂，贯穿于他的思想体系内，特别是在《社会契约论》中，公意概念的内涵十分丰富而需要谨慎周密地辨析。这里只是基于现代性取向的阅读，而对其文本含义作出初步概括。基于上述理解，我们可以进一步分析公意学说的现代性旨趣。

公意学说所体现的现代性

美国耶鲁大学政治哲学教授史蒂芬·B. 斯密什在其《政治哲学》一书中认为，卢梭不仅仅影响了法国大革命，更重要的影响是在大革命之后。他特别指出，"第一个也是最具有决定性的，就是卢梭对康德的影响。"此外，就是对托克维尔的影响。"在法国大革命的后一代人里，有一位年轻的法国人前往美国，写了一部迄今为止论述民主的最重要的书，这就是托克维尔的《论美国的民主》。人们要想从这七百页中找出一句提到卢梭的话，那将是徒劳无功。然而，卢梭的影响俯拾皆是。"[①]实际上，如果在现代性研究的视野中来看，卢梭—康德—托克维尔构成了现代性思想的一个谱系，暂且可以将其称之为政治现代性的论说谱系，而目前人们尚未意识到这个谱系的存在。本文尚难以在此展开讨论这个谱系的问题，但无疑将在这样的一种关注中，探讨卢梭公意学说的

---

① 〔美〕史蒂芬·B. 斯密什：《政治哲学》，贺晴川译，北京联合出版公司2015年版，第243、244页。

现代性旨趣。

1. 公意：从权力到新的权力到权利

卢梭《社会契约论》第一章开篇就说"人是生而自由的，但却无往不在枷锁之中"①。枷锁何指？枷锁即奴役，也就是权力。这个权力是人类在自然状态转入强权社会所形成的缺少合法性的强制力。强权的出现，使人的天赋自由平等遭到破坏，特别是奴隶制下，奴隶丧失了一切，这种奴役强权造成了奴隶的怯懦，"他们的怯懦则使他们永远当奴隶"②。因此，全部问题归结起来，就是要解决如何使人的天赋的自由平等冲破权力的枷锁而回归人类的问题。卢梭找到了"社会契约"的道路。按照卢梭的逻辑，强权不能使人类摆脱枷锁的桎梏，强权只能导致奴役制度的产生。为了根本解决由强权及其制度所造成的对自由平等的破坏，人民需要形成公意，建立契约，结合而成为政治社会即契约社会。由此可以看出：公意是人民对共同的根本利益的认同与同意，并通过订立契约的形式而构建成的统一意志。这个意志是不能分割、不能代表、不能转让的，它成为一种新的权力，这个权力是人民主权，它是所有的自由平等权利的基础和保障。这样，公意是人民的一种提升与改变，是人民由奴隶变为自己主人的历史性转换的条件与结果，这就是卢梭的公意所表达的现代性。

2. 公意：全体人民的共同的道德特质

据认为，"康德从卢梭那里发现的最重要的东西，就是一种新的道德崇高性"③。卢梭将契约社会定义为"一个道德的与集体的共同体"④。契约一旦达成，人们进入社会状态，人们便获得了道德自由，这种道德自由是指每个人都服从自己为自己所规定的法律。每个人都作出的这一行为体现了正义，因而"他们的行动也就被赋予了前所未有的道德性"。

---

① 〔法〕让·雅克·卢梭：《社会契约论》，何兆武译，商务印书馆1997年版，第8页。
② 〔法〕让·雅克·卢梭：《社会契约论》，何兆武译，商务印书馆1997年版，第11页。
③ 〔美〕史蒂芬·B.斯密什：《政治哲学》，贺晴川译，北京联合出版公司2015年版，第243页。
④ 〔法〕让·雅克·卢梭：《社会契约论》，何兆武译，商务印书馆1997年版，第25页。

这时，公意就具有了契约理性，它维护着共同体的整体性，它促进了共同体成员间的彼此互助，同时，它也产生了一种共同体的道德人格或叫"公共人格"，形成一种道德力量，这种力量将迫使拒不服从公意的人服从公意，由此保证社会公约得以贯彻实行。从这一逻辑中人们能够发现：当马基雅维利将道德从政治中祛除，从而将古代政治推进到近代政治的时候，卢梭又将道德重新植入现代政治，从而将政治从近代推进到现代，而这一逻辑直到康德最终获得完整的阐释。

3. 公意：从自由到民主

史蒂芬·B. 斯密什说："谁要是不喜欢卢梭，就是不喜欢民主。"① 但是，不喜欢卢梭的确实大有人在。英国著名哲学家伯特兰·罗素就是不喜欢甚至厌恶卢梭的人。特别是对卢梭的公意学说耿耿于怀，认为它必然导致"极权国家"的逻辑。罗素也在他的《西方哲学史》中对卢梭的《社会契约论》倍加责备，认为公意就是代表各色公民的自私自利心当中共通的东西，因而公意必定代表该社会所能做到的对自私自利心的最大集体满足。罗素在《西方哲学史》之后，又出版了一个"缩写版"，名为《西方的智慧》。该书在论及卢梭及其《社会契约论》时说："书中很多地方以普遍意志这个概念为依据，可惜没有讲得很清楚。卢梭的想法看来是排除了互相冲突的个人之间的利益，剩下的就是一些为他们全部共享的自身利益。但是他对这一点从来没有追出各种后果。一个把这些方针奉为圭臬的国家，势必不管什么私人组织，尤其那些抱有政治和经济目的的，一概予以禁止。这样我们就具备了一种极权主义制度的全部要素；虽然卢梭看来对此不是毫无察觉，他却没有表明，这种后果如何才能避免。"② 对于一个关心财产胜过关心自由平等的人来说，可能没办法更准确理解卢梭。卢梭的民主是真正的自由—民主。卢梭基于主权的不可代表性而反对英国的代议制，指出："英国人民自以为是自由

---

① 〔美〕史蒂芬·B. 斯密什：《政治哲学》，贺晴川译，北京联合出版公司2015年版，第245页。
② 〔英〕伯特兰·罗素：《西方的智慧》，马家驹、贺霖译，世界知识出版社1992年版，第315页。

的,他们是大错特错了,他们只有在选举国会议员期间,才是自由的;议员一旦选出之后,他们就是奴隶,他们就等于零了。"① 民主是自由的体现,因而,民主本身即自由,这种自由只能通过公民直接参与政治生活来实现。自由的民主,其基本逻辑在于:公民积极参与政治,批准法律,在这一参与活动中表达出自己的意见,从而形成公意。因而,公意不是某种一次性"政治消费",而是不断在生活中生成的共同体的意志。自由—民主就体现在这个过程中。这个思想是独特的,它既不是像罗素所解读的那样,向古希腊城邦制度回归,也不是像法国大革命时期革命者所误读的那样,选举的政府官员可以代表公意,并导致专制。卢梭捍卫公民自由,而民主是卢梭找到的根本途径。正是公意、自由和民主所建构起来的逻辑,才是卢梭为现代政治所规划的蓝图。

黑格尔对公意的曲解

在卢梭之后的世纪之中,《社会契约论》是饱经批判、备受争议的一部著作。在18世纪的法国大革命时期,作为激进派的雅各宾派对卢梭公意学说的利用,造成了后世对卢梭的误解甚为深远。正如国内一学者所分析的那样:"革命者将'公意'划定为这样两个层面,并且将第二个层面定义为由代表来代表和体现着'公意',这明显是违背了卢梭对公意的定义。卢梭从来没有讲到过人民所选举出来的代表能够代表着'公意',拥有如此的主权权利。相反,卢梭一直认为政府的官员仅仅是人民的公仆,他们要受到制约。"因此,正是革命者的误解导致了雅各宾派专政,"而不是卢梭理论本身的错误"。② 不仅如此,学术界也有人把卢梭视为专制极权的代表,比较著名的是J. F. 塔尔蒙,他的《极权主义民主的起源》持有该种立场。

---

① 〔法〕让·雅克·卢梭:《社会契约论》,何兆武译,商务印书馆1997年版,第25页。
② 李宏图:《从"权力"走向"权利"——西欧近代自由主义思潮研究》,上海人民出版社2007年版,第96页。

除了上述情况之外，卢梭的公意学说也受到不同现代性理论的批评，上文提到的罗素就是其中一例，但这里特别强调的黑格尔则是最重要的代表。黑格尔在《法哲学原理》中批评说，卢梭所理解的意志，仅仅是特定形式的单个人意志。在《哲学史讲演录》中，黑格尔认为卢梭的所谓的公意是由所有人共同意志的一种集合，而这种集合势必会存在着一种不合理性，从而导致了最高的意志即公意的不合理性。黑格尔强调："绝不能把普遍的意志看成由一些表现出来的个别意志组成的，那样，个别的意志就仍然是绝对的了。"① 黑格尔的这些解读，无疑深受他自己的哲学体系的影响，因而，当他将公意这样一个以契约形式构建现代国家的设计仅仅理解为一种"单方面的讨论"，即认为卢梭夸大了单个人的"自由意志"，并且认为这种单个人的自由意志组合成"公意"，而"没有考虑到国家的积极权利"，因此，卢梭的契约社会中的自由是"不现实的"。黑格尔申明，"国家才是自由的实现"。②

由于黑格尔与卢梭各自构建了分别只属于他们自己的国家观念，因而，他们之间并不能真正产生对话。特别是，卢梭早于黑格尔，只有黑格尔接受卢梭的影响，而卢梭无法回应黑格尔，因此，发生的对话是单向度的。实际上，在黑格尔那里，只有王权才是"主权"，只有王权才能实现立法权与行政权的统一，这就是他的君主立宪政体主张的缘由。因此，在黑格尔看来，只有作为国家最高意志的"君主的意志"才能使国家的法律通过，君主的意志就体现为"国家意志"，这就是普遍意志，只有这种意志才能实现国家的最真实的和有机的统一。由此看来，黑格尔和卢梭是没办法对话的。但我们今天研究这些争论，却可以发现现代性历史过程的不同走向，进而有助于更深入和更准确地解读那些不朽名著的思想与智慧。CPS

---

① 〔德〕黑格尔：《哲学史讲演录》（第四卷），贺麟、王太庆等译，商务印书馆1978年版，第260页。
② 〔德〕黑格尔：《哲学史讲演录》（第四卷），贺麟、王太庆等译，商务印书馆1978年版，第259—260页。

A Research Perspective of Modernity on Rousseau's General Will Theory

Wang Chao Shang Hongri

Abstract: Rousseau's general will theory is controversial. So far, people around the different understanding of public will and the debate continues. This article provides a research perspective of modernity, and in this perspective, analyzes the rational concept of Rousseau's general will theory, on this basis, to the connotation of the public will and the modernity thought to form the new interpretation and interpretation, that there is too much emphasis on academic circles have long held by Rousseau's irrational expression, correction.

Keywords: Rousseau; the General Will Theory; Modernity

国家治理

Comparative Politics Studies

新加坡国家治理浅析

张飞龙[*]

【内容摘要】 国家治理能力之于后发国家的政治发展具有极为重要的作用，国家治理能力关涉"政府有效性"，国家治理能力的丧失或弱化的国家就无法建立一个"强政府"，政治秩序亦难以维续，处置不当则可能沦为失败国家。新加坡国家治理能力非常强，执政党和政府主要通过增强政府能力并压缩政府规模，发挥政府主导作用与增强同社会组织的合作，积极促进国家法治化建设和不断推进民主政治进程等方式，形塑出新加坡的强国家治理模式。

【关键词】 国家治理；新加坡；政治秩序；强政府

一、政治发展与国家治理

自十八届三中全会提出"国家治理体系与治理能力现代化"之后，国家治理研究迅速受到学界重视，相关研究成果颇为丰硕，不仅促进了

---

[*] 张飞龙，南京大学政府管理学院政治学博士生。

理论探讨的深化，而且为具体的政治和行政改革提供了理论基石。国家治理衍生自"治理"理论，"治理"这一学术术语源自于西方，该理论的提出有其针对性问题。基于以往国家干预带来的政府负载过重，社会参与不足状况，学界提出通过向社会放权的方式来实现公共事务的"多中心治理"。理论的产生基于特定的问题背景，西方学术界提出"治理"概念源于其自身的问题所在，而作为与西方政治发展路径和发展阶段殊异的后发展国家，其所面对的问题与之大为有异。如何维持政治秩序的稳定，并在此基础之上推动经济社会发展及有序的实施政治转型，成为亟待解决的关键问题。国家治理概念则是针对一些后发展国家的这些实际情况而提出，它强调在转型社会中国家发挥主导作用的重要性，这是因为，在转型国家，由于国家—社会关系中，政府居于强势一方，社会自组织能力相对弱小，很多公共事务仅靠社会力量无法进行有效处置，因此政府的主导显得非常有必要。国家治理体系和治理能力，所指涉的是国家的制度体系和制度执行能力。"国家治理体系和治理能力是一个有机整体，推进国家治理体系的现代化与增强国家的治理能力，是同一政治过程中相辅相成的两个方面。有了良好的国家治理体系，才能提高国家的治理能力；反之，只有提高国家治理能力，才能充分发挥国家治理体系的效能。"[①]

国家治理理论的勃兴推动了相关学术研究的发展，但是受特定问题意识与本土学术情怀影响，国内学者多把研究视角集中于对中国自身治理状况的分析，这固然有助于深化对本国现状的体认，但同时一定程度上也限制了学术视野，未能从一个更加宏观的视野来审视中国国家治理的现状，通过运用比较政治学的相关理论考察他国国家治理经验，在比较中客观分析与评价本国国家治理的成效及其不足之处，并从中汲取有益之借鉴。

建立和维持稳定的政治秩序是国家治理最基本的目标。稳定的社会秩序是人们得以开展各项生产和社会活动的基本前提，没有安定有序的

---

① 俞可平：《推进国家治理体系和治理能力现代化》，载《前沿》，2014年第1期。

社会秩序，公共活动就无从顺利开展，故而，国家治理应当把建立和维持政治秩序置于首要地位。亨廷顿对后发展国家的政治发展研究之后指出，国家治理首要的和最基本的目的是维护政治秩序和提升政府有效性，"各国之间最重要的政治分野，不在于它们政府的形式，而在于它们政府的有效程度"①。"首要的问题不是自由，而是建立一个合法的公共秩序。人可以有秩序而无自由，但不能有自由而无秩序。必须先存在权威，而后才谈得上限制权威"②。福山则在亨廷顿的基础上对研究进行深化，他从分析西方殖民主义之后非西方国家国家能力低下的原因入手，提出一个秩序良好的社会需要具备强政府、法治和民主问责三个基本要素，但是对现代国家的政治发展而言，强政府、法治和民主问责制不可能同时获得，相互之间更难以形成平衡。如果没有其他两个要素的协作配合，民主难以有效运转，甚至可能陷入失败境地，因此，他像亨廷顿一样，批判了那种认为只要推进现代化就可以提高国家治理水平的论调，福山特别强调政治制度要素的发展顺序。在他看来，后发国家在进入现代化转型之后，建立强势政府是其首要任务而不是民主制度，在有效的统治能力尚未建立之前就贸然推行民主化的政府无一例外地均遭受失败，只有在建立起强势政府之后，方可逐步推进法治建设和民主问责。理想的发展次序是，先建立起一个强国家，继而发展法治，最后走向民主问责，唯有如此才有助于形成三要素之间较为平衡的良好制度。在国家能力弱化和缺乏法治的条件下，民主非但无助于解决问题，反而会成为问题本身。③ 民主固然是一种良好的制度，但同样需要其他条件的支持与配合方能发挥其效能，然而，在很多国家的发展中，我们看到，人们对民主制度的极度渴望之情，使他们忽视了民主有效运转的复杂性和理想的发展顺序，由此给民主制度的落根造成不利影响。

---

① 〔美〕塞缪尔·亨廷顿：《变化社会中的政治秩序》，王冠华等译，上海人民出版社 2008 年版，第 1 页。

② 〔美〕塞缪尔·亨廷顿：《变化社会中的政治秩序》，王冠华等译，上海人民出版社 2008 年版，第 6 页。

③ 刘擎：《道路崎岖但终点未变——〈福山政治秩序与政治衰败〉简评》，http://www.thepaper.cn/newsDetail_forward_1276176（访问时间：2014 年 11 月 7 日）。

"民主—非民主"的政体分类模式虽然仍是区分各国政治类型的重要标准,但同时需要注意的是,当今世界各国之间的另一种分化也越来越显著,即维持政治秩序和实施国家治理的能力。一些威权主义国家的政府执行能力很强,能够有效因应政治和社会生活中出现的各种问题,展现出良好的国家治理效能,政府在增强自身有效性的过程中也积累了合法性;反观一些民主国家,则是在很多条件不具备或不成熟的情况下,推行民主化进程,结果民主制度建立后,却因制度上的约束导致政府决策迟缓,行政效率低下,国家治理状况颇不理想,由此也带来民众对民主体制的不满。一个丧失政府有效性的国家,不仅无法开展国家治理,甚至连最基本的秩序可能都无法维持,如不能及时走出这种困局,极有可能沦为失败国家。本文所要探究的新加坡的政治发展实践不仅验证了福山所提出的理想政治发展顺序,也为我们重新审视既有政治理论和改善国家治理能力提供了一个极佳范例。

二、新加坡国家治理的特点

新加坡实行的是一种强国家治理模式,人民行动党一党长期执政,以现代法治来维持政治秩序,国家在经济和社会发展中起着至为重要的作用,政府廉洁高效,但其规模却相对有限,此外,新加坡执政党和政府领导人亦颇具现代政治理念,能够在经济和社会日渐多元化的基础上适当推进民主政治建设。现在其人均GDP已达5.5万美元,超过很多西方发达国家,是后发展国家中最早进入发达国家行列的。新加坡的政治转型虽然尚未完成,但其政治发展路径值得重视,它以一党长期执政的方式维持政治秩序,但并不完全压制异党,对其他政党和社会组织的发展持开放态度,政府行为有法可循,并严格依法行事,在提升国家治理能力的同时,有效控制政府机构规模,把新加坡打造成"有能力的有限政府"。新加坡一党长期执政的政治体制也为民主的发育留有很大的空间,执政党和政府能够与时俱进的推进民主建设,因此对新加坡国家治理特征进行适当之分析，或可为其他后进国家政治发展提供若干有益之借鉴。

（一）国家治理的特点之一：强政府与小政府

新加坡是一个国土面积仅有718.3平方公里，常住人口约550万的城市国家，其政府机构以精简高效为世界共知，但是统计数据显示，在人口规模和地域面积与之相当的中国城市中，政府机构的规模要比新加坡大的多，且职责不明、人浮于事，行政效率低下。作为一个地域狭小的城市国家，新加坡是一级政府的行政组织构造，它只设有中央政府，没有地方政府，其中内阁各部16个，法定机构40个左右，这其中还有近20个相当于中国的行业协会。[①] 以与新加坡城市面积和城市居民规模相当的中国省会城市和计划单列市为例，我国是市—区—街道三级政府结构，不但市一级政府设有直属的政府分支机构——局、委、办，而且还有区一级政府及其分支机构——局、委、办。中国省会城市平均人口约为654万人[②]，较大城市下辖的区平均人口约为117万，省会城市人口规模与新加坡几乎没有什么差距，因为新加坡的流动人口要远远大于中国的省会城市，但中国省会城市的政府行政机构却远远多于新加坡，市一级的政府机构平均约有60个左右[③]，此外每个区政府的行政机构设置平均也达到近42个[④]，加上每个省会城市平均8个区，这样一来，中

---

① 新加坡的内阁设置，见新加坡政府网：http://www.cabinet.gov.sg/content/cabinet/appointments.html。
② 这里要强调的是，这个省会城市平均人口规模的统计数据中还包含有相当数量隶属于省会城市的县区行政层级所辖的农民人口，因此，就中国省会城市的实际城市治理面积和城市居民规模来说，与新加坡相差不大。
③ 例如，杭州市人民政府70个政府部门；南京市人民政府68个政府部门；济南市人民政府56个政府部门；武汉市人民政府52个政府部门；合肥市人们政府63个政府部门；沈阳市人民政府65个政府部门；西安市人民政府77个政府部门；哈尔滨市人民政府64个政府部门；福州市人民政府43个政府部门；郑州市人民政府56个政府部门。
④ 例如南京市鼓楼区政府有51个政府部门，杭州市余杭区政府有43个政府部门，深圳市福田区政府有36个政府部门。

国省会城市的政府机构比新加坡要多五倍以上①,而且这还没有把街道一级行政组织和党的专职机构统计进去(新加坡除党的中央总部外,没有专设的党的分支机构)。

新加坡政府的行政层级少,机构规模小,这使得其政治输出和输入直接而通畅,较少产生政策扭曲的现象,因此政府的治理工作就相对简单。换言之,因新加坡是一个只有一级政府且全国高度同质的政治共同体,中央与地方之间并无矛盾,故中央政府可以直接领导地方的治理过程。②而中国省会城市政府的层级和机构都人为地增加了,政府规模过于庞大,这使得政治输出和输入呈现出间接性和重复性,受到多重干扰,从而导致政策扭曲和行政效率低下的现象。从新加坡的治理经验来看,保持一个主导社会和经济发展的强政府并不意味着一定要保留庞大的政府规模,国家治理能力的强化与政府机构规模之间并无对应关系,小政府同样可以具有很强的国家治理能力,远较大政府基础上的强国家治理能力这一模式为优。从中国国家治理实践来看,政府机构规模的扩张虽然的确能在一定程度上提升国家治理能力,但是其负面后果亦颇为显著,这已是人所共知,毋需赘述。

中、新两国虽然都是一种强政府体制,都具有较强的国家治理能力,但其得以实现的基础却差异甚大,与新加坡这种建基于小政府之上的强国家治理能力相比,中国国家治理能力的强化是依赖于其庞大的政府机构规模,故与新加坡这样的现代化城市相比,作为我国治理主体的政府机构就显得颇为臃肿庞杂、职责不清和人浮于事。多设置一个政府分支机构就要分得一份权力,权力过小它就会去争取权力,同时这也会导致政府机构的功能和权力重叠,降低政府效率。权力的运作依托于成本的支撑,政府机构设置的增加,必然会因之而增加相应的职位,这就需要依靠更多的税收来支付行政成本。在机构扩张、人浮于事的情

---

① 这还不包括市、区所属的专职的党务机构,我国的党务机构负有较多的行政职能,平均市一级约有8个,区一级有6个,而新加坡只有一个数十个人的中央党部。

② Ho Khai Leong, *Shared Responsibilities*, *Unshared Power*: The Politics of Policy-Making in Singapore, Eastern University Press, 2003, pp. 263–275.

况下，不仅不能带来政府效率的提升，民众的税收负担呈日趋加重之势，更严重的是，为了维护自身的利益，官僚机构本身形成一种利益集团，通过各种方式和渠道维护、巩固和扩展自身利益，阻碍改革的顺利推进。"过大的政府权力会过多地干预市场，这是阻碍改革的重要因素。"①

  进行合理的制度和功能设计是保证政府有效治理的重要前提。在制度和功能设计上，新加坡政府分为两类，一类是国家行政机构，即16个部，一类是法定机构，隶属于某一个部。法定机构以经营为主，同时承担着一定的政府和行业管理职能，它们在法律范围内拥有较大的自主权。我们可以新加坡的住屋发展局和人民协会为例。前者因新加坡在世界上较好地解决了民众的住房问题而闻名于世。它承担着改善民众住房的任务，一方面享受政府或国家法令提供的优惠政策，另一方面引入市场机制，在政府与市场的有机结合下，不但加速推动了住房建设，而且使其因市场机制的引入有较充足的资金保证。人民协会是政府管理社会基层组织的机构，负有一定的行政职能，但它不是进行全面的行政管理，而是对基层社会组织进行指导，促进它们发挥一定的自治性，履行一定的社会治理的职能。由此看来，法定机构这种半政府性半企业或半社会性的管理机构，实际上在相当程度上是把在中央集权体制下本该由政府掌握的一些权力和职能让渡给了市场或社会。两者都较好地体现了在政府主导下政府与市场或社会的有效结合。新加坡的经验告诉我们，简政放权是提高国家治理能力的重要途径，它并不意味着放弃政府的主导作用，新加坡政府依然掌握着国家政治、经济和社会发展的主导权，但它能够顺应时代发展要求，积极推进国家的现代化进程，把保持政府的主导作用与处理好政府与市场和社会的关系有效地结合起来，把由政府独自实施的单一化国家治理方式转化为政府、市场和社会的多元共治。

---

  ① 参见吴敬琏：《全面深化改革遏制靠权力发财》，http://news.ifeng.com/exclusive/lecture/special/wujinglian1/（访问时间：2013年6月15日）。

（二）国家治理的特点之二：政府主导与"互赖式治理"

新加坡政府机构精简且高效，与其发达的社会组织体系密切相关。为适应经济市场化和社会多元化的发展形势，新加坡政府提出了政府与社会组织进行"互赖式治理"①的方针，通过构建政府与社会之间的良性互动关系，革新传统中由政府单方实施国家治理的方式。基于这一理念，新加坡政府对社会组织持越来越开放的态度，并大力培育和发展社会组织，以期实现政府与社会的"互赖式治理"。

新加坡社会组织的发展通常有两种方式，一种是由政府自上而下创建的，这种是半政府性半民间性质的，如人民协会领导下的居民委员会，还有早期的民众联络所等，它的功能是协助贯彻政府的政策方针，组织民众活动，沟通民众与政府之间的联系。由于这种社会组织的领导成员并不是专职的，因此，它们并不纯粹是政府的代言人，而在很大程度上也发挥着民众与政府沟通桥梁的作用。政府对这种社团组织给予一定的资金和人才的支持，也适度干预其人事安排。以新加坡最大的三个社会组织为例，人民协会是法定机构，公民咨询委员会和民众联络所管理委员会是由政府早年创建，居民委员会则是在政府的鼓励下创建的。这些社会组织遍布新加坡城市基层社区，在城市社区治理中发挥着巨大的作用。②应该说，这类社会组织的特点就是它的半政府性和半民间性，它不像多数强政府或威权主义国家那样，由政府对社会组织实现全面管控，而是带有某种民间特性，即民众可以在相当程度上决定这些组织的作用。社会组织建立的另一种方式是自下而上的，也即由民间自发组织的。近十几年来，新加坡的非政府组织有很大的发展，尤其是在经济领

---

① 琳达·维斯等学者在《国家与经济发展：一种比较历史分析》一书中提出"治理式互赖"这一概念，其意在说明通过国家与社会协作的方式来增强国家能力，推进国家治理。"治理式互赖"既要求国家与社会适当隔离，同时也要保持二者间的协作，隔离是为了实现国家的自主性，而协作则有助于增强国家能力。这里所提的"互赖式治理"一词与"治理式互赖"同义。

② 孙景峰、李社亮：《新加坡社会基层组织的地位与性质探析》，载《社会科学研究》，2010年第6期。

域，企业和企业组织的自由度很大，在最近几年的国际经济自由度排名中，新加坡都位列世界第二名。社会组织积极发挥作用，不仅调动了它们的积极性，也弥补了政府的不足，尤其是社会组织多是根据社会的需要运作的，不会产生不必要的浪费。

在社会组织的创建和发展过程中，政府挥着重要的指导作用，一方面通过制定相关的法律来规范和监管社会组织的活动，另方面则对社会组织加以扶持和引导，以保证其在现行政治体制所容许的范围内得以有序发展。一般来说，威权主义国家都是一种强国家—弱社会的国家—社会关系结构，社会组织的发展受到诸多限制，这就导致国家与社会之间的相互疏离和不信任，导致二者无法协作开展"互赖式治理"，这在传统的体制中有其合理性，但在经济市场化和社会多元化发展起来后就会削弱国家的治理能力。对此，新加坡的经验是在政府的扶持和帮助下培育一批具有实际办事能力的社会公益组织和社团，授予它们在特定领域的优先代表权，政府在经费上给予适度支持。新加坡政府不仅大力培育基层组织，还承担了基层组织建设的初始成本，并为基层组织的运作提供资金支持，三个主要的基层组织（居委会、民众联络所、公民咨询委员会）80%的基础设施费用和50%的日常经费支持都由人民行动党通过人民协会提供。[①] 同时，为保障社会组织能够按照政府的政策行事，对社会组织领导人的人事安排上政府拥有一定的发言权，很多基层组织的领袖多是由政府官员或者与政府有联系的人员担任。[②] 社会组织是新加坡执政党和政府与基层民众进行沟通的桥梁，并促成国家与社会之间的良性互动，它们一方面协助国家对社会实施有效的控制和治理，通过向社会放权来舒缓政府压力，提高行政效率；另方面则最大程度的消弭政府与民众间的隔阂，维持社会秩序，塑造执政合法性。藉由各种社会组织的作用，国家能够有效的组织和动员民众参加政治生活，及时掌握民

[①] 王新松：《国家法团主义：新加坡基层组织与社区治理的理论启示》，载《清华大学学报》（哲学社会科学版），2015年第2期。
[②] 张素玲：《新加坡社会治理的经验探析》，载《中国浦东干部学院学报》，2014年第6期。

意和化解社会问题,强化民众的政治向心力和政治认同度,而通过把基层精英吸纳到国家治理体系中的方式,消除政治体制与社会组织之间的矛盾,扩大了党和政府的执政基础。

在社会组织的协助下,政府的简政放权不仅不会导致治理能力的弱化,反而可以在不增设新的政府机构的情况下进行有效的治理。采取这种"互赖式"模式有助于消弭国家与社会之间的相互不信任感,拉近二者的距离,构建合作式治理格局。社会组织能够在国家的监管和指导之下逐步发育成长,政府也能在社会整合的同时,保持其自主性,增强执政效率,进而提升国家治理能力。

(三)国家治理的特点之三:高度的法治化

法治是新加坡国家治理得以强化的根本保障。"法律之上没有权威,法律之内最大自由,法律面前人人平等",新加坡素以法治严明而著称于世界,以李光耀为代表的新加坡开国领导人适时引进西方法律制度,发扬法治精神,并结合本国国情对之加以调适和改造,确立依法治国理念,把政治、经济和社会诸领域的事务都纳入到国家法律体系中,完善法律体系并严格执法,以法律塑造社会秩序,其法律之精密和执法之严格较之于西方国家毫无逊色。法律成为新加坡用以规范社会关系和调解社会矛盾的主要手段,执政党和政府带头遵守法律,依法行事并严格执法,在全社会营造出一种良好的法治文化和公平正义的社会风尚,由此把新加坡建设成为一个高度法治化的国度。新加坡作为一个高度法治化的国家,其法治建设成功的基本经验现在仍值得我们重视:

一是执政党和政治领导人能否尽早终结革命斗争,顺利实现向现代化建设的转型,对现代法治建设成败与否至为关键。很多后发展国家的执政党和领导人在相当长一个历史时期中缺乏对政治形势和国家主要任务的正确判断,秉持革命思维,致使国家长期陷入民族斗争或阶级斗争的漩涡之中,未能完成从革命斗争向现代化建设的转型,同时又主观地把政治和法律分为不同阶级性质的,以革命法规、民族法规甚至宗教法规替代现代法律原则,这就很难有效地进行现代法治建设。

二是相较于成熟民主体制的法治建设主要依赖于政治制度和公民监督而言，后发展国家的法治建设则要处理好领导者个人的作用、党内制约机制与司法部门的相对独立性三者之间的关系。囿于特定政治体制环境和社会发展水平的影响，一般而言，国家领袖个人以及政治精英在后发展国家独立之后的一个相当时期内会发挥着巨大的作用。领袖个人及其领导集团作用的发挥之于现代法治建设的具体影响如何，依赖于领袖个人及其领导集团是否具有开明的现代政治意识和明确的现代化导向。如果具有明确的现代化导向和现代法治意识，则他们通过强制手段建立起的国家秩序就会为现代法治建设奠定基础和前提；如果他们缺乏现代化导向，则他们通过强制手段所建立的国家秩序会成为传统的集权主义政治的基础。不过就实际情况而言，对于这一时期大多数后发展国家的领导人而言，其传统政治观念和现代政治意识不是非此即彼的关系，而是二者兼有，是一种程度强弱之别，故而，他们所建立的政治秩序中的现代性也主要是强弱之间的差距。

在法治建设的过程中，新加坡执政党和政府的高层领导人尤其是李光耀本人把传统与现代性较好地融合起来，具体而言，就是从新加坡的社会和政治现实出发，通过运用国家权力来建立政治秩序并在此基础上推进现代法治建设。在政治秩序的建立过程中，国家的强力和政治领袖的"人治"扮演了重要角色，即以"人治"的方式来推行"法治"[①]，而其得以实施的关键在于新加坡领导人开明的政治理念和现代政治导向。面对法治建设中理念与现实之间的张力，新加坡领导人选择了实用主义的政策。虽然西方教育背景使李光耀具有良好的法律知识和明确的法治意识，但新加坡的政治现实使他认识到政治手段和领袖个人魅力是建立国家秩序和推进法治建设的前提条件。因此，他在进行国家政权建设和政治斗争时，一方面运用国家政权的力量打击反对派和社会不稳定势力，以强力塑造稳定的社会秩序，另一方面在这一过程中尽可能依法

---

① 参见李路曲：《比较视野下新加坡的国家构建》，载《山东大学学报》（哲学社会科学版），2014年第1期。

行事，运用媒体保持行动的一定程度的公开性和透明性，通过司法程序保持一定程度的合法性。当国内政治形势稳定后，则积极地推进现代法治建设，而不是像很多后发展国家那样在这一时期依然固守革命法规，有法律而无法治，把法律当作政治统治的工具，执政者肆意践踏法律权威，以致难以走出传统政治的泥沼。

按照西方的民主理论，如果把法治建设的希望寄托于领袖个人身上，就会存在很大的偶然性，也就是说，如果换了一个法治理念薄弱和执法不坚决的领导人，法治建设就很可能前功尽弃。这种看法不无道理，亦曾是新加坡领导人需要解决的问题。然而这种看法也并不全面，现在看来，在一党长期执政的体制内可以在很大程度上解决这个问题。尽管新加坡仍是一党执政，但它对高层领导人的制约机制已经建立起来，其司法部门的独立性已经越来越强。过去，除人民行动党及其政府的最高层对法院有实际的控制权外，其他人并不能凌驾于法院之上，而在近20年来，司法部门的独立性越来越强，执政党的领导人并不能随意对司法进行干预，加之政治透明度越来越高，反对党的存在、独立的媒体舆论和公民对政府官员的监督都越来越有力，因而其法治建设的成果不可能由于一党长期执政或领袖个人的更替而被破坏。

（四）国家治理的特点之四：不断推进民主政治建设

新加坡独立50年来，虽然人民行动党一党长期执政，但并没有完全垄断政治权力，它并不排斥反对党和社会组织的存在，因此二者都有较大的发展空间，且在新加坡大选中形成了有效的政党竞争局面。应该说，新加坡之所以取得今日的发展成就，与执政党在民主的竞争环境中不断改进自身的执政方式不无关系，新加坡的民主格局已经初步形成。

纵观世界政治发展经验，有的国家在很多因素尚未具备的条件下即贸然推行民主化进程，有些则依然固守既有传统政治体制，阻碍现代化建设，垄断政权和排斥民主化，而新加坡的政治发展则居于两者之间，它一方面在一党长期执政所允许的空间内不断地培育和发展民主因素，通过合理的制度设计来对执政党实行有效的制衡和监督；另一方面又保持政权的稳定性，没有发生政治转型和政党更替，民主因素仍在威权体制内持续发育，特别是反对党依旧受到一定的压制，执政党仍借助法律或制度对其加以限制。新加坡的政治发展路径既有助于摆脱无政府状态，同时也促进了威权主义体制内部民主因素的积累，为其日后的民主转型奠定基础。从新加坡的经验可以看到，它已经实现了福山所说的理想政治发展顺序中强政府和法治这两步，民主问责制已初具形态，正是在政治发展的有序性的基础上新加坡才能得以达致良好的国家治理。

从新加坡的政治发展实践中我们可以看到，在一党长期执政的政治环境中并不意味着民主政治不能得到适度发展，无论在理论上和实践上，在现代社会中一党执政都为民主政治的发展留下了很大的空间。① 新加坡就是在一党长期执政的环境中培育了民主的机制和现代法治建设。人民行动党和政府在建国后的很长一段时期内通过运用强制手段压制公民参与和其他政党活动，并非是想独自垄断国家政权，而是基于其对政治发展复杂性的认知。如果在没有实现经济繁荣和社会多元化之前就贸然推行民主化，会形成政治参与爆炸，加之制度建设的滞后和支持民主体制运作的基础性条件的匮乏，无疑将会带来政治秩序的动荡，民主制度将很难有效运转，甚至可能发生向威权体制的回归。人民行动党区别于其他国家执政党的关键是其具有开明的政治理念和明确的现代化导向，在以强力维持政治秩序的同时，它也在大力培育民主的因素，这主要表现在允许反对党的存在与发展，推动媒体的中立化，允许民众自由投票和发表不同政见。在这种具有现代性的威权主义主导下，经过几十年的发展，新加坡已经形成了规模庞大的中产阶级群体和日益成熟的公民社会，而数十年的民主选举实践也显著提升了民众的政治素养和政治能力，人们的政治参与意识和权利意识都较为强烈，民众在选举中的表现也越来越呈现出理性态势，而代表不同群体利益的反对党在政治上也越发成熟。这些日渐壮大的中产阶级，成熟的市民社会以及理性的政

---

① 参见李路曲：《一党长期执政的民主空间》，载《新视野》，2012 年第 1 期。

治文化皆为新加坡民主的转型奠定了很好的基础性条件。①

　　按照经典的西方政治学理论，有效的权力监督只有在多元民主政体之下才能真正的实现，离开此制度前提，监督就会流于形式。这一论断固然不错，并为一些国家的政治实践所证实，但这不意味着它适用于所有的政治现实，尤其是我们不应忽视或否定人们主观上对善的追求。从理论根源上讲，这种观点的提出是基于人性"恶"的假设，在政治制度设计中，它把官员视为具有无限权力扩张欲望而缺乏道德自律性的利己个体，因此为了约束其可能带来的不利后果，就必须进行有效的制度设计。但在人的素质日渐提高和政治文明进程深入推进的今天，个体的道德自律已经越来越强，这表现在当今的政治发展中，一些一党长期执政的一元体制自行在政治体制中建立起完善的民主监督机制，在一党长期执政的体制中发展出越来越高的多元性或民主，因此，在这些体制中不但非制度化的主体自觉的监督越来越有效，而且制度化的监督也被建立起来。尤其重要的是，执政者的改革意识和民主意识也越来越强烈，他们会主动地推进民主和法治建设，这与过去有很大的不同。

　　我们看到的另一个有趣的现象是，威权体制中的人们思考如何尽快推动政治转型以实现民主政治，多元民主体制内人们则在考虑如何提高政府的效率以及有效地维持社会和政治秩序，以致出现了威权体制内人们更多地强调民主，而民主体制内人们更多地强调效率和秩序的现象。实际上，完全意义上的权力制衡不过是人们对权力制约的一种理想，现实政治中是不存在的。即使在西方多元体制中，权力制衡也不易过于严密，需要保持适度的弹性，因为权力制衡与效率经常表现出矛盾的一面，过度的权力制衡会损害执政效率包括法律运作的效率。由此看来，要想保证政府运作的效率，就要在遵循法治的前提下，赋予政府在特定情况下的独立自主权力。

---

　　① 参见李路曲：《世界政治转型方式的变化与中国的政治发展》，载《甘肃社会科学》，2013年第3期。

三、余论

国家治理能力建设在后发国家政治发展过程中具有极为重要的地位,国家治理能力与"政府有效性"直接相关,丧失国家治理能力或国家治理能力低下的国家,就不是一个"强政府",政治秩序将无从维续,进而可能沦为失败国家。新加坡的政治发展路径遵循的是福山所说的理想的政治发展顺序,而且拥有极强的国家治理能力,其国家治理的特点是强政府与小政府、政府主导与"互赖式治理"、高度的法治以及不断推进民主政治建设,它们共同促成了新加坡强国家治理模式。

从新加坡的国家治理经验中我们可以得到的启示是,在一党长期执政的体制中,简政放权、社会组织的发展、法治建设和民主政治都有很大的空间,而这有利于提高国家治理的效率。基于新加坡的治理经验,我们可以从以下几个方面着手来推进中国国家治理:第一,在实施简政放权的同时,要把保持政府的主导作用与处理好政府与市场和社会的关系结合起来。简政放权不意味要放弃政府的主导作用,继续发挥其在宏观和方向性事务上作用,同时要把某些权力下放给企业和社会,建立政府与企业或社会组织的关系网络,增强政府的治理能力,而政府也要按照法律对企业和社会进行监管。第二,以法团主义的模式培育和发展社会组织,消弭国家与社会之间的相互不信任感,改善政府与社会组织的关系,构建合作式治理格局。在法团主义模式下,社会组织能够在国家的监管和指导之下逐步发育成长,党和政府也能在社会整合的同时,保持其自主性,增强执政效率,进而提升国家治理能力。第三,加快中国法治建设进程,实现依法治国。党和政府要带头遵守法律,理顺执政党与法律的关系,坚持依法行事,严格执法,维护法律权威,用法律来构建社会秩序,培养民众的法治精神,塑造法治文化;把政治、经济、社会和文化等各方面事务都纳入法律体系中来,以法律来规范各项活动;深入推进司法体制改革,确保司法独立和审判公正,以维护社会公平正义。第四,在保持中国共产党一党长期执政的前提下,大力培育体制内的民主因素。继续发展繁荣市场经济,壮大中产阶级规模,促进公民社会的发展;推动媒体的中立化,真正发挥舆论监督的功能;引导公民的有序政治参与,增强政治开放度和决策的民主性;合理划分权力界限,规范权力运作,加强对权力的制约和监督。

A Brief Analysis of Singapore's National Governance

Zhang Feilong

Abstract: State governance ability has played a very important role in the developing country's political development, state governance ability relate to "government effectiveness", losing or weakening state governance ability would not be able to create a "powerful government", also hard to sustain political order, improper disposal may lead a failed state. Singapore's state governance ability is very strong, the ruling party and the government mainly by enhancing government ability and compressing the size of government, government playing a leading role and cooperating with social organizations, actively promoting the construction of the rule of law and advancing democratization process etc., through these ways Singapore shaped a strong governance mode.

Keywords: National Governance; Singapore; Political Order; Strong Government

善治研究分析框架——以地方治理为中心

金义英 著 李 辛 译*

【内容摘要】 国家治理的研究超越应然的观点,对何为治理,如何客观地判断治理的成败,在什么条件下治理能够成为可能等研究仍有不足,需要进行具体的实证研究。在这样的问题意识之下,本文意在提出地方治理的分析框架。为此,本文首先综述了国内外有关国家治理研究的基本概念和观点,批判地分析了国家治理指标。在此基础上提出地方治理的分析框架、指标、标准、指导原则和研究假设,最后通过对韩国案例的分析总结了地方治理的效用。

【关键词】 国家治理;地方治理;善治;市民社会;参与民主

一、绪论

善治(good governance)概念在国家治理的论述中被译为"良好的治

---

* 金义英:现为韩国首尔大学政治外交学部政治学系教授,毕业于密西根大学安娜堡分校,曾执教于韩国庆熙大学政治外交系。研究兴趣涉及比较政治、市民社会、利益集团、国家治理,已出版 3 本专著和数十篇学术论文。
李辛:上海师范大学法政学院讲师。本文韩文版原载于《韩国政治研究》,2011 年第 20 辑 2 号,第 209—234 页。

理"、"健全的治理"或者"真正的治理"。该概念首先由世界银行提出，为提高国际金融机构海外援助的效果，将善治作为受援国得到援助的条件之一。世界银行将国家治理定义为公共组织的制度性能力，即公共组织是否有能力对公民所需的公共产品及其他有限资源进行有效、透明、公正、负责的供给。善治的四个构成要素包括公共部门管理（官僚制改革和民营化）、致力于发展的法治建设（确立私有制产权）、责任性（强化公民利益的上诉机构、监察院、议会监督委员会等）、透明性（自由媒体和政府宣传部门）。在此，善治基本上是一个致力于新自由主义的经济改革、技术官僚的行政改革、西方自由民主主义的政治改革的概念。①

这样的善治概念成为西方中心主义和效率主义万能论的代言人，而且世界银行定义的善治概念因没有包含市民社会的参与、政府权力的分散、政府—市民社会之间水平合作的社会网络、民主责任等应有之义而备受批评。因此不仅要探索治理效率，更需要寻求致力于参与、分权、责任等民主价值的国家治理模式。②

然而，对善治的研究超越宣言式、应然的论点，究竟何为善治，如何客观地判断善治的成败，在什么条件下善治能够成为可能等研究仍有不足，需要通过具体案例进行实证研究。③ 基于这样的问题意识，本文意在通过地方治理（地方自治层面的治理）提出善治研究的分析框架。为此，第二部分梳理国内外有关地方治理研究的基本概念和观点，第三部分对既有的善治指标进行批判性分析，第四部分提出治理的分析框架、指标、标准、指导原则与假设，最后通过韩国案例总结地方治理的效用。

---

① Anne Mette Kjaer, *Governance*, Cambridge: Polity Press, 2004, pp. 214 – 215.
② 与世界银行不同，联合国开发计划署使用了更广泛的治理目标，这包括参与、回应、协商、责任、持续可能性发展、包容性等目标。Mark Bevir (ed.), *Encyclopedia of Governance*, London: Sage, 2007, pp. 359 – 361.
③ 特别是韩国政治学界忽视有关国家治理的研究。金义英：《东亚国家治理的文献研究》，载《韩国与国际政治》，2006 年第 22 卷 3 号。

二、地方治理的涵义

国家治理的内涵依学者、研究领域和主题的不同而呈多样化,但是一般而言,与政府自上而下的统治方式不同,治理是政府与市民社会行为体之间通过对话、协商、调整等所谓引导的方式解决问题。治理所强调的伙伴型、网络型和引导方式有别于传统的行政范式所说的政府主导型伙伴关系、工具网络,国家治理更强调行为主体之间的平行关系、参与以及政治威权内民主的扩大。从国家治理的角度看,参与、分权的引导方式与既存的官僚制相比,在专业性、责任性、政策效率性等方面可以更为有效地解决问题。[1] 在这个意义上,地方治理超越了治理现象在一国特定地区实现的空间维度,是重视居民直接参与、行使权力的概念。地方治理并不是专家或者利益集团和有组织的 NGO 等团体简单的参与地方政府政策,而是指地方自治层面上利益攸关方和居民在自主的参与整个政策、共同解决问题的过程中起主导作用的参与模式。通过居民的直接参与加强居民权力,这使得民主治理较之于以地方政府官僚为中心的统治方式更为专业,更有责任感和效率,因而在解决地方问题时备受期待。

很多研究提出了居民与政府共同解决问题的协同治理模式(collaborative governance),政府和市民社会的能力和作用在协同治理中受到重视。首先,关于政府行为体,斯意安尼(Sirianni)认为地方政府在协同治理中发挥强化民权、引导参与、培养能力的市民推动者(civic enabler)和政策设计者的作用。他提出了地方政府在生产公共产品、动员地区共同体资产、共享专门知识、居民审议制、持续构建伙伴关系、强化战略网

---

[1] 国家治理一般性的论述,请参考:Jon Pierre and Peters Guy, *Governance, Politics and the State*, New York: St. Martin Press, 2000;李鸣硕:《国家治理的概念化:作为社会协调的治理》,载《韩国行政学报》,2002 年第 36 辑 4 号;Anne Mette KJaer, *Governance*, Cambridge: Polity Press, 2004。

络、革新地方政府文化、确保相互责任等八个方面的作用。① 稍早出版的科恩（Joshua Cohen）和罗杰斯（Joel Rogers）的结社式民主研究是SCOPUS（http：//info. scopus. com/）数据库中与治理相关的研究中被引用频次最高的论文，他们提出了协同治理（associative governance）模式。该模式在强调国家角色的层面上也被称为结社式民主，政府通过动员各种政策帮助实现集团组织化，引导结社体的公共利益和涉他偏好（other-regarding），对结社体赋予政策角色，借此强化主权在民、政治及分配的平等、公民的道德、经济效率和政府的统治能力。② 冯（Archon Fung）和赖特（Erik Olin Wright）提出了授权共享性治理（empowered participatory governance）模式，该模式是指为了解决地区实际问题，应加强市民的参与、审议、分权等权力，重视参与原则，强调政府的支持、协调和监督的作用。③

巴西阿雷格里港市的参与预算制度作为世界上成功的自下而上的地区治理案例已有不少研究，这些研究分析了巴西劳工党政权（Partido dos Trabalhadores，PT）在政策主导、改革政策设计、社区干事使用中政府部门的角色。④

韩国国内有关地方治理的研究集中在行政学领域，强调政府的能力和角色，本文在此不一一介绍。其中相当数量的研究是将地方治理概念用于各种地区政策、地区开发产业、农村建设、预算参与制等案例，关

---

① Siriani, Carmen, *Investing in Democrary*: *Engaging Citizens in Collaborative Governance*, Washington, D. C.：Brookings Institution Press, 2009.

② Joshua Cohen and Rogers Joel, "Secondary Associations and Democratic Governance", in *Politics and Society*, Vol. 20, No. 4, 1992.

③ 冯和赖特用EPG模式分析了巴西阿雷格里港市的参与预算制、印度喀拉拉邦的民主分权化、美国芝加哥市的市民参与教育和警察改革、美国的生境保护规划四个案例。Archon Fung and Erik Olin Wright, *Deepening Democracy*: *Institutional Innovations in Empowered Participatory Governance*, London, New York：Verso, 2003.

④ Rebecca Abers, "From Clientelism to Cooperation：Local government, Participatory Policy, and Civic Organizing in Porto Alegre, Brazil", in *Politics & Society*, Vol. 26, No. 4; Graham Smith, *Democratic Innovations*: *Designing Institutions for Citizen Participation*, Cambridge University Press, 2009; Baiocchi G. , *Radicals in Power*: *The Workers' Party and Experiments in Urban Democracy in Brazil*, Zed Books, 2003.

注政府在建构社会网络、诱导参与合作、引导（steering）等方面的作用。其中对大浦川水质改善事件的研究中，认为上东面①居民自治组织、当地居民和金海市及环境部的合作是多层治理（multi-level governance）的典型案例。分析了环境部依法援助、金海市的行政援助，认为政府在提供资源、监管居民管理水质等方面起到了助力者、促进者和引导者的作用。②

但是为实现协同治理，地区居民通过自治组织解决问题的能力和作用也十分重要，而且自治（self-governance）或社区治理（community governance）的概念也被提及。③可以说美国新英格兰地区城镇会议是社区治理的典型案例。④奥斯特罗姆（Ostrom）的研究也属于这一范畴，她认为为了防止稀缺公共资源的滥用，与政府途径的官僚管控和市场途径的引入私有财产权相比，对公共资源掌握比较详细和准确信息的居民通过制定规则、共同协商以及对规则实行监督，自行解决问题的自治方式是最有效果的。⑤致力于美国12个社区共同体的恢复研究的帕特南（Putnam）尽管也考虑到地方政府部门的作用、居民与地方政府之间相互促进关系，但他更为强调地区居民的相互信任，互惠的、规范的社会资本可以有效地解决共同问题。⑥

韩国的研究始于成美山居民反对政府修建成美山水库，该运动升级为开放的、负责的、群体性的地区运动，成为地方治理的经典案例。⑦

---

① "面"是韩国行政区划中的一级，相当于中国的乡。——译者注
② 柳在远、洪盛完：《在政府时代盛开的多层治理：以大浦川水质改善案例为中心》，载《韩国政治学会报》，2005年第39辑2号；孙尚洛、李思华：《致力于民生自治的国家治理经典案例考察：金海市大浦川水质改善案例》，载《韩国治理学会报》，2005年第12卷1号。
③ Jon Pierre and Peters Guy, *Governance, Politics and the State*, New York: St. Martin Press, 2000.
④ Graham Smith, *Democratic Innovations: Designing Institutions for Citizen Participation*, Cambridge: Cambridge University Press, 2009.
⑤ Elinor Ostrom, *Governing the Commons: The Evolution of Institutions for Collective Action*, New York: Cambridge University Press, 1990.
⑥ Robert Putnam, *Better Together: Restoring the American Community*, New York: Simon & Schuster, 2003.
⑦ 金义英、韩周姬：《结社民主的实验：守护成美山运动和麻浦连带事例》，载《韩国政治学会报》，2008年第42辑3号。

此外，也有研究将原州地区协同组合运动作为地方治理的最初案例，分析治理的作用和意义。① 前文所述的金海市大浦川水质改善既是上东面居民和中央政府之间协同治理的案例，同时由于该运动根源于地区居民自发改善水质的活动，从而也说明了居民自治模式的重要性。② 甚至于20世纪70年代朴正熙威权体制之下促进的新村运动中也有居民自治的特点。③ 新村运动初期政府的积极介入使新村运动的推进方式和组织结构具有政府统治的性质，但后来新村运动进行的过程中以村为单位，在设定政策顺序、信息和公共产品的产出、自发性的资源配给、领导者的选出等方面都是通过居民的直接参与决定的，因而是具有自治特点的地方治理案例。特别是越是直选产生领导者的村落，越是根据全体村民的意愿选定的产业，新村运动的成果越为优秀。④

综上所述，传统研究关注地方治理地方政府和居民的协同治理，治理成败的原因在于政府的支持力度、引导能力、政府角色，居民的自治能力和居民作用。那么，究竟何为治理，如何衡量治理的成败？治理在何种条件下能够实现？为解答这些问题本文在下一章对现有的善治指标进行批判性分析。

三、韩国研究中有关善治指标的批判性分析

在韩国学术信息检索系统（www.koreanstudies.net）中可以检索到567个治理相关的研究，其中绝大部分直接或者间接提及何为善治。但在诸

---

① 郑奎浩：《草根社会经济治理额意义和角色：原州地区协同组合运动案例》，载《市民社会和非政府组织》，2008年第6卷1号。
② 柳在远、洪盛完：《在政府时代盛开的多层治理：以大浦川水质改善案例为中心》，载《韩国政治学会报》，2005年第39辑2号。
③ 苏镇光：《地区社会治理和韩国的新村运动》，载《韩国地方自治学会报》，2007年第19卷3号。
④ 金英美在新村运动的研究《他们的新村运动》中也认为和上层的动员层面相比，新村运动的地方层面上的地区社会和农村活动家的作用和能力得到重视。金英美：《他们的新村运动》，首尔：青葱历史，2009年。

多研究中明确地提出善治指标和评价善治程度的研究比较有限。首先，一些研究为测定善治属性，提出了善治的根本属性或者构成要素，诸如民主性、效率性、自主性、分权化、社会网络、专门性、责任性等众多因素。简而言之，保障市民社会的参与、自主性及权力，通过市民社会与政府合作解决问题的方式提高了治理的专门性、责任感、民主性和效率性。例如尹成鹤等的研究提出了参与性、专门性、社会网络、分权化、效果与自主性、责任感等六项指标，考查了朝鲜半岛国家治理的现状。① 姜东完、金甲植等利用其中一部分指标评估了对朝援助政策的国家治理，对以6.15韩方委员会为中心的韩朝交流治理的成果进行了评价。② 李京玟等则通过正当性、信赖性、专门性和透明性等指标对搞活城西产业园区的政策进行了评价。③ 金英等利用参与性、自主性、责任感和网络等指标评估了顺天市乡村建设治理和马山城市再生产业的治理。④

此外，许多研究尽管没有明确将善治指标化，但提出了善治属性并结合案例对这些属性进行了检验。这些研究中大部分涉及了相关属性的具体标准，在测定的过程中利用对具体案例评价的方法，或者对相关属性通过指标量化、调查问卷的方法进行测定。例如对"参与性"这一特征，评估居民的参与是实际的参与还是形式的参与，或者通过居民恳谈会、协议会开会次数把指标量化，用"是否能够保证全体部门享有参与机会？"这样的调查来进行测定。

此类研究方法的问题在于个案之间善治属性用法的混乱。研究者根

---

① 尹声鹤、徐昌路、闵炳元、全在晟：《致力于韩半岛和平繁荣治理的理论与概念框架》，首尔统一研究院，2007年。

② 姜东完：《对朝援助政策治理的评价与发展方案——以对卢武铉政府评价和李明博政府政策提案为中心》，载《韩国政策学会春季学术大会论文集》，2008年；金甲植、郑铉昆：《韩朝交流治理现状分析与评价：以6.15南方委员会为中心》，载《韩国政治研究》，2008年第17辑1号。

③ 李京玟、李哲宇：《搞活城西产业团政策的治理特征与评价》，载《韩国地区地理学会报》，2007年第13卷5号。

④ 金英：《关于农村建设治理特征和评价的研究：以顺天市案例为中心》，载《城市行政学报》，2008年第21辑3号。

据其理论偏好和评价目标可以使用不同的善治属性,但是大部分研究并没有说明选定该属性的原因,而且研究中出现任意选择善治属性的倾向。① 更有甚者则把"各部门之间是否认同彼此的存在并倾力合作"② 作为评定参与性的一个指标。实际上该提问测定的是参与性,还是互惠性、信任感或者其他的属性或原因是很模糊的。同时,它是善治属性的指标,还是为实现善治来评价行为者作用的指标也是不明确的。评价效果和效率性时,若使用"政府是否忠实地发挥了连接其他行为体的网络管理者或者元治理的角色"这个指标,与其说该指标是测定善治效率性的,不如说是评价善治过程中政府行为的指标。

其次,在对善治能力的测定中,大多数论文指出为实现善治,地区社会资本或地方政府的资源及领导力等能力方面的因素颇为重要。其中高在京和黄元实的研究以地方自治团体的环境治理评价环境治理指标的开发为目标,提出了环境治理能力指标。为测定地方环境治理能力,分别按照地区社会资本能力、地方政府环境行政能力、市民社会和地区政府的相互作用等三个门类进行,各门类之下设定下层指标(信任/网络/环境规范、领导力/资源/制度、参与/信息)以及42个最下层指标。总而言之,地方社会信任、社会网络与环境意识的水平越高(市民社会的社会资本能力);地方政府的领导力,资源,相关的制度和政策(地方政府的行政能力)越完善;居民的参与、信息量、制度政策基础设施(市民社会和地方政府的相互作用)越完备实现治理的可能性越大。该研究探索了治理能力的指标,批判地分析了国内外治理指标,通过问卷调查对治理指标进行定性、定量的分析等方面具有一定的意义。该研究的指标在地区(具体而言地区市民社会和地方政府)的治理能力,即促进治理政策的潜力是有效的,但并非地方治理的本质属性,并且没有考虑到地方治理是个动态的过程;而片面的测定治理能力则又忽视了背景和环境的条件。

---

① 一些研究基于层次分析法(analytic hierarchy process),通过调查问卷衡量属性和指标相对重要程度,但该方法的问题是选择标准缺少理论支持。
② 金英:《关于农村建设治理特征和评价的研究:以顺天市案例为中心》,载《城市行政学报》,2008年第21辑3号。

四、基于地方治理的善治分析框架

综上所述,本文提出基于地方治理的善治的分析框架如下:

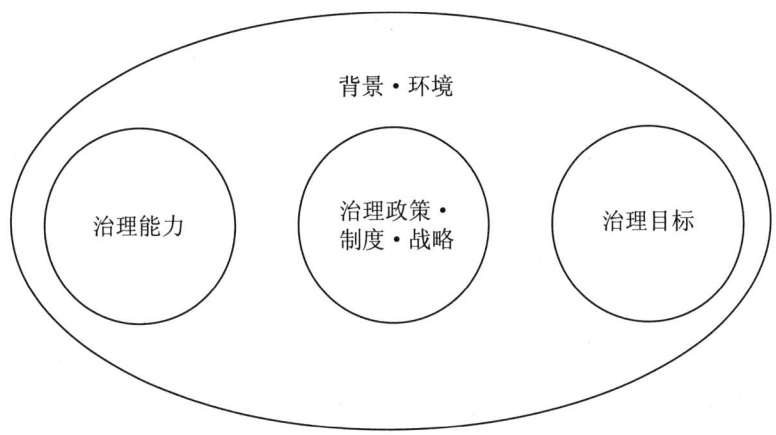

图1 治理的分析框架

为分析国家治理,本文提出以下四个问题。第一,国家治理的目标是什么?(治理目标)第二,为实现治理的目标,行为体(地方治理中的地方政府和居民)考量并制定了什么政策、制度及战略?(治理的政策、制度及战略);第三,为实现善治,行为体要具备哪些能力?(治理能力);第四,影响治理成功与否的背景、环境因素有哪些?(治理的背景环境因素)。根据以上研究提问(research question)本文将探讨究竟何为治理,如何客观地衡量治理的成败,实现善治需要什么条件和原因等问题。

第一,治理目标与属性和规范相关,指先行研究中提出的参与性、分权化、专门性、责任性、效率和效果性、社会网络、自主性等属性。首先将善治属性进行严密的概念化,明确把握相关案例中出现并实现的指标,提出该指标的测定标准。以参与性为例,提出测定有关案例中居民参与的定量与定性的指标,如开放性、包容性、代表性和公正性等。

第二，治理的政策、制度和战略意味着实现善治行为体（比如地方政府和居民）的意愿（voluntaristic）行为，包括颁布的各种政策、制度、战略等。再以参与性为例，在巴西阿雷格里港市的参与预算制中，市政府为提高基层居民的参与，出台了参与预算值这一创新的方式。① 而且，通过社区组织者（community organizer）鼓励居民参与，这些可以说是从行为体层面的政策和战略来实现参与性。通过本文第三部分对治理指标的批判性分析，可知大部分先行研究在测定或评价治理目标和治理政策、战略之时，有把目标混同为政策或者战略的倾向②，可以说这种现象是原因与结果的混淆。在考察地方治理的善治指标的过程中，因为案例和背景的不同导致了治理的政策、制度和战略多样，所以几乎不可能提出先验的政策、制度、战略的指标。但在对既有研究案例分析的基础上提出适用于此后研究的标准和指导原则却是可能的。

第三，国家治理能力是为实现治理所需要的行为体的基本能力。治理能力使建立善治的政策、制度，规划善治战略成为可能。治理能力与治理的关系可以比喻为体力与运动的关系。前文所述的先行研究主要从地区居民社会的社会资本（信任、规范与网络等）与地方制度资本（领导力、资源、基础设施）等角度评价了治理能力。治理在地方社会资本与制度资本已构建的地区才能实现的观点几乎成为常识。但在治理过程中，治理能力是否有决定性作用似乎源自经验性的判断。例如将治理能力这个假说用于阿雷格里港市的参与预算制案例是可能的，这是因为阿雷格里港地区市民社会积累了社会资本，政府建构了制度资本促进了善治的实现。但如阿尔博斯（Abers）的研究所指出的，阿雷格里港地区市民社会与巴西其他地区一样都是庇护政治文化盛行的地区，即使不具备社会资本和制度资本，在民主政权之下的新任政府仍然可以导入改革政策、

---

① 参与预算制的政策设计是：参与组织结构上是处于低层的政策决策单位 "regional popular assembly" 的居民越多的小区可以向上一级的 "regional budget forum" 派遣更多的代表。Graham Smith, *Democratic Innovations*: *Designing Institutions for Citizen Participation*, Cambridge: Cambridge University Press, 2009.

② 比如在评价效果和效率时，使用 "政府是否履行了连接各个行为者的网络管理者或者发挥了元治理的作用？" 作为标准。

制度、规划战略。① 这说明即便在不具治理能力的地区，利用适当的政策、制度和战略仍然能够实现善治。可以发现尽管治理能力有利于善治的实现，但是它并不是必需的因素。因而，在图1中善治能力与善治政策制度和战略之间的关系用虚线表示。

第四，善治的背景、环境因素作为影响善治实现的外部原因，是行为体难以控制的变量。再以运动为喻，不论体力多好，基本战略战术多么完备，也会因不公正的裁判和狂风暴雨天气环境的影响而不能取得好成绩。地区面积、政策议题的性质、政治结构、经济状况等属于背景环境问题。再以阿雷格里港市的参与预算制为例，这种创新性的地方治理试图推广到阿雷格里港市所属的南里奥格兰德州，但并没有取得预期效果。相较于处理简单而实际问题的地区民众议会，处理更复杂的整体问题的地区专题论坛（thematic regional forum）在市民参与和加强权力等方面差强人意（政策议题的性质）。特别是参与预算制试点是民主政权与具有进步改革倾向的新任市长杜特拉（Olivia Dutra）上任后成功的（政治结构）事实说明了背景和环境的因素对善治的影响。② 此外还有经济状况等难以预测或者控制的因素对地方治理影响的研究。③ 但善治背景和环境也和治理能力一样不是决定性的因素，政策、制度及战略等自愿因素更为重要。因此在图1中背景和环境框架以椭圆形的实线来表示。下文将提出上述治理的四个构成要素——治理的目标；政策、制度及战略；治理能力；结构和环境等指标的标准、指导原则、假设等。

本文把善治的目标划分为参与性、分权化、责任性和效率性、效果性，表1是各目标的评价标准。

---

① Rebecca Abers, "From Clientelism to Cooperation: Local Government, Participatory Policy, and Civic Organizing in Porto Alegre, Brazil", in *Politics & Society*, Vol. 26, No. 4, 1998.

② Rebecca Abers, "From Clientelism to Cooperation: Local Government, Participatory Policy, and Civic Organizing in Porto Alegre, Brazil", in *Politics & Society*, Vol. 26, No. 4, 1998; Graham Smith, *Democratic Innovations: Designing Institutions for Citizen Participation*, Cambridge: Cambridge University Press, 2009.

③ Neil Bradford, "Prospects for Associative Governance: Lessons from Ontario, Canada", in *Politics &Society*, Vol. 26, No. 4, 1998.

表1 治理指标

目标	评价标准
参与性	市民的参与程度如何？ 参与的量和质（简单参与和意见改善，代表性与发言权，开放性，包容性，代表性，公正性）的问题 ● 参与地方治理网络的市民数量 ● 参与地方治理网络的市民的比例代表性（男女老幼，教育程度，贫富，居住时间） ● 参与地方治理网络的居民是否有平等的发言权（voice）和影响力
分权化	市民行使权力的水平如何？ 市民的实际权力和影响力的问题 ● 市民的参与只是为规避责任的陪衬和积累声誉？ ● 市民是否有设定议程的权力？ ● 参与地方治理网络的社团内部的民主反应（即一般市民对市民领导和代表能否有实际的权力和影响）
责任性	市民在多大程度上可以问责？ 责任所属的问题 ● 能否对地方治理网络问责？ ● 参与地方治理网络的社团内部的民主责任（即一般市民能否对市民领导和代表问责）
效率性 效果性	与官僚制和市场机制相比，治理是否是更有效的方式？ 解决问题的溢出效应 ● 成果是否能否得到验证？（例如水质改善的程度） ● 市民与政府之间是否消解矛盾解决问题？ ● 解决该问题以外的溢出效应（例如增进政治效能感、学习效果、培养市民社会的那能力、培养政府能力和改革组织文化、形成一体性和认同，提高正当性和信任等）

★参与性。参与的量和质是同样重要的问题。在市民参与量的基础上，依照参与治理网络的男女老幼、教育水平、贫富、居住时间等评估比例代表性及其对市民影响力是否公正。也就是说在比较地方治理与既有的官僚制方式时，即使有很多居民参与，但特定阶层的市民被过度代表，或者特定的居民拥有过多的发言权等情况不能判定参与性。

★分权化。分权化不是单纯的权力分散，而是是否赋予市民权力使其拥有并行使影响力的问题。也就是说，居民的参与不能变成陪衬和名义上的，亦不能变成规避官僚责任的手段和协助政策执行的机制。而且，需要评估代表市民的社团（特别是社团代表）参与治理网，获取权力的过程是否公正，市民对市民代表是否具有实际的权力和影响力。

★责任性。责任性是指对地方治理网络和治理政策能否进行民主问责的问题。在代议民主制之下，政策的失败可以通过选举进行问责。但是地方治理的行为者并非选举产生，并且通过网络推进政策的形式导致了既有的问责方法失当且缺乏透明度。责任性与分权化一样，都需要考量市民代表对市民当负的责任问题。

★效率性和效果性。如果说参与性、分权化和责任性是测定并评价治理的民主程度的指标，那么效率性和效果性则是测定国家治理的另外方式，特别是与官僚制和市场主义比较，治理的效率和效果究竟如何。效率性是指与未决问题直接相关的部分能有效解决弥合纷争。效果性是指与未决问题间接相关的、相对而言不显而易见的问题，比如通过治理是否能够达到增进政治效能、学习效果、提高市民社会能力、提高政府能力和改革组织文化，形成认同、提高正当性和信任等目标。

那么提高地方治理的民主性、效率性和效果性的因素有哪些？

政策制度及战略

从行为者的政策、制度和战略来看，如前所述，虽然行为者的意愿因素不是先验的，只能在既有研究的基础上考虑适用于以后研究的标准和指导原则。据此，表2列举了地区居民和政府为中心的政策、制度和战略等因素。

首先，居民自治的作用，特别是居民社团的组织化至关重要。例如加强居民组织的联合式或嵌入式的结构化，或者通过对参与居民进行有选择的引导而建立颇具规模的集体，从而克服集体行动的困境或者搭顺风车的问题，引导居民的参与。[①] 利用地区社会居民网络建构地方治理

---

① Mancur Olson, *The Logic of Collective Action*, Harvard University Press, 1965; Elinor Ostrom, *Governing the Commons: The Evolution of Institutions for Collective Action*, New York: Cambridge University Press, 1990.

网络，或者加强居民的关系组织战略。① 通过居民之间的讨论引导负责的、符合公共利益的集体行动。② 同时发挥居民社团的监督作用，将其不仅作为克服官僚制惯性，抵抗既得利益集团的力量，更要通过保证居民的实际权力使和民主责任，发挥其监督和牵制作用，使其成为促进地方治理动力的源泉。

表2　治理的政策、制度和战略

居民	居民自治的作用（居民结社的组织化） ● 联合或者嵌入式结构 ● 利用奖励方案 ● 现存地区社会网的再利用 ● 关系组织化 ● 审议 ● 改革牵制力量的作用
政府	规制式介入 ● 地方议会对地方治理网络的监察和定期评估（最终权力归属议会） ● 对地方治理网络的监察 ● 信息公开，提高透明度 ● 导入审议式民调 ● 对服务业组织提供偿还券制度 援助/合作式介入 ● 对居民参与进行各种刺激措施（政府援助下的市民组织化，例如：阿雷格里港市的参与预算制） ● 官僚和居民间的关系组织化 ● 建构战略性的行为体网络 ● 地区单元间的协调 ● 地区社会资产的利用和配套资金的提供 ● 教育和学习 ● 改革官僚组织文化等

---

①　Robert Putnam, *Better Together: Restoring the American Community*, New York: Simon & Schuster, 2003.

②　Robert Putnam, *Better Together: Restoring the American Community*, New York: Simon & Schuster, 2003; Archon Fung and Erik Olin Wright, *Deepening Democracy: Institutional Innovations in Empowered Participatory Governance*, London, New York: Verso, 2003.

表 2 中也列举了政府为地方治理的实现应执行各种政策、制定的制度和战略。政府的作用大体上可以分为合作式/援助式介入和规制式介入。合作式/援助式介入是指政府通过各种政策制度和战略动员居民参与、让渡政府权力、寻求官民合作,以此提高地方治理的参与性、分权化和效率性、效果性。[1] 规制性介入是为了确保地方政府的责任性的政策、制度战略等。包括地方议会对政府的监察和评估、监督政府官员、提高信息公开和透明度、导入审议式民调、引入对服务性的结社组织进行偿还券的制度等。

治理能力

表 3 列举了影响治理能力的因素。其中,地区居民的社会资本和地方政府的制度资本是先行研究中已经强调的能力因素。[2] 帕特南在对治理能力的研究中比较了意大利南北部社会资本。[3] 其研究一言以蔽之,政治文化决定治理能力,影响善治的实现。

表 3 治理能力

地区居民的社会资本	信任、网络、互惠的规范
地方政府的制度资本	领导力、资源、基础设施、基本制度
地方社会的改革能力	对既得利益者的牵制力量是否存在(如:市民社会的传统)

社会资本、制度资本和地方社会的改革能力是需要考量的因素。对既得利益者的牵制既可以看做政策、制度和战略范畴之内的意愿性因素,在这里也可以作为地方市民社会的改革传统和政治文化因素。例如,对龟尾市和昌源市的市民社会的特性进行比较研究会发现两个地区的市民社会的特点(龟尾市是以企业为主导,较保守;昌源市以市民社会为主导,较进步)和两地的政治文化息息相关。如庆尚北道地区保守的政治文

---

[1] Carmen Siriani, *Investing in Democrary: Engaging Citizens in Collaborative Governance*, Washington D. C.: Brookings Institution Press, 2009.

[2] 高在京、黄元实:《地方自治团体的环境治理评价指标研究》,载《韩国社会与行政研究》,2008 年第 19 卷 1 号。

[3] Robert Putnam, *Making Democracy Work: Civic Traditions in Modern Italy*, Princeton: Princeton University Press, 1993.

化（对威权体制的认同，岭南学派儒家文化的影响）；庆尚南道地区进步的政治文化（抵抗威权体制的历史，较弱的儒家文化传统）。① 从历史制度主义的观点来看，一个地区的发展路径依赖于其文化土壤，文化决定了该地区的改革能力，是影响地方治理的重要原因。

但是阿雷格里港市参与预算的案例也说明没有具备治理能力的地区，若通过适当的政策、制度和战略，也可以实现善治。在对美国社会资本的研究中，帕特南提出地方市民社会的短期努力也可以建构社会资本。② 在对龟尾市和昌源市的比较研究中也可以发现，虽然政治文化因素相当重要，但是政治文化并没有起到决定性的作用。也就是说，尽管治理能力有利于实现善治，但治理能力不起决定性作用。

背景和环境

表4是治理的背景和环境因素，包括表中列举的地区面积、问题性质、政治结构、经济状况等影响地方治理的因素。与治理能力类似，背景和环境因素也不是左右治理成败的决定因素。本文仅将背景和环境的因素作为一个假说。

表4　治理的背景和环境因素

地区面积	地区面积越小，治理实现的可能性越大 从人口社会学的角度来讲，该地区人口构成越单一化，治理越容易实现
问题性质	越是居民的切身问题，治理越易实现 越是存在意识形态争论的问题，治理越难实现 专门性、技术性含量越高，治理越难实现 一部分问题通过官僚和市场机制解决
政治结构	政权对治理范式持有善意有利于善治的实现
经济状况	良好的经济环境有利于治理的实现（例如加拿大安大略州试点的参与治理）

---

① 李光姬：《地方市民社会的比较研究：以龟尾市和昌源市为中心》，载《韩国政治学报》，2004年第38辑3号。

② Robert Putnam, *Better Together: Restoring the American Community*, New York: Simon & Schuster, 2003.

五、韩国案例：守护成美山运动和改善大浦川水质案例

这一部分将地方治理的分析框架用于韩国地方治理中的守护成美山运动和改善大浦川水质两个成功案例，分析地方治理的政策、制度和战略因素对民主性、效率性、效果性指标的影响。

1. 守护成美山运动

守护成美山运动是位于首尔市麻浦区成美山地区居民反对首尔市政府修建成美山水库的自治案例。该案例被评价为超越地区一己之利，致力于公共善的地方治理的成功案例。

表5　基于地方治理分析框架的成美山守护运动

治理目标		治理的政策、制度及战略
民主性	参与性	通过地方社会团体的联合扩大民主参与 通过利用已有的社会网络和共同体扩大民主参与 协商过程的开放性（协商沙龙、网络公告、工作坊等） 通过乡村庆典、网络和广播扩大民主参与
	分权化	居民直接参与决策 通过社会团体的联合促进决策的分权化 通过居民讨论的决策
	责任性	提高居民提案的责任性（为保护环境的努力） 超出团体和地区的私欲，成为致力于公共善的运动 通过协商过程提高责任性
效率性 效果性	效率性	升级为消解纠纷，致力于公共善的守护成美山运动 保护环境 根据当地居民对该地的了解提出合理的方案来解决问题（建立成美山生态公园）
	效果性	致力于公共善的各项活动持续存在 建立了对公（政府和团体）私（邻居和居民个人）的信赖 民主主义的道德教育

首先，在参与性层面，主导守护成美山运动的麻浦连带通过联合社会团体，提高了居民的参与。麻浦连带是由1400多个家庭组织联合而成的庞大组织，其内部有包括生物协会、成美山学校、成美山课外教室、幼儿园联合等在内的15个社团组织。而且这些社团组织内部有小型聚会，通过例会等方法避免搭便车，促进居民参与，加强社会团体联合的组织化。而且，利用该地区已有的社会共同体和关系网络——例如宗教性质的聚会、志愿服务会、体操协会、妇女会等——扩大社会关系网。守护成美山运动的整个决策中不仅有协调员参加，而且对全体居民是开放的，这有效地提高了居民参与。此外，还通过乡村庆典、网络主页和无线广播等各种手段动员居民参与。守护成美山运动的案例是居民直接主导所有决策的自治案例，可以说其分权化程度很高。同时，通过小的联合组织的分权和通过协商的方式使全体居民享有决策执行权。即通过各个小组为中心的讨论，参与小组讨论的居民直接表达意见、建议和不满，然后全体居民共享讨论内容。

在责任性层面，避免了居民自身参与决策，却不支持决策的结果的所谓"责任性缺失"这个问题。更为重要的是居民们反对成美山水库运动，提议建立成美山生态公园的构想在没有行政审批之前就开始了实际行动。比如食品垃圾堆肥等生态村建设项目。而且这个案例克服了地区利己主义，不仅发展成为保护环境的生态型农村运动，而且在地区行政层面为独居老人提供免费医疗服务、为居民提供免费教育等各种公益活动。这种责任性是在协商决策的过程中与责任性密切相关的，居民通过交流沟通，关注共同关心的问题。

在效率性和效果性层面，成美山案例被给予很高评价的原因首先是因为解决了成美山水库建设的矛盾，保护了成美山地区的环境，成功的建设了新生态村等。同时，在解决问题之外，提高了该地区公私信任，成为居民民主道德教育的典型案例。

2. 改善大浦川水质案例

改善大浦川水质案例是大浦川地区居民和地方政府以及中央政府之间联合治理的案例。地区居民的集体行动（下层治理）和地区居民与地方政府中央政府的合作（上层治理）是相辅相成的关系，大浦川水质改善是多层地方治理的案例。简而言之，地区居民和政府间进行的合作在短期内将位于洛东江上游被污染源包围的大浦川水质从4—5级水质改善为1级水质的成功案例。具体分析见表6。

表6 基于地方治理分析框架的大浦川水质改善案例

治理目标		行为体	治理的政策、制度和战略
民主性	参与性	居民	以上东面水质改善对策委员会为中心的居民参与 全体居民享有会员资格 通过里长会议、新村领导者会议、妇女会议等委员会的组织化提高参与的代表性 通过现场观摩、实习和宣传引导参与
		政府	承认且信任居民的自觉行为，鼓励居民参与（环境部、金海市） 为居民的参与提供各种信息、物质和人力资源（金海市）
	分权化	居民	居民代表加入委员会，制定水质管理规则 居民向政府提出水质协定的议案并自主执行 全体通过的决策模式
		政府	通过自觉地与居民签订协议向居民让渡权力
	责任性	居民	自主监督和制裁 对策委员会的活动经费以家庭为单位集资
		政府	设定水质改善目标和日程表 根据水质改善成果实行激励和惩罚
效率性 效果性	效率性	居民	大浦川下游水质上升为1等级 因大浦川水质而引发的官民矛盾得到解决
		政府	对公共产品进行有效管理 解决大浦川问题引发的官民矛盾 缩减交易费用
	效果性	居民	培养了共同体意识和社会资本
		政府	政府和居民的结构由对立转变为合作相生

在参与性层面，居民自发参加上东面水质改善对策委员会，全体居民享有该组织的会员资格。通过里长会议、新村领导者会议、妇女会会议等委员会加强组织化，提高参与的代表性。同时利用现场观摩、实习和各种宣传活动促进居民参与。政府则承认并信任居民的自发行为，鼓励居民参与。环境部承认且相信地区居民自主的水质改善运动，再次启动了被搁置的大浦川上流水源保护项目。政府和居民间自主签订合作协议，支持居民的参与。金海市直接提供各种信息及人力、财力的资助。

在分权化层面，大浦川水质改善案例与成美山案例不同，政府与地区居民之间共享权力，在协同治理的层面上测定居民的权力，大浦川水质改善的分权化程度达到"中等"水平。一方面从居民层面来看，居民代表参与的委员会自主的制定水质管理运营规则，向政府提出水质协定，从政策制定到实施都拥有相当大的权力。而且居民代表构成的委员会在议事过程中向居民开放会员资格，在决议过程中重视整体决策，提高了一般居民行使权力的可能性。另一方面，政府通过让渡权力的方式，承认居民自主制定的协议，认同居民的作用。

大浦川水质改善运动在责任性方面也得到很高评价。居民组成志愿组织—下游监视团和6级商业监察团，通过监察和制裁提高责任性。同时，水质改善委员会以家庭为单位募集活动经费。政府在协同治理中的责任性则体现在环境部和金海市设立水质改善目标，按照水质改善结果进行奖励和惩罚，采用成果管理的方式确保居民的责任性。大浦川水质改善案例在效率性和效果性层面也被评为治理的典范。通过居民的自发努力，取得了大浦川水质改善为1级的显著成果，居民将反对制定水力特别法的抗议活动转换为水质改善运动，为减少大浦川官民冲突作出了贡献，同时有效地减少了交易费用。从效果来看，培养了居民之间的共同体意识与信任，积累了社会资本；同时减少了官民之间的对立冲突，将其转化为合作共生的结构。 CPS

Local Good Governance: A Research Framework

Euiyoung Kim

Abstract: This paper proposes a research framework for the empirical analysis of good governance, particularly at the local level. It first reviews existing literature on local governance and discusses basic conceptual issues on local good governance. It then criticizes and sheds light on the limits of empirical studies on good governance indicators. It then provides an analytic framework on local good governance and key indicators, guidelines and hypotheses to be utilized for future empirical research. The finally illustrates the utility of the framework by applying it to two successful cases of local governance in South Korea.

Keywords: Governance; Local Governance; Good Governance; Civil Society; Local Politics; Participatory Democracy

研究述评

Comparative Politics Studies

西方政治发展理论综述

孙其宝[*]

【内容摘要】 政治发展理论是比较政治学中的一种重要理论，发展主义研究范式也是比较政治学中重要的研究方法。西方政治发展理论兴起于20世纪50年代，兴盛于60年代，70年代中期逐渐衰落，后在90年代迎来复兴。本文试图对西方政治发展理论重新梳理，尤其是以时间为线索试图厘清20世纪70年代以后政治发展研究的状况。此外，笔者也重新探究了政治发展理论的起源、内容和流派等问题。笔者认为，政治发展理论没有过时，它对于中国的政治发展、民主法治建设具有重要的指导意义。

【关键词】 起源；理论流派；发展阶段

一、政治发展理论的产生

关于政治发展的产生，霍华德·威亚尔达在《比较政治学导论：概

---

[*] 孙其宝：上海师范大学法政学院在读硕士，研究方向为比较政治。

念与过程》认为,在20世纪50年代末比较政治领域已经出现几个"派别",其中"有一群正在形成中的,更加年轻的学者,他们被那些在亚洲、非洲和中东新独立的,逐渐兴起的国家的政治深深吸引了。在接下来的十年里,也即是20世纪60年代,该群体不仅变得人数众多,而且它所持的理论与研究方法——也就是所谓的'政治发展',关注的重心是发展中国家的政治——在该领域内占据了统治地位"①。在此基础上,作者分析了作为研究范式的发展主义方法的起源。威亚尔达认为主要有七种主要的影响因素导致政治发展理论对发展中国家政治的关注,也即是政治发展理论产生和起源的具体原因。它们分别是:政治科学对政治行为和政治中政治社会化、利益集团的行为及决策等非正式方面的强调;20世纪50年代末到60年代初大量新兴国家进入世界舞台;出于一种政治目的,即前殖民地宗主国试图建立一种可以保护它们长远利益的政治体制和变化的框架;不同学科的交流借鉴,新的学术"混合体"对社会科学的影响日益增加;同美国政策有关;对新兴国家政治发展的好奇;喷气式飞机的普及使得学者的国外考察更加便利。

亨廷顿和多明格斯认为:"70年代初期,政治发展这一词汇在政治学的词汇和概念库中还是个新来者……政治发展的研究起源于50年代,但是有意识地使这一研究概念化和系统化,只是60年代的事情。确实,在这十年中,论述政治发展的意义、用途、顺序、危机、原因、结果、模式、范围、组成成分和理论的文章和书籍,如雨后春笋,随处可见。"② 他们认为,政治发展理论的起源和发展很大程度是源于两股学术潮流的汇合:一股潮流是40年代末和50年代区域研究的发展,"二战"之后,比较政治研究者把注意力由西欧、北美转向亚洲、中东、拉美和非洲地区;另一股潮流是行为主义政治学的产生和发展,行为主义政治追求实证性和科学严密性,这使得政治学家从心理学、社会学那里吸收

---

① 〔美〕霍华德·威亚尔达:《比较政治学导论:概念与过程》,娄亚译,北京大学出版社2005年版,第48—49页。
② 〔美〕格林斯坦、波尔斯比编:《政治学手册精选》(下册),竺乾威等译,商务印书馆1996年版,第148页。

结构、功能、输入、输出、反馈和体系等概念,这些概念为比较分析发展中国家和地区的政治提供了分析框架。

中国学者也有对西方政治发展理论起源的论述,如陈鸿瑜的《政治发展理论》、燕继荣的《发展政治学:政治发展研究的概念与理论》、杨仁厚的《发展政治学》以及国内的政治学、比较政治学基础教科书都有对政治发展理论起源和产生的论述,但这些论述与西方学者往往大同小异。

综上所述,政治发展理论的产生是综合要素的结果,既有时代因素,也有学术背景因素。笔者认为,政治发展理论的产生背景有以下几点:从时代背景来说,20世纪50年代左右亚非拉民族国家纷纷建立,自身面临经济发展和政治道路选择等问题;意识形态因素,"二战"后社会主义制度在一些国家取得胜利,美国出于自身利益考虑大量资助学者进行发展中国家的研究;从学术背景考虑,行为主义政治学的兴起与学术交流和整合,使得心理学和社会学等新概念、新术语引入到政治科学,从而促使政治发展理论的产生发展。

二、政治发展理论的内容

目前学界对于政治发展理论内容的阐述主要通过以下几种方式:一是以时间为线索进行叙述,如姚建宗就认为"国外政治发展研究的进程分为酝酿期(50年代)、活跃期(60年代至70年代中期)和低速期(70年代中期以后)三个阶段"[①]。二是以流派为线索进行叙述,如大部分学者根据亨廷顿的观点将政治发展研究分为结构功能学派、社会进程研究和比较历史研究。笔者认为,无论是时间叙述,还是流派叙述,对于早期的政治发展理论叙述比较透彻,但是对于后期的政治发展研究叙述模糊,尤其是国内学术界更是如此。本文试图厘清20世纪70年代以后的政治

---

① 姚建宗:《国外政治发展研究述评》,载《政治学研究》,1999年第4期,第78页。

发展研究的脉络，但在此之前还应简要回顾早期的政治发展研究。

政治发展理论是基于对发展中国家政治的研究而产生的，但是对于政治发展的含义学术界没有达成一致意见，这也是后来政治发展理论招致批判的原因之一。派伊在《政治发展面面观》中总结出十种政治发展的含义：政治发展是经济发展的前提；政治发展是工业社会的典型政治形态；政治发展就是政治现代化；政治发展是民族国家的运转；政治发展是行政和法律的发展；政治发展是大众动员和大众参与；政治发展是民主制度的建立；政治发展是一种稳定而有序的变迁；政治发展是动员和权力；政治发展是多元社会变迁的一个方面。[1] 最后派伊总结出政治发展三个主题：关于平等的态度，政治体系的能力，分化和专业化。关于政治发展的总结，笔者认为亨廷顿和多明格斯的最为全面。亨廷顿在四个方面理解政治发展研究：地理的，派生的，目的论的，功能的。[2] 具体说来，首先，关于发展中国家的政治的任何方面研究可以成为政治发展研究。其次，政治发展研究是现代化发展过程中的派生物，现代化是一个伴随工业化、城市化、政治现代化等的全面发展的过程，而政治发展只是现代化进程的某一组成。再次，政治发展是一种具有特定发展目标的运动。由于涉及不同的发展目的，政治发展往往存在固有的矛盾。亨廷顿的研究就表明政治发展往往带来政治的动荡，而不是朝着民主化、制度化方向发展。最后，从功能的角度理解政治发展，政治发展是现代化所需要的一种政治特征，如政治结构、政治制度的变迁，即"政治发展不是现代化的政治结果，而是一个有效发挥功能的现代社会的政治必需"[3]。

（一）政治发展研究的流派

有学者通过划分学派的方式梳理政治发展理论，比较典型的是亨廷

---

[1] 〔美〕派伊：《政治发展面面观》，任晓等译，天津人民出版社2009年版，第49—62页。
[2] 〔美〕格林斯坦、波尔斯比编：《政治学手册精选》（下册），竺乾威等译，商务印书馆1996年版，第151—152页。
[3] 〔美〕格林斯坦、波尔斯比编：《政治学手册精选》（下册），竺乾威等译，商务印书馆1996年版，第152页。

顿和多明格斯的三种学派的划分,即体系功能学派、社会进程学派和比较历史学派。此外,还有其他不同看法。张小劲、景跃进在《比较政治学导论》中以传统与现代的两分法为线索,将政治发展理论分为现代化理论和欠发达理论、依附理论。① 这种分类方法在一定程度上反映了政治发展理论的发展变化,但相对比较笼统,且涉及范围较广,不仅包括政治学研究,还包括社会学、经济学领域相关研究。韦伯斯特在讨论"关于民族与国家的政治发展理论时",提到政治发展研究中两个重要的理论派别:多元论和结构论。"它们对政治变迁的过程的看法分别遵循着现代化理论和不发达理论这两大学派的总的观点。"② 另外,陈鸿瑜在《政治发展理论》中根据研究的不同角度而分为七种不同研究途径:制度研究途径、经济研究途径、结构功能研究途径、领导研究途径、社会过程研究途径、政治文化研究途径、比较历史研究途径。③ 本文选择亨廷顿的三种流派划分作具体论述。

体系功能学派是把体系理论要素与结构功能主义相结合,这一学派的主要贡献是"发展了一套用以分析和比较政治体系类型的概念和范畴,其中心是'体系'和'功能',其他重要的概念还有结构、合法性、输入和输出、反馈、环境、平衡等"④。这一流派深受社会学家帕森斯的影响,其主要代表人物有伊斯顿、阿尔蒙德、阿普特、宾德等。值得注意的是,阿尔蒙德力图构建的结构功能理论几乎成为政治发展理论的早期研究的主流范式。以阿尔蒙德的《发展中地区的政治》为例,作者试图达到两个目标,"首先,建立一种理论框架,从而第一次使所有种类的政治体系之间的比较分析方法成为一种可能。其次,对世界上那些正在发生戏剧性社会和变革的地区——如亚洲、非洲和拉丁美洲——的政

---

① 张小劲、景跃进:《比较政治学导论》,中国人民大学出版社2008年版,第196—237页。
② 〔英〕韦伯斯特:《发展社会学》,陈一筠译,华夏出版社1987年版,第89页。
③ 陈鸿瑜:《政治发展理论》,吉林出版集团有限责任公司2008年版,第51—69页。
④ 杨仁厚:《发展政治学》,贵州大学出版社2013版,第54页。

治体系作出比较分析"①。本书用政治体系取代国家，用功能取代权力，用结构取代制度，用角色取代职责，用政治文化和政治社会化取代民意和公民训练，根据一套的共同的范畴对发展中地区的政治体系进行比较分析。全书按照背景、变化的过程、政治集团和政治功能、政府结构与权威功能、政治整合的共同模式分析了东南亚、南亚、撒哈拉以南的非洲、近东和拉美的政治。

社会进程学派侧重于政治发展的社会进程，它试图将政治行为和政治过程与工业化、商业化、城市化和识字率等衡量社会发展的指标结合，进行比较定量分析。代表作有多伊奇的《社会动员与政治发展》、李普塞特的《政治人：政治的社会基础》、卡特莱特的《国家的政治发展：它的测度及其社会相关系数》、勒那《传统社会的消失：使中东现代化》以及艾斯特斯的《各国社会进程》等。由于影响政治发展是多方面的，不同学者的侧重点不同。

以多伊奇和勒纳为例，多伊奇在《社会动员和政治发展》一文中探讨了社会动员对政治发展的影响。②多伊奇认为社会动员是一个社会从传统向现代转变的过程，并包含很多特定的变化过程，例如，居住地的变化、职业的变化、社会环境的变化、人与人之间联系的变化、制度、角色和行为方式的变化、经历和期望的变化、最后是个人记忆、习惯和需求的变化，对新的群体关系样式和个人身份的新形象的需求等。多伊奇用七个指标衡量社会动员水平，对现代生活的接触、仅仅对大众传媒的接触、居住地的变化、城市化、农业职业的变化、读写能力和人均收入。一般说来，人口中所占的百分比越大现代化的程度越高。在一个现代化的高度发达和动员化的国家，人均收入应该超过600美元；现代生活的普及、对大众传媒的接触以及受教育者应超过90%，城市化和非农业人口应该超过50%。居住地变化人口要高于50%。此外，社会动员还

---

① 〔美〕阿尔蒙德等：《发展中地区的政治》，任晓晋等译，上海人民出版社2012年版，第1页。

② Karl W. Deutsch, "Social Mobilization and Political Development", in *The American Political Science Review*, Vol. 55, No. 3, Sep. 1961, pp. 493–514.

可以增加成员的政治参与人数、国家的能力等。勒纳的《传统社会的消失：使中东现代化》是关于现代化理论研究的经典之作。勒纳认为，社会进程同时发生在政治、经济、社会和心理等各个方面，勒纳关注的是社会变化对个体心理造成的影响。社会流动是人们内心产生一种"移情作用"的新变化，使生活在传统中的人认识到有一种外在的新的环境，新的认识往往产生新的需求。这种个人心理的变化和要求是现代化的基础。此外他提出政治发展的一般过程：都市化——教育——沟通——民主政治。具体来说分为四个阶段：（1）城市化。即大量的人口从分散的穷乡僻壤涌向城市，而城市生活又需要他们掌握文化知识。（2）读写能力。文化是城市生活所必备的一种工具和使用宣传媒介的基本需要。（3）大众传播媒介参与。通过媒介传播的参与，包括电视和收音机等，人们可以互相交流，处理由人口流动而产生的新经验。（4）政治参与。由于媒介参与的扩大和探入，必然会导致人对各种社会生活的参与，其中也就包括了政治参与、如投票等等。

比较历史学派，将传统方法与系统严密性结合，从两个或两个以上国家的社会演化入手，比较不同国家的政治发展。主要人物有布莱克、亨廷顿、艾森斯塔德、穆尔、罗斯托、斯考切波等，主要作品有《现代化的动力》、《现代化：抗拒与变迁》、《变革社会中的政治秩序》、《民主与专制的社会起源》，以及福山的《政治秩序的起源》和《政治秩序和政治衰败》等。

以布莱克和穆尔为例。在布莱克《现代化的动力》中，他以历史的眼光看待政治现代化，认为现代化是人类历史上又一场伟大的革命转变。布莱克将不同国家和社会的现代化过程或者在建设现代化的过程中所面临的一些重大问题归于四个阶段：（1）现代性的挑战——在其传统知识的框架中，一个社会开始面对现代观念和体制，而现代性的倡导者出现了；（2）现代化领导的强固——在持续几代人的往往贯穿着剧烈革命斗争的过程中，权力从传统领袖手中转入现代化领袖的手中；（3）经济和社会的转变——经济增长和社会变革发展到这种地步，一个社会从乡村农耕生活方式占主导地位转化为都市工业生活方式占主导地位；

(4) 社会的整合——在这一阶段，经济和社会的转变引起整个社会从根本上改组社会结构。① 布莱克在书中基于五方面的考虑，即一个社会所出现的政治权力从传统向现代化领袖的转变，相对于其他社会而言是早还是晚；一个社会中现代性对传统领袖的直接挑战是内部的还是外部的；一个社会在现时代是热心于疆界和人口的连续性还是经历着领土和人民的重组；一个社会在现时代是自治还是经受着拖延的殖民统治；一个社会进入现时代是带着成熟的体制（因而在很大程度上能够适应现代性各种功能），还是带着实质上不成熟的体制（以致不得不让位于从更现代的社会所借鉴的东西），将世界上的国家分为七种类型。穆尔基于对20世纪极权主义主要起源于工业主义的质疑而写成《民主和专制社会的起源》，正如作者所言："本书的宗旨，是力求阐明在农业社会过渡到现代工业社会的进程中，（农业社会过去被简单地定义为绝大多数人口以土地为生的状态）土地贵族和农民阶级在政治舞台上饰演的种种角色。更准确地说，本书力图揭示这个或那个农村阶层在什么样的历史条件下成为举足轻重的力量，从而影响着议会民主制的诞生、法西斯主义右翼专政的出现和共产主义左翼专政的问世。"② 穆尔追溯历史，从中总结出三种政治发展路线，这就是以英、美、法为代表的西方民主道路，以德、日、意为代表的法西斯主义道路，以及以俄国和中国为代表的社会主义国家。

（二）政治发展理论研究的发展阶段

关于政治发展研究的不同发展阶段，不同学者提出不同的看法。有学者认为政治发展研究可以追溯到20世纪50年代，而到60年代是政治发展研究的兴盛时期，70年代后期随着美苏冷战已成定式，政治发展理论由巅峰转向式微。还有学者认为政治发展理论产生于20世纪40年代末50年代初，至今主要经历三个阶段：40年代末到60年代中期，以民主为主要内容的现代化理论阶段；60年代中期到70年代初，以秩序为

---

① 〔美〕布莱克：《现代化的动力》，段小光译，四川人民出版社1988年版，第94页。
② 〔美〕巴林顿·穆尔：《民主与专制社会的起源》，拓夫、张东东等译，华夏出版社1987年版，第1页。

研究中心的阶段；20 世纪 70 年代至今，这一阶段政治发展理论衰落，依附论由发展至衰落，而后是第三波民主化浪潮，政治发展研究回归规范研究。竺乾威在《政治发展理论及其研究》中也指出政治发展理论 50 年代发轫，至今经历三个阶段：50 年代中至 60 年代中以"民主"为导向的研究时期；60 年代中至 70 年代初以"秩序"为导向的研究时期，这是政治发展理论的鼎盛时期；以及 70 年代初至今以"公共政策"为导向的研究时期。① 因此，这里大体上可以将西方政治发展理论分为三个阶段。

笔者认为以上对政治发展理论发展阶段的概述主要集中在 20 世纪 50 年代到 70 年代，至于 70 年代以后的政治发展理论则语焉不详。目前对于 70 年代中期以后政治发展理论的描述比较完备的有杨仁厚的《发展政治学》、哈格扁（Frances Hagopian）的论文《重访政治发展》。笔者将结合以上研究成果以及最新的专题研究重新梳理西方政治发展理论的发展脉络。

鉴于学界对 20 世纪 70 年代以前的政治发展理论论述的完备性，笔者将采用哈格扁的分类：50 年代到 70 年代中期，政治发展理论的产生兴盛到开始势微阶段；70 年代中期到 80 年代末，政治发展理论衰落时期，但也有一些重要的学术成果，如对政治制度、国家和社会的比较政治研究；90 年代以后的政治发展研究，现代化和民主化信念的复兴。②

1. 50 年代到 70 年代中期的政治发展理论

20 世纪 50 年代到 70 年代中期，政治发展研究取得巨大发展。如果说 50 年代是政治发展研究的准备阶段，那么 60 年代和 70 年代是政治发展研究迅速发展繁荣阶段。此时的政治发展理论经历了以"民主"为中心的发展研究和以"制度"为中心的研究。该阶段已经形成政治发展研

---

① 竺乾威：《政治发展理论及其研究》，载《国外社会科学》，1987 年第 5 期，第 62 页。
② Frances Hagopian, "Political Development, Revisit", in *Comparative Political Studies*, Vol. 33, No. 6/7, 2000, pp. 883–884.

究的三大流派,这一阶段的研究特点具有传统与现代的两分法、西方中心、目的论等特点。政治发展理论家普遍认为发展中国家的发展方向是西方的自由民主道路,研究者从西方标准出发来衡量发展中国家的政治发展状况,同时学者们普遍认为工业化、城市化、民主法治化、经济发展等会一同出现。在这一时期,阿尔蒙德对于政治发展理论范式的构建作出巨大贡献。阿尔蒙德在帕森斯的功能论和伊斯顿政治系统理论的基础上,创造出结构功能理论。阿氏试图建立一种普适性的分析框架,分析不同民族国家的差异。阿氏用政治体系取代政府、民族或国家等术语,从而扩大了政治学的解释范围,他认为"政治系统理论由功能(能力、转换功能、系统维持和适应功能)的不同层次之间的关系的发现以及在每一个层次的功能之间的相互关系组成"①,并提出任何政治体系所发挥的政治功能可以从三个层次来考察:体系层次、过程层次和政策层次。体系层次涉及体系的维持和适应功能,过程层次由利益表达、利益综合、政策制定和政策实施四个方面组成,政策层次是政治体系的输出行为,政策输出包括资源提取、产品和服务的分配、行为的管制、象征和信息的交流,"但是,政策层次不仅关注输出本身,而且还包括对转换过程每一个阶段作政策上的分析"②。

20世纪70年代前后对以往政治发展理论的批判开始显现。1968年亨廷顿的《变化社会中的政治秩序》问世,这本书在一定程度上改变了以往政治发展研究的方向。亨廷顿认为,政治发展就是政治结构和秩序的制度化,而制度化的衡量标准是组织和程序的适应性、复杂性、自主性和内聚力。亨廷顿提出,发展中国家首要的问题不是政治民主而是稳定,"现代性产生稳定,而现代化却滋生动荡",同时他提出转型国家政治不稳定的三公式:社会动员/经济发展=社会挫折感;社会挫折感/社会流动机会=政治参与;政治参与/政治制度化=政治动乱。此外,亨

---

① Gabriel A. Almond, "A Developmental Approach to Political Systems", in *World Politics*, Vol. 17, No. 2, 1965, p. 191.
② 〔美〕阿尔蒙德、鲍威尔:《比较政治学——体系、过程和政策》,曹沛霖等译,东方出版社2007年版,第16页。

廷顿还提到政治变迁的两条路径全面的或闪电战的战略和费边战略。

2. 70 年代中期到 80 年代末的政治发展理论

20 世纪 70 年代中期到 80 年代末是政治发展研究的衰落期，但也有一些重要成果产生。这一时期政治发展研究的特点是由宏观理论转向中观微观的理论研究。有部分学者认为此时的政治发展研究具有"公共政策"导向，竺乾威就提出此时的公共政策研究有两个重点：一是利用理性选择理论方法，注重经济和政治间的关系；二是注重分析发展中国家中央行使政治权力和行政权力的能力，以及研究政治掌权人物。哈格扁认为："发展政治学里最好的成果，包括关于政治制度、民主崩溃和稳定、国家能力、公民社会、政治发展的不平衡性等，恰恰是在这一时期作出的。"[①] 另外作者还提到，70 年代末到 80 年代的发展政治学研究已经转向为早期政治发展研究所蔑视的机构、制度、权力、职位等，这在一定程度上也印证了竺乾威的观点。

这一时期的研究继续批判早期政治发展研究中的目的论和规范主义倾向，同时认为政治发展是一个不平衡的过程，不同地区、不同领域发展进程不同。政治发展不一定会带来政治稳定，有时会导致政治动荡。关于这一时期的主要内容，哈格扁从"地理还是政治理论——政治发展不平衡的原因所在"、"政治制度的媒介角色"、"从社会到国家，再由国家到社会"进行详细论述。[②] 有学者指出，西方发展模式并非铁板一块，通往现代化的道路不只是"国家构建——经济发展——民主化"；有些学者研究发达国家政治发展历程发现，传统与现代并非绝对隔绝，有些传统因素很难在现代社会中消失，因此政治发展与不同国家的情况有关，不应以西方标准匡衡发展中国家。政治制度与民主问题得到学者的继续关注，继承亨廷顿政治制度化的思想，有学者提出通过政治制度的创造性设计弥合社会分裂以实现发展中国家的民主化；另有学者认为错

---

① 〔美〕佛兰西丝·哈葛扁：《重访发展政治学》，载《开放时代》，2006 年第 4 期，第 96 页。

② Frances Hagopian, "Political Development, Revisit", in *Comparative Political Studies*, Vol. 33, No. 6/7, 2000, pp. 892–898.

误的政治制度或执行者歪曲的政治制度会导致民主的失败。80年代随着世界上许多政党和议会的退化，学者开始"回归国家"，学者们意识到国家在经济发展、资源分配、政治联盟和政治认同等方面的巨大作用。与此同时，也有学者重新研究社会，研究社会如何发展和如何组织以政治参与，研究政治参与和公民社会等。

威亚尔达在"对发展提出的挑战以及替代方案"中提到："随着政治发展的研究方法失去了吸引力，大量新方法——依附论与世界体系的研究方法、合作主义、官僚——威权主义、政治经济学、国家与社会的关系、本土关于变迁的理论——开始崛起并取代了政治发展方法的位置……20世纪80年代，理性选择理论和新制度主义加入了上述阵营。"① 本部分试图以新制度主义理论为例，阐述政治发展理论研究的新情况。

1984年，詹姆斯·马奇（James G. March）和约翰·奥尔森（Johan P. Olsen）在《美国政治科学评论》杂志上发表了"新制度主义：政治生活中的组织因素"一文，从而开启了新制度主义政治学兴起的序幕。新制度主义分为众多流派，比如有学者采用三分法，理性选择制度主义、历史制度主义和社会学制度主义，也有学者分为规范制度主义、理性选择制度主义、历史制度主义、经验制度主义、社会学制度主义。虽然有不同流派，但各派之间存在一定共性："一个制度的最重要的因素是，它在某种程度上是一个社会或整体的结构性特征。制度的第二个特征是一段时间内的稳定性。制度的第三个特征是它一定影响个人行为。最后，制度成员中应该有某种共享的价值和意义，尽管这个特征也许和其他特征比较起来较为低调。"②

关于新制度主义对政治发展研究的发展，有学者从政治发展的实质、政治发展的方式、政治发展的动力、政治发展的阻碍、政治发展的

---

① 〔美〕威亚尔达：《比较政治学导论：概念与过程》，娄亚译，北京大学出版社2005年版，第91页。
② 〔美〕盖伊·彼得斯：《政治科学中的制度理论："新制度主义"》（第二版），王向民等译，上海人民出版社2011年版，第18—19页。

目标五个方面进行详细论述。① 新制度主义理论认为，政治发展的实质是政治制度的发展和创新，这里的政治制度包括正式的政治制度和非正式的政治制度。就政治发展的方式而言，政治发展分为政治制度的连续渐进型和断裂突变型变迁方式。所谓连续渐进型政治制度变迁是指政治制度的根本性质没有发生变化，在此前提下对局部政治制度的进行调整。突变型政制变迁是指以激进的、急剧的、全局的方式在短时间实现政制的质变性的替代更换。就政治发展的动力而言，效益最大化乃是制度创新的直接动力。也即当产生新制度的收益远远大于成本时，人们便会运行新制度。当然政治发展中也存在路径依赖问题。制度一旦形成便不易改变，政治制度更是如此。在政治行动中，由于集体行动的核心地位、政治制度的密集型、运用政治权威产生的权力非对称性、政治过程的复杂性和不透明性、政治供给的非竞争性，政治世界中的制度依赖更加突出。最后，就政治发展的目标而言，谋求政治制度对实现利益的取代。

3. 90年代以后的政治发展理论

20世纪90年代以后，随着发展中国家的民主化转型政治发展理论复兴。20世纪后期，全球政治发展中大约有30个国家由非民主政治体制过渡到民主政体，亨廷顿将此成为"第三波"。亨廷顿认为民主价值的普遍接受，威权体制的合法性危机，经济发展与城市中产阶级的扩展，天主教会的活动与宗教改革，外部势力的新政策，示范效应是此次民主化浪潮的原因，并且他还提出威权政治体（主要有一党体制、军人政权和个人独裁）通过变革、置换和转移三种方式实现民主化转型。② 另外，1989年弗朗西斯·福山在《国家利益》杂志发表"历史的终结"一文，福山认为："自由民主制度也许是'人类意识形态发展的终点'和'人类最后一种统治形式'，并因此构成历史的终结。换句话说，在此之前

---

① 张娟：《政治发展：研究脉络与语境变迁》，载《中国矿业大学学报》（社会科学版），2009年第4期，第44—46页。
② 〔美〕亨廷顿：《第三波：20世纪后期民主化浪潮》，刘军宁译，上海三联书店1998年版，第41、106页。

的种种政体具有严重的缺陷及不合理的特征从而导致其衰落,而自由民主制度却正如人们所证明的那样不存在这种根本性的内在矛盾。"① 总之,这一时期的政治发展理论家认为早期政治发展研究如经济发展与民主制、社会变迁与民主化的关系是正确的,东亚、拉美等地区的发展表明经济发展带来中产阶级的崛起,进而导致自由民主制度的产生。威亚尔达就提出"罗斯托、利普塞特、阿尔蒙德的发展主义流派与研究方法,尽管从短期看来是错误的,包含了大量的误差,但是从长期看来却有可能是正确的?如果这种假设是正确的话,那么一种重新提出的'非种族中心主义的'没有那么多问题的发展主义方法是否能够获得复兴,并在我们研究发展问题的时候为我们提供有用的见解呢?"②

20世纪90年代以来的政治发展理论以民主化和民主巩固研究为主,例如奥唐奈尔(Guillermo O'Donnell)和施米特(Philippe Schmitter)的开创性的提出"转型学"这一新兴学术领域。1986年两位学者出版《威权统治的转型:关于不确定民主的试探性结论》,该书是四卷本丛书《从威权主义统治转型:民主的前景》的最后一卷,前三卷分别研究了民主的前景、南欧和拉美的转型情况,本卷则试图在前三卷基础上提出"关于政治转型研究的范式和理论",并通过案例叙事和"恰当的隐喻讲述了政治转型充满不确定性的过程和不可预测的结果"。③ 本书所讲的转型是在一个制度与另一个制度之间的过渡期。"一方面转型是以威权主义制度开始解体而启动的,在另一方面则是某种民主制度的建立、某种形式的威权统治的回归,或者是革命的出现来界定的。"作者对威权统治转型的研究存在规范性的追求,即民主制度的建立、回复与巩固是一个值得追求的目标,因此作者也提到民主化、自由化和社会化的定义。无论是从合法性方面,还是从强硬派、温和派等不同派别,无论是从动员的

---

① 〔美〕弗朗西斯·福山:《历史的终结及最后之人》,黄胜强等译,中国社会科学出版社2003年版,第1页。
② 〔美〕霍华德·威亚尔达:《比较政治学导论:概念与过程》,娄亚译,北京大学出版社2005年版,第69页。
③ 〔美〕吉列尔莫·奥康奈、〔意〕菲利普·施密特:《威权统治的转型:关于不确定民主的试探性结论》,景威等译,新星出版社2012年版,第1页。

循环阶段,还是从军队问题方面,威权统治都有转型的迹象。在威权统治转型中,有一些重要的环节或问题,不同阶级、派别、组织团体之间的协定谈判,公民社会的复苏,以及转型当局进行的选举等。不一定每个成功的转型都有协定谈判,但协定可以增加建立民主制度的可能。"协议的核心是一种协商性的妥协,协议各方停止相互伤害,保证不威胁各自的社团自主性和重大利益。"[1] 这些政治、经济和军事协议能否与民主制度相容,通常与公民社会的产生或复苏有关。而"在决定转型走向与安抚群众的时候,比所有事情都更为关键的是:选举的举行"[2]。在作者看来,转型过程是复杂而不确定的,就像是"多层棋局","我们希望读者能够在脑海里想象一种更混乱也更冲动的比赛,人们每一回合都在质疑游戏规则,互相推挤地试着接近棋盘,在旁边大声喊着各式建议与威胁,而且一直想要作弊——不过,就在同时,也越来越投入于他们参与其中或正在欣赏的剧情,并且逐渐倾向更高雅地并且更服从规则地玩这个他们自己制定的游戏"[3]。另外一本关于民主转型和巩固的权威著作是林茨和斯泰潘的《民主转型与巩固的问题:南欧、南美和后共产主义欧洲》,作者总结当代非民主国家的主要类型,并分析不同类型的非民主国家如何完成民主转型和巩固。作者提出民主巩固的五个场域和一个附加因素,"如果存在有效运转的国家,只有其他五个相互联系、互相促进的条件也同时存在,或者被创造出来,一个民主政体才能得到巩固。首先,必须存在一个自由和活跃的公民社会可以发展的条件。第二,必须存在一个相对自主并且受人尊重的政治社会。第三,必须有法律可以确保公民合法的自由权利和独立的结社生活。第四,必须存在一个国家官僚系统,可供新的民主政府利用。第五,必须存在一个制度化

---

[1] Guillermo A. O'Donnell, Philippe Schmitter, *Transitions from Authoritarian Rule: Tentative Conclusions about Uncertain Democracies*, Johns Hopkins University Press, 1986, p. 38.
[2] 〔美〕吉列尔莫·奥康奈、〔意〕菲利普·施密特:《威权统治的转型:关于不确定民主的试探性结论》,景威等译,新星出版社2012年版,第78页。
[3] 〔美〕吉列尔莫·奥康奈、〔意〕菲利普·施密特:《威权统治的转型:关于不确定民主的试探性结论》,景威等译,新星出版社2012年版,第93页。

的经济社会"①。无疑，这种叙述为研究民主转型和巩固提供一种新的分析框架。

除此之外，有学者开始反思以往的转型范式，认为许多学者或民主促进者的转型范式存在问题。托马斯·卡罗瑟斯（Tomas Carothers）在《转型范式的终结》中作出详细论述，他认为西方发达国家（包括许多援助性的社团及许多民主理论家）所认可的转型范式具有五大核心假设："任何一个摆脱独裁统治的国家都被认为是在向民主过渡，民主化倾向于按照一个有序的过程（开端、突破、巩固）展开，相信选举具有决定性的重要性，构成转型国家基础条件的经济水平、政治历史、制度遗产、民族构成、社会文化传统或其他结构性特性在民主转型的开始或结果中都不是主要因素，构成第三波的民主化转型建立在一个团结一致、运转正常的国家之中。"② 虽然世界范围内出现发展中国家的民主化转型，但转型成功的国家很少，大多数国家面临"民主赤字"问题。戴蒙德（Larry Diamond）就认为"大部分'转型国家'，既没有走向独裁也没有明显走向民主。它们都进入了一个政治上的灰色地带"③。这些陷入灰色地带的国家没有成功转型，而是陷入无效多元主义（feckless pluralism）或权力支配型政治（dominant-power politics）状态。作者认为民主转型范式以不适于以下假设："大部分这些国家确实处于通往民主转型的过程中；摆脱独裁统治的国家倾向于遵循民主化三步走的进程——开始、突破和巩固；定期且真实的选举（制）的建立将不仅给新政府民主合法性而且能长期深化民主参与和问责制；国家能够成功地民主化主要依靠它的政治精英们的政治意图和行动，而不是来自基本的经济、社会、制度条件和遗产的重要影响；国家建设次于民主建设的挑战，并且两者在很大程度上是兼

---

① 〔美〕胡安·J. 林茨、阿尔弗莱德·斯泰潘：《民主转型与巩固的问题：南欧、南美和后共产主义欧洲》，孙龙等译，浙江人民出版社 2008 年版，第 7 页。
② Thomas Carothers, "The End of The Transition of Paradigm", in *Journal of Democracy*, Vol. 13, No. 1, 2002, pp. 6 – 9.
③ Larry Diamond, *Developing Democracy: Toward Consolidation*, Baltimore: Johns Hopkins University Press, 1999, p. 22.

容的。"① 值得注意的是，作者并非否认不同国家对民主价值的追求，而是认为应更加务实有效的对待非西方国家的民主化道路。

进入21世纪后，不但发展中国家民主化转型陷入困境，西方发达国家民主发展也陷入困境（尤其是美国）。因此，福山在《政治秩序的起源》和《政治秩序和政治衰败》中②，遵循亨廷顿的思路，提出自己的见解：

首先，福山提出一个全新的衡量政治发展状况的分析框架：成功的国家在于国家构建、法治和民主负责制的均衡协调发展。福山依然坚持他历史终结于自由民主制的观点，但他提出自由民主制度的政治秩序有三个基本要素组成：一是国家国家构建。国家是"在一定领土内合法地垄断暴力和政治权力的机构"，国家行使政治权力，以保卫领土和人群、维持和平，并提供公共服务；二是法治。法治是指为国内全部人群所接受、且对其中权力最大者均有效力的一套约束性规则，任何国家领导人不能随意制定规则、为所欲为，法治的目的是限制国家权力；三是民主负责制。即公平、透明、自由、和具备竞争性的选举，确保国家机器能回应公众利益、而不局限于精英或领导人的私人诉求。三种要素是三种基本的政治制度，成功的自由民主制国家应改实现三者的均衡发展，由此才能"到达丹麦"。

关于民主福山指出实现稳固的民主负责制是一个长期的过程，另外民主离不开中产阶级，中产阶级是未来民主的关键所在。关于中产阶级福山着墨较多，他认为，有中产阶级不一定会产生民主，但只有中产阶级社会才是民主的基石，意思就是说，如果中产阶级在一国是少数的，夹在富有的精英阶层和穷人之间是不可能实现民主稳固的。福山衡量中产阶级的标准是职业、受教育水平和财产状况。福山认为中产阶级不一

---

① Thomas Carothers, "The End of The Transition of Paradigm", in *Journal of Democracy*, Vol. 13, No. 1, 2002, p. 17.
② 〔美〕福山：《政治秩序的起源：从前人类时代到法国大革命》，毛俊杰译，广西师范大学出版社2012年版；Francis Fukuyama, *Political Order and Political Decay: From the Industrial Revolution to the Globalization of Democracy*, New York: Farrar, Straus and Giroux, 2014.

定必然会支持民主制,与其他阶层相比的中产阶级的规模是决定其是否支持民主的重要变量,但拥有大量中产阶级民主的中产阶级社会仍然是民主负责制的基石。福山在书中提到民主制受到的一个潜在威胁,即中产阶级的缩减。随着科技、交通通信等技术的提高,许多国家出现中产阶级减少,收入差距扩大的现象,社会越来越出现赢着全得的情况。福山认为解决这种问题需要从教育制度入手,进一步提高公民的受教育水平和技术水平。帮助公民灵活适应变化的工作条件需要国家和私人制度的灵活,而发达社会却出现了"衰败"现象。

其次,福山在亨廷顿的基础上扩展了政治衰败概念。福山指出制度与外部环境在变化频率上的脱节便是政治衰败,政治衰败有两种表现形式,一种是政治僵化,另一种是家族制复辟。政治衰败在任何制度下都有可能发生,如美国出现的政治僵化问题,中国和俄罗斯的腐败问题,问题的关键是制度能否适应环境变化并最终实现自我修复。制度的进步在于逐渐摆脱"以出身论英雄",但人性中固有的亲疏性和社交性使得政治制度的发展在两者之间进行斗争。福山认为当今世界出现了新的世袭制,例如"互惠性的利他主义",这也是民主制面临的问题。福山对于民主国家的政治衰败问题关注比较多,尤其是美国,福山认为美国因为分权制衡传统的僵化而陷入衰落之中。

政治衰败,归根结底是政府质量的下降,福山据此提出关于政府质量的论述。政府质量的衡量标准有二:国家能力和官僚自主性。好政府需要实现"能力"和"自主性"的平衡。福山认为,自主性太小和太大,政府的质量都是最差的,只有当自主性适当时才是最理想的。官僚机构的能力变大,其自主性也会提高。福山还以从属—自主性为横轴,以低—高能力为纵轴,作出矩阵图。他提出,一些贫穷国家来可以通过减少自由裁量和提高透明度来提高政府的能力,但这不是一个普遍有效的方法,相反可以增加自由裁量和放宽政策以提高国家能力。另外,福山指出实现民主负责制或有效政府需要实现能力和自主性的平衡,同时也提到了一种社会资本:信任的重要性。"公民必须相信政府在大部分时间是按民众的利益作决定的,同时政府必须通过回应民众作出许诺来赢得信任。"

此外，福山提到政治普遍性问题。福山认为与自然界的普遍进化有相似性，人类社会的发展也存在这种现象，由此引发的问题是，自由民主制是否为未来的一种普遍发展模式。福山认为，把有效国家和立足于法治和民主负责制的制度限制相结合的自由民主制具有政治普遍性。因为没有法治和负责制的规范机制，很难管理高流动性的社会。虽然实现国家、法治和负责制平衡的政体具有普遍性，但具体的制度形式是不同的。无论形式如何不同，但这些制度的实质目的是相同的，如法律是为了促进公平正义，民主制是为了实现一种负责制。然而人们对程序的崇拜过于实质目的的崇拜是当前自由民主制产生政治衰败的原因。

福山指出，关于未来的政治发展模式，中国对自由民主制的挑战最大。但是中国也存在很多问题，如中国的政治制度是不是面临政治衰败和自主性丧失，中国的经济发展方式的转变问题，环境问题，食品安全问题等。更深层次的问题是，在中国特殊的情况下，是否真正的创新可以持续。随着中国有迅速增加的受教育人口和人民收入的增加，中国新中产阶级在将来的表现将是对自由民主制普适性的很重要的检验。总之，福山对于自由民主制的发展模式充满信心，首先，政治发展虽然存在很多偶然性，但这并不意味着后发展国家的不发展，福山认为现代人类已经积累了有关制度的大量经验，并且国际共同体大量增加，他们分享信息、知识和资源。另外，从阿拉伯之春到乌克兰危机，可以看到各国人民对于自由民主制的普遍呼求。 CPS

Review of Western Political Development Theories

Sun Qibao

Abstract: Political development theory is an important theory in comparative politics science, and development paradigm is an important research method in political science. Western political development theories emerged in the 1950s, flourished in the 1960s, gradually declined in mid-1970s, and revived after the 1990s. This paper attempts to re-sort the western political development theories, especially in time for clues trying to clarify the studies about western political development theories after the 1970s. In addition, it also re-examines the origin of western political development theories, content and genre issues. I believe that the political development theory is not obsolete, it has important significance for the political development and the construction of democracy and legal in China.

Keywords: Origin; Theory Schools; Developmental Stage

《比较政治学研究》投稿须知

本刊热诚欢迎海内外作者投寄稿件或推荐优秀作品。为保证学术研究成果的原创性和严谨性，倡导良好的学术风气，推进学术规范建设，请作者赐稿时务必遵照本刊如下规定：

第一，所投稿件须系作者独立研究完成之作品，对他人知识产权有充分尊重，无任何违法、违纪和违反学术道德等内容。按学术研究规范和《比较政治学研究》编辑部的有关规定，认真核对引文、注释和文中使用的其他资料，确保引文、注释和相关资料准确无误。如使用转引资料，应实事求是注明转引出处。本刊采用页下注（脚注）方式，引文出处请遵照《〈比较政治学研究〉投稿格式》关于引文注释的规定。

第二，凡向本刊投稿，须同时承诺该文未一稿两投或多投，包括未局部改动后投寄其他报刊，并保证不会将该文主要观点或基本内容先于《比较政治学研究》在其他公开或内部出版物（包括期刊、报纸、专著、论文集、学生网站等）上发表。如未注明非专有许可，视为专有许可。

第三，所投稿件应遵守国家相关标准和出版物法规，如关于标点符号和数字使用的规范等。

第四，本刊整体版权属《比较政治学研究》编辑部所有，未经许可，不得以任何方式复制、选编。经许可需在其他出版物上发表或转载的，须特别注明"本文首发于《比较政治学研究》"字样。

第五，本刊实施编辑三级审稿与社外专家匿名审稿相结合的审稿制度。

第六，来稿论文要求格式规范、项目齐全，包括：文题（含英译）、作者姓名、工作单位、关键词、正文、专业学位、联系方式（含邮编）、电子信箱；研究论文需要提供200—300字的中、英文摘要和3—5个中、英文关键词。

第七，文稿请参照刊物版式。内容为简体横排，论文为5号宋体通栏，41字*40行；文章标题：要求简明、具体、确切，字号为四号黑体，居中，字数不应超过20字为宜，必要时可加副标题。正文：正文应先空两格，字号为五号宋体，行间距为单倍行距；文中小标题前后要空一格，字号为小四黑体。中文摘要：直接摘录文章中核心语句写成，具有独立性和自含性，字数应以150—200字为宜。"内容摘要"字样为黑体小五，冒号之后的部分为宋体小五。英文摘要（Abstract）：与中文摘要基本对应。中文关键词：选取3—8个反映文章最主要内容的术语，"关键词"字样为黑体小五，冒号之后的部分为宋体小五，多个关键词之间用分号隔开。英文关键词（Key Words）与中文关键词完全对应。中、英文摘要与关键词一并放于文后。注释：采用页下注的形式，注号为"①，②，③……"上标的形式，每页单独计算而不采取依次排序的方式，字号为小五宋体。

第八，译稿请附：（1）作者简介；（2）译者简介。

第九，为了进一步促进学术交流，便于和国际出版物接轨，积极推进编辑工作的规范化，本刊决定从2014年第6辑开始采用新的投稿格式，请来稿参考新的规定。

第十，本社有权对来稿做文字修改。

第十一，稿件一经采用，即付稿酬并寄样刊2册。

如违背上述规定，给《比较政治学研究》造成任何不良影响，作者自行承担全部责任，并接受编辑部所采取的相应措施予以警示，如：停发或追回稿费、书面批评、载名通报、禁止其作品在《比较政治学研究》上发表。

投稿联系邮箱：cpshnu@163.com

《比较政治学研究》投稿格式

为了进一步促进学术交流，便于和国际出版物接轨，积极推进编辑工作的规范化，本刊决定从2014年第6辑开始采用新的投稿格式。在采用通用的人文社会科学学术期刊注释规则的基础上，本刊特制定新的规定。

一、注释体例及标注位置

文献引证方式采用注释体例。

注释放置于当页下（脚注）。注释序号用①，②，③……标识，每页单独排序。正文中的注释序号统一置于包含引文的句子（有时候也可能是词或词组）或段落标点符号之后。

二、注释的标注格式

（一）非连续出版物

1. 著作

标注顺序：责任者与责任方式/文献题名/出版地点/出版社和出版年份/页码。

责任方式为著时，"著"可省略，其他责任方式不可省略。

引用翻译著作时，将译者作为第二责任者置于文献题名之后。

引用《马克思恩格斯全集》、《列宁全集》等经典著作应使用最新版本。

示例：

张小劲、景跃进：《比较政治学导论》，北京：中国人民大学出版社 2001 年版，第 84 页。

《马克思恩格斯全集》第 31 卷，北京：人民出版社 1998 年版，第 80 页。

2. 著作、文集的序言、引论、前言、后记

（1）序言、前言作者与著作、文集责任者相同。

示例：

李鹏程：《当代文化哲学沉思》，北京：人民出版社 1994 年版，"序言"，第 1 页。

（2）序言有单独标题，可作为析出文献来标注。

示例：

黄仁宇：《为什么称为"中国大历史"？——中文版自序》，见《中国大历史》，北京：生活·读书·新知三联书店 1997 年版，第 2 页。

（二）连续出版物

1. 期刊

标注顺序：责任者/文献题名/期刊名/年期（或卷期，出版年月）。

刊名与其他期刊相同，也可括注出版地点，附于刊名后，以示区别；同一种期刊有两个以上的版别时，引用时须注明版别。

示例：

王沪宁：《新政治功能：体制供给和秩序供给》，载《学术季刊》，1994 年第 2 期。

2. 报纸

标注顺序：责任者/篇名/报纸名称/出版年月日/版次。

示例：

《西南中委反对在宁召开五全会》，载《民国日报》（广州），1933 年 8 月 11 日，第 1 张第 4 版。

（三）未刊文献：学位论文、会议论文等

标注顺序：责任者/文献标题/地点或学校/论文性质/文献形成时间/

页码。

示例:

李乐为:《公民社会与现代国家的建构研究》,华中师范大学硕士学位论文,2007年,第80页。

(四)电子文献:电子文献包括以数码方式记录的所有文献

标注项目与顺序:责任者/电子文献题名/获取和访问路径/访问时间。

示例:

黄宗智:《中国被忽视的非正规经济:现实与理论》,http://www.politics.fudan.edu.cn/view.php?id=2490(访问时间:2013年5月5日)。

(五)外文文献

1. 引证外文文献,原则上使用该语种通行的引证标注方式。

2. 本规范仅列举英文文献的标注方式如下:

(1)专著

标注顺序:责任者与责任方式/文献题名/出版地点/出版者/出版时间/页码。文献题名用斜体,出版地点后用英文冒号,其余各标注项目之间,用英文逗点隔开,下同。

示例:

Karen Henderson, Slovakia, *The Escape from Invisibility*, London and New York: Routledge, 2002, p. 81.

(2)译著

标注顺序:责任者/文献题名/译者/出版地点/出版者/出版时间/页码。

示例:

M. Polo, *The Travels of Marco Polo*, trans. by William Marsden, Hertfordshire: Cumberland House, 1997, pp. 55-88.

(3)期刊析出文献

标注顺序:责任者/析出文献题名/期刊名/卷册及出版时间/页码。

析出文献题名用英文引号标识,期刊名用斜体,下同。

示例:

Heath B. Chamberlain, "On the Search for Civil Society in China", *Modern China*, Vol. 19, No. 2, April 1993, pp. 199 – 215.

三、其他

(一)再次引证时的项目简化

同一文献再次引证时只需标注责任者、题名、页码,出版信息可以省略。

示例:

赵景深:《文坛忆旧》,第 24 页。

(二)间接引文的标注

间接引文通常以"参见"或"详见"等引领词引导,反映出与正文行文的呼应,标注时应注出具体参考引证的起止页码或章节。标注项目、顺序与格式同直接引文。

示例:

参见〔美〕塞缪尔·亨廷顿:《第三波——20 世纪后期民主化浪潮》,刘军宁译,上海:上海三联书店 1998 年版,第 3 章。

图书在版编目(CIP)数据

比较政治学研究.第9辑/李路曲主编.—北京：中央编译出版社，2015.12
ISBN 978-7-5117-2870-8

Ⅰ.①比…
Ⅱ.①李…
Ⅲ.①比较政治学-研究
Ⅳ.①D0

中国版本图书馆 CIP 数据核字(2015)第 282382 号

比较政治学研究.第9辑

出 版 人：刘明清
出版统筹：董　巍
责任编辑：侯天保
责任印制：尹　珺
出版发行：中央编译出版社
地　　址：北京西城区车公庄大街乙 5 号鸿儒大厦 B 座(100044)
电　　话：(010)52612345(总编室)　　(010)52612339(编辑室)
　　　　　(010)52612316(发行部)　　(010)52612317(网络销售)
　　　　　(010)52612346(馆配部)　　(010)66509618(读者服务部)
传　　真：(010)66515838
经　　销：全国新华书店
印　　刷：北京时捷印刷有限公司
开　　本：787 毫米×1092 毫米　1/16
字　　数：244 千字
印　　张：17
版　　次：2015 年 12 月第 1 版第 1 次印刷
定　　价：65.00 元

网　　址：www.cctphome.com　　　邮　箱：cctp@cctphome.com
新浪微博：@中央编译出版社　　　　微　信：中央编译出版社(ID: cctphome)
淘宝店铺：中央编译出版社直销店(http://shop108367160.taobao.com)　(010)52612349

本社常年法律顾问：北京嘉润律师事务所律师　李敬伟　问小牛
凡有印装质量问题，本社负责调换，电话：(010)55626985